KB274161

여전히 믿을 만한 기독교

A Christianity Worth Believing:
Hope-filled, Open-armed, Alive-and-well Faith for the Left Out,
Left Behind, and Let Down in us All
by Doug Pagitt

Copyright © 2008 by Doug Pagitt
Korean translation copyright © 2009 by Gimm-Young Publishers, Inc.
All rights reserved.

This Korean edition is published by arrangement with
Doug Pagitt through John Wiley & Sons International Rights, Inc.

POIEMA

여전히 믿을 만한 기독교

더그 패짓 | 장혜영 옮김

포이에마
POIEMA

여전히 믿을 만한 기독교

저자_ 더그 패짓
역자_ 장혜영

1판 1쇄 인쇄_ 2009. 5. 11.
1판 1쇄 발행_ 2009. 5. 15.

발행처_ 포이에마
발행인_ 김도완

등록번호_ 제300-2006-190호
등록일자_ 2006. 10. 16.

서울특별시 종로구 경운동 89-4 운현궁 SK허브 102-712   우편번호 110-310
마케팅부 02)730-8647, 편집부 02)730-8648, 팩시밀리 02)730-8649

값은 뒤표지에 있습니다.
ISBN 978-89-93474-09-1 03230

독자의견 전화_ 02)730-8647
이메일_ masterpiece@poiema.co.kr

좋은 독자가 좋은 책을 만듭니다.
포이에마는 독자 여러분의 의견에 항상 귀 기울이고 있습니다.

“그러므로 내 의견에는 이방인 중에서
하나님께로 돌아오는 자들을 괴롭게 말고”

사도행전 15:19

묻지 않았던 질문과
생각지도 못했던 믿음

얼마 전, 내 친구가 물었다. '세상에서 가장 맛있는 과일'을 먹어 보고 싶지 않느냐고. 그렇다고 대답한 나는 물론 잘 익은 완벽한 과일을 기대했다. 그런데 그 과일 이름이 플럼코트plumcot라니, 실망이었다. 자두plum와 살구apricot를 교배해 만든 과일이란다. 괴이한 이름에 먹고 싶은 마음은 저 멀리 달아나버렸다.

대체 과일 교배가 뭔지 나는 이해하기 어려웠다. 어떻게 하는지도 모를 일이지만, 왜 교배를 하는지는 더더욱. 얼마나 새롭고 신나는 일이 필요하면 사람들은 식물을 두고 이런 실험을 하는 걸까? 어쨌든 원예에 일가견이 있는 친구의 추천이니 내키지는 않았지만 한 입 베어 물었다. 놀라운 맛이었다. 이런 기이한 결합으로 이렇게 맛있는 과일이 탄생할 줄이야.

나는 이 책을 플럼코트에 비교하고 싶다. 이 책은 회고록이기도 하고 또한 신학 논문이기도 하다. 두 가지가 맛있게 섞인 플럼코트라면 적절한 비교이리라. 솔직히 나는 모든 믿음이 경험과 연구, 이야기, 그리고 이해의 결합이라고 생각한다. 기독교에 대한 나의 생각들 또한 지난 시간 동안 내가 배우고 경험한 사실 모두에 바탕을 둔다. 그래서 나는 이 책을 통해 내 삶의 단편적인 이야기들과 기독교의 역사를 넘나들려 한다. 플럼코트를 마다할 사람은 없다 해도, 내가 이 책에서 시도하려는 결합을 모두가 좋아하리라 생각하지는 않는다. 하지만 실제 삶에서 흘러나오는 믿음의 이야기를 고대하던 사람들은 만족하지 않을까.

플럼코트가 꼭 이 책의 구성만을 설명하는 것은 아니다. 내용 또한 그와 비슷하다. 플럼코트는 우리가 가능성의 세상에 산다는 증거이다. 어디선가, 어떻게든, 또 누군가는 새로운 과일, 새로운 맛, 그리고 새로운 색을 상상하고 있으니 말이다. 자두와 살구를 만지던 사람이 이 세상에서 이 두 과일을 없애버려야겠다고 생각한 것은 아니다. 다만 새로운 다른 대안을 건네고 싶었으리라. 플럼코트는 과일의 세계만이 아니라 우리의 삶도 결코 고정된 대상이 아니라고 설명한다. 새로운 생각과 새로운 과일이 언제든 존재한다는 말이다.

이 책은 결코 모든 세대와 모든 사람들에게 적용되는 고정적이고 안정적이며 엄격한 믿음에 대한 책이 아니다. 믿음에 대한 내 질문의 해답이나 독자들을 위한 명쾌한 정답을 담은 책도 아니다. 우리 시대의 살아 있고 고갈되지 않으며 의미심장한 믿음에 대한 나의 개인적인 표현이며, 때로는 염려도 담긴 기록이다. 이 책은 지난 몇 십 년의 독서와 연구, 이야기, 경험, 의문, 듣기, 참여, 토론, 그리고 심사숙고의 파생물이기도 하다. 이 책은 이전 모든 신학 사상들의 개론도, 하나님과 영성에 대한 유일한 설명도 아니다. 이 책은 "나 같은 믿음을 가지세요"라고 외치지 않는다. "가능성을 탐구하려는 저의 여정에 동참하시죠"라고 권유할 뿐이다. 그렇다고 이 책이 그 여정의 도착점이라는 말도 아니다. 이 책의 각 장 제목들에 대해 말하고 배워야 할 내용이 아직도 많고, 그 외에도 우리가 다루어야 할 다른 주제들이 많다.

내게 믿음은 가능성이다. 인간의 제한된 상상을 뛰어넘는, 더 나은 목적을 위해 우리가 창조되었다는 소망이다. 우리가 이 세상 속 하나님의 위대한 사역의 일부라는, 우리의 손과 마음 그리고 우리 존재가 우리의 이해를 넘어 하나님께 묶여 있다는 믿음이다. 또 하나님의 뜻이 바로 지금 이곳에 생생히 살아 임한다는 비전이다. 이 믿음이 내가 이 책을 통해 탐구하려는 믿음이다. 나는 당신이 이 플럼코트 믿음을 즐거워하기를, 이전에는 묻지 않았던 질문과 이전에는 좇지 않았던 생각, 그리고 이전에는 붙들 거라 생각하지도 못했던 믿음을 발견하기를 소망한다.

당신도 '여전히 믿을 만한 기독교'를 발견하기를 소망한다.

1

내가 믿는 기독교

A CHRISTIANITY
WORTH
BELIEVING

기독교는 언제나 살아 있는 믿음이었다

1

양자의 고백

나는 입양 과정에는 갈등이 넘친다는 것을
경험적으로 알고 있다.
7년 전, 우리는 두 아이를 입양했다.
이미 낳아 기르던 두 아이를 포함해
이제 우리 가족은 여섯 명이 되었다.
입양은 우리를 완전히 새로운 가족으로 만들었다.
상처와 성장과 변화를 경험했다는 말이다.

나는 기독교에
입양되었다

나는 그리스도인이다. 신학을 공부했고, 교회를 개척하고, 전도하며, 예수님을 사랑하는 그리스도인이다. 나는 부활을 믿고, 이 세상에서 하나님과 연합하기를 추구한다. 하지만 문제가 있다. 이 믿음을 좇기 시작한 이후 지난 20년 동안 내면의 싸움이 점점 심해졌다. 다른 사람에게 털어놓으려면 매우 조심스레 또한 근심하면서 입을 열게 되는 문제이다.

나는 그리스도인이다. 하지만 나는 기독교를 믿지 않는다.

아니, 지난 1500년 동안 성행해온 기독교를 믿지 않는다는 말이 더 정확하겠다. 그 기독교는 그들의 시대와 그들의 장소에는 완벽히 어울렸지만, 지금 이 시대 그리고 이 장소와는 아무런 연관이 없다. 그 기독교는 우리가 더 이상 묻지 않는 질문에는 대답하지만, 우리가 더 이상 묵살하지 못할 질문에는 입도 떼지 못한다. 또한 우리가 아는 하나님과 세상 그리고 그 세상 속 우리의 자리와 이도 맞지 않는다. 이 사실은 분명히 하자. 나는 믿고자 싸우는 것이 아니다. 나는 다르게 믿고자 싸우는 것이다.

신앙심 깊은 믿음에 나만이 유독 어울리지 못한다고 느끼는 것은 아니다. 이미 몇 세대를 내려온 가족에 양자로 입양이 되었으니 이런 갈등은 오히려 자연스럽다. 나는 입양 과정에는 갈등이 넘친다는 것을 경험으로 알고 있다.

7년 전, 나의 아내 셸리Shelley와 나는 루벤Ruben과 치코Chico를 입양했다. 우리가 낳아 기르던 두 아이, 미콘Michon 그리고 테일러Taylor와 함께 이제 우리 가족은 여섯 명이 되었다. 우리가 남미 출신 두 아이를 입양했다고 해서, 가족 구성원의 인종이나 수만 변했다고 생각한다면 오산이다. 입양은 우리를 완전히 새로운 가족으로 만들었기 때문이다. 가족 구성원의 역학이 변하면서 우리 여섯 모두는 상처와 성장 그리고 변화를 경험했다. 나는 루벤와 치코가 우리 가족을 이전보다 더 나은 가족으로 만들었다고 확신한다.

우리 가족이 되기 전, 루벤과 치코는 수양부모와 함께 우리 동네에, 그리고 그 이전에는 낳아준 부모와 함께 살았다. 입양을 통해, 그들의 가족과 우리 가족이 연합했다. 그리고 그 말은 우리가 서로의 역사를 배워야 한다는 뜻이었다. 우리는 우리의 이야기를 그들에게 들려주고, 또 그들의 이야기를 들어야 했다. 하룻밤 사이 우리 가족이 되어야 한다고 아이들에게 강요하기보다 그들이 그들 자신이 되도록 배려해야 했다. 새로운 가족이 되기 위해서 서로를 어떻게 끌어안아야 할까 고심하면서 우리는 지난 7년을 보냈다.

단순히 다른 가족의 형태에 적응하는, 그러니까 경계를 정하고 권위를 세우고 서로의 역할을 다시 한 번 생각해보는 정도의 과정이 아니다. 우리 가족을 열어젖히는 과정은 역사와 기억, 생활양식, 습관 그리고 다른 사람들에 대한 생각까지 끝이 없는 내용을 포함한다. 독특한 경험과 이야기, 고통 그리고 열정을 가진 루벤과 치코는 우리를 다른 사람으로 바꾸어버렸다. 지금의 우리는 물론 앞으로의 우리까지도 말이다. 나는 종종 루벤과 치코가 멕시코 사람과 결혼을 하고 또 그 아이들도 멕시코 사람과 결혼을 하면 어떻게 될까 생각한다. 몇 세대가 지나지 않아, 많은 사람들은 패짓Pagitt이라는 성이 원래 멕시코에서 온 것이라 생각하지 않을까. 이제 패짓 가家 이야기의 일부가 된 이 아이들이 그 이야기의 항로를 영원히 바꾸게 되리라.

입양은 그 가족에게도 그렇지만, 입양되는 아이들에게는 더 어려운 과정이다. 루벤과 치코가 우리 가족의 일원이 되고 처음 몇 달은 더욱 그랬다. 그 아이들의 수양부모가 우리 바로 옆집에 살았으니, 입양 전부터 아이들은 이미 우리를 잘 알았다. 하지만 짐을 꾸려 들어와 '영원한 가족'이 된다는 의미는 종종 우리 집에 놀러와 하룻밤 자고 가던 이전과는 차원이 달랐다. 그것은 현실이었다. 우리 집은 이제 놀러 오는 곳이 아니라 사는 곳이 되었고, 그 아이들은 이제 우리를 방문하지 않고 우리 가족을 새롭게 창조해간다. 그 아이들은 이제 우리가 단순한 이웃이 아니라 엄마와 아빠라는 사실이 자신들에게는 아직도 신기하다고 말한다.

이 기묘한 변화가 남긴 가장 선명한 기억은 새로운 냄새였다고 아이들은 이야기한다. 모든 가족에게는 독특한 냄새가 있다. 어디서 오는지 알 길이 없지만, 집과 옷 그리고 심지어 살갗에서도 그 냄새가 풍겨난다. 그 가족들은 자연스러워 느끼지 못하지만, 다른 사람들에게는 선명하고 강하게 느껴지는 냄새 말이다. 이제 우리 집이 자신의 집이 되리라는 사실을 알고 집에 들어서던 순간, 치코는 익숙하지 않은 냄새를 느꼈고 겁을 먹었다.

입양된 아이들, 루벤과 치코는 배워야 할 것이 많았다. 우리의 냄새, 우리의 규칙, 우리의 습관, 그리고 우리의 유머 감각까지 말이다. 또 새로운 조부모님들과 친구들은 어떤가. 적응해야 할 것들은 끝이 없었다. 물론 그 아이들도 자기만의 가족 양식을 가지고 있었지만, 이미 조직을 갖춘 우리 가족의 양식이 물론 우세했다.

루벤과 치코가 우리 가족 안에서 자신의 자리를 찾아가는 동안, 나는 그리스도인으로서의 내 지난 경험을 돌아보게 되었다.

비슷한 구석이 있던 까닭이다. 자라는 동안, 나는 기독교와 그 특성에 대해 전혀 알지 못했다. 부활절과 성탄절이 서로 관련이 있는지, 아니 심지어 종교와 관련된 날인지도 몰랐으니 말이다. 일부러 교회를 가지 않는 집에서 자랐으니 당연했다. 동네 골목마다 교회가 있었지만, 우리는 교회를 찾지 않았다. 일요일 아침, 늦잠을 자도 뭐라는 사람이 없었고, 성경을 어떻게 찾아야 하는지 그리고 하나님께 또 하나님에 대해 어떻게 찬양을 해야 하는지 가르쳐주는 사람도 없었다. 나는 여름성경캠프도 성경학교도 가보지 못했다. 교회에 발을 들인 가장 근사한 경험이라면, 내가 열한 살 때 친구 대니 오클랜드Danny Oakland와 함께 선한 목자 가톨릭 학교Good Shepherd Catholic School에 공을 훔치러 몰래 들어갔던 때다. 체육관으로 향하는 길목에 예배당이 있었으니 말이다.

기독교와 관련된 일이라면 상관하지 않겠다는 우리 가족의 결정은 아버지에게서 시작되었다. 아버지는 종교적인 삶에는 전혀 관심이 없었다. 나의 조부모님은 1930년대에 이혼을 하셨고, 당시 이혼한 사람은 교회에서 추방 대상이었다. 어린아이였던 나의 아버지는 자신이 '교회와 어울리는 사람'이 아니라고 느꼈고, 그의 마음은 고통스러웠다. 교회가 자신에게서 등을 돌렸다는 비통함은 평생 동안 이어졌다.

반면 내 어머니는 침례교의 천막 집회에서 회심한 사람이었다. 하지만 아버지는 어머니에게 아이들이 교회에 가도록 강요하지 않겠다는 약속을 받아 냈고, 어머니는 그 약속을 지켰다.

종교에 관한 결정은 나와 내 동생의 몫이었다. 내가 그리스도와 관련된 일에 관심을 갖기 시작한 것은, 정말로 뜬금없이 일어난 열여섯 살 때의 회심 이후였다.

기독교는 나를 따뜻하게 보듬어주었다. 멋진 사람들이 나를 품어주었고, 훈련시키고 또 사랑해주었다. 이 믿음의 가족에 새로 입양된 아들로서 나는 최선을 다해 냄새에 적응했고 친척들의 이름을 외웠으며 가족의 규칙들을 따랐다. 멋진 시작이었다. 함께하자, 내 은사와 생각 그리고 경험들을 들고 이 가족의 삶으로 들어오라, 그들은 요청했다. 하지만 나의 은사와 생각, 그리고 경험들은 때로 이 새로운 가족 중 많은 이들이 꺼리는 길로 나를 인도하고는 했다.

나는 내 가족 양식을 들고 기독교로 들어왔다. 살고 영향을 미치고 생각하고 또 창조하는 나만의 방식을 들고 말이다. 내 양자들이 멕시코 사람이었다면, 나는 반대자였다.

나는 늘 문제의 다른 면, 대화의 다른 시각을 보아왔다. 반대자가 되기로 선택한 기억은 없지만, 나는 늘 반대자였다. 아직은 증명하지 못한다고 하더라도, 나는 유전적으로 '긍정적인 반대'를 타고 태어났다고 확신한다.

2001년에 아버지가 돌아가신 후 아버지의 육촌이라는 분이 연락을 해 위로의 말을 전했다. 어릴 적 아버지가 언급했던 기억은 희미했지만, 만나서 나쁠 게 없다는 생각이 들었다. 드디어 2005년, 우리 미네소타 주의 패짓들은 미주리 주의 패짓들을 만나기 위해 남쪽으로 향했다.

그들과의 만남은 즐거웠던 만큼 이상하기도 했다. 나와 비슷하게 생긴, 게다가 미주리식 콧소리가 섞여 있긴 해도 나와 목소리마저 닮은 사람들이라니 말이다. 그간 사촌이 없던 우리 아이들은 그날 많은 사촌들을 원 없이 만났다. 하지만 가장 이상했던 순간은 아버지의 육촌이 자신이 그간 조사한 내용이라며 패짓 가족에 대한 연구를 보여주던 순간이었다. 그는 내게 우리 성, 패짓의 기원에 대한 짧은 설명이 적힌 종이를 건넸다. 1623년까지 거슬러 간 연구 결과가 그 종이 아래쪽에 이렇게 적혀 있었다. "이 훌륭한 이름에 얽힌 옛날의 가족 표어는 이와 같다. *Per Il Suo Contrario.*"

굳이 이탈리아어 사전을 뒤지지 않아도 *contrario*의 의미를 가늠하기 어렵지 않았다. 반대자_{contrarian}를 뜻하는 영어와 비슷하니 말이다. 솔직히 충격이었다. 1600년대 초기, 이미 우리 가족은 반대자들이었단 말인가. 그런 가능성은 우리 집안이 내게 반대자다운 기질을 물려주었다고 나를 설득했다.

집에 돌아오자마자 나는 인터넷을 열어 그 표어의 의미를 찾아보았다. 대충 번역해보면 '반대하는 사람들'이 적절하리라. 사람들은 반대자들을 냉소적인 사람들이라 생각하지만, 내 생각은 반대이다. 사람들은 우리가 반대하기 위한 반대를 하는, 즉 그저 반대를 좋아하는 사람들이라 비난한다. 하지만 반대자는 다른 사람들이 더 이상 소망하지 않을 때 소망을 붙드는 사람이라고 나는 생각한다. 반대자는 한계를 넘어 가능성을 상상하는 사람이다. 과거에 무시되고 버려졌던 생각들을 다시 한 번 고심해보는 사람이다. 번역된 표어를 바라보면서 나는 깨달았다. 나는 단순한 반대자가 아니다. 나는 의심하고 질문하고 또 상상하는 우리 가문의 유산을 이어가는 반대자이다.

내 믿음의 가족은 이런 반대자 기질을 달가워하지 않는다. 종교는 본질상 보수적이기 때문이다. 정치적 혹은 신학적인 의미만이 아니라, 말 그대로 보존하는 보수 말이다. 때로 종교는 믿음과 생각 그리고 행동들을 보존하기 위한 도구가 되곤 한다. 그리고 보존하려면 보호의 자세는 물론, 무엇이든 자신의 믿음을 위협하는 변화를 잘라버리겠다는 결심이 필요하다.

이런 의미에서 기독교는 바람직한 종교가 아니라는 사실이 문제이다. 기독교는 보수와 보존의 믿음이 아니다. 기독교는 창조와 참여, 움직임, 그리고 변화의 믿음이다. 보존하자면 어떤 것은 멈추어야 하고, 제한되어야 하며, 또 무시되어야 한다. 하지만 그 '어떤 것'이 멈추거나 제한되거나 무시되어서는 안 될, 이 세상에서 일하시는 하나님의 활동인 경우가 너무나 많다.

이것이 반대하는 그리스도인들이 곤란을 겪는 이유이다. 반대자들에게 삶은 소망의 가능성이다. 우리는 이전의 것만큼이나 앞으로의 것에 흥미를 둔다. 마지막 아멘을 외치고 난 다음, 손을 들고 묻는 질문이 반대자들에게는 이상하지 않다. 우리가 더 이상 질문하지 않고 고심해야 할 사실과 생각들을 등지는 순간이야말로 실패의 순간이라고 우리는 믿는다. 우리의 의도는 문제를 일으키는 것이 아니라 문제를 예방하려는 것이다.

여느 가족과 같이, 이미 조직을 갖춘 기독교에도 자신만의 방식이 있다. 이야기하고 먹고 축제를 벌이는 방식 말이다. 기독교만의 역사와 기억, 양식, 그리고 가정假定들은 그 기독교를 특정한 항로 위에 올려놓았다. 어느 가족에게는 정신 나간 고모가 있듯, 교회 가족에게는 누구나 알지만 대놓고 말해선 안 되는 '금기어'가 있다. 말하는 사람과 듣는 사람도 정해져 있다. 하지만 이 가족의 일원이 된 나는 곧 원래의 성격대로 이런 규칙들을 어기기 시작했다. 할아버지 할머니의 금혼식 자리에서 가족의 비밀을 누설해 버리는 꼬마가 되었다고나 할까.

독자들이 나를 오해하지 않기를 바란다. 나는 내 믿음을 사랑한다. 예수님의 방법을 따라 살 때, 인류가 평화와 정의, 자비, 긍휼, 그리고 사랑을 얻으리라고 나는 믿는다. 또한 나는 우리 중 가장 작은 자들을 은혜와 사랑으로 돌보는 동료 그리스도인들을 보아왔다. 다른 사람들은 물론 하나님과도 화목할 길을 찾은 그리스도인들과, 커다란 희생이 따르더라도 자신을 사랑하듯 이웃을 사랑하라는 예수님의 명령을 따라 사는 그리스도인들도 또한 보아왔다.

기독교는 세상에 많은 선물을 주었지만, 더불어 믿기 어려운 메시지와 믿음의 방식을 함께 건넸다. 의도적인 것은 아니지만 너무 많은 사람들에게 상처를 주었다는 말이다. 종종 오만하게 바른 말을 하는 경향이 있는 나는 넌지시 때로는 노골적으로, 기독교는 정체되었고 또 달라진 시대가 묻는 질문에 이도 맞지 않는 대답을 하는 사람들이 모인 배타적 조직이라 말하곤 한다. 하지만 정신을 차리고 나면, 이런 생각이 나를 찾아든다. 내가 정말로 이 가족의 일원이 되려 한다면, 내가 고백하는 믿음대로 솔직하게 살려 한다면, 이제 금기어의 규칙을 깨고 내가 믿는 복음에 대해 말해야 한다는 생각 말이다. 진정 기독교에 참여하고 싶다면 다른 사람들이 설명하는 믿음에 대해 불평하기보다, 나의 설명을 건네야 하리라. 이 가족의 참된 유산을 좇아가면서 말이다.

기독교는 언제나 살아 있는 믿음이었다. 그 믿음은 세대와 세대를 거치며 전 세계에서 다양한 방식으로 표현되었다. 사람들의 삶과 문화 그리고 하나님의 영이신 성령과의 역동적인 상호작용이라 할 수 있다. 따라서 믿음은 발견하고, 의심하고, 대답하고, 또 묻는 실제 삶의 여정이 되어야 한다는 말이다.

나는 그 여정을 이 책에 담았다. 이 책은 우리가 사는 이 세상 속에서 이해 가능한 기독교, 질문을 두려워하지 않고 어디로 우리를 이끌건 대답을 주저하지 않는 기독교에 대한 내 소망의 표현이다. 또한 포용적인 믿음, 성장하는 믿음, 아름다운 믿음, 그리고 하나님이 살아 활동하시며 모든 삶에 관여하신다고 믿는 믿음을 끌어안으려는 내 시도이기도 하다. 나는 기독교를 믿는다. 그 무엇 하나도 소외되지 않고 하나님과 함께 세상을 구원하는 일에 참여하는 기독교를 믿는다. 죄가 그저 심판받아야 할 율법적인 문제가 아니라 치유가 필요한 관계의 문제라고 보는 기독교를 믿는다. 우리를 하나님과 화목케 한 유대인 메시아, 곧 예수님의 삶, 죽음, 부활에 집중하게 하여 조화를 추구하는 기독교를 믿는다. 성경이 우리를 생명과 치유로 인도하는 기독교를 믿는다. 이곳에서의 삶뿐 아니라 그 이후의 삶에 대한 소망을 주는 기독교를 믿는다. 그리고 사랑이 살아 있고 두려움을 몰아내고 우리가 더 나은 세상을 위해 살도록 격려하는 기독교를 믿는다.

그리스도인이라는 가족은 항상 지금 현재에 만족하는 사람들과 새로운 가능성을 보고 싶어 하는 사람들 모두 포함하기 마련이다. 그리고 두 가지 모두 우리에게 유익하다. 보수적인 것이 주는 유익을 원한다고 해서 혹은 앞서 신실했던 사람들처럼 진보적인 것을 원한다고 해서 교회가 그 사람들을 배척해서는 안 된다.

예수님의 복음은 자신이 어느 가족 출신이었든 상관없이 하나님 가족의 일원으로서 역동적인 믿음을 살며, 세상을 향한 하나님의 소망과 꿈 그리고 열정에 참여하라고 초대하는 것이다. 이것을 믿는 사람들을 다시 부르는 것, 그것이 바로 이 책의 결론이 되리라.

2

그리스도
수난 연극

삐거덕거리는 의자에 앉아 난간에 기댄
나의 영혼이 깨어나는 듯했다.
그 이야기는 내 안에 뿌리 깊게 박혀 있던 바로 그 이야기였다.
어린 시절부터 내 안에 있어온 하나님에 대한
이야기의 완결편이었다. 이제 내가 길을 찾았다는
밝고 선명한 신호이기도 했다.

연극을 통해서
하나님을 만나다

내가 어릴 때 우리 가족에게도 우리만의 일요일 아침 의식이 있었다. 아버지는 골프를 치고, 나와 내 여동생은 어머니가 만든 삼각형 프렌치토스트를 먹으며 텔레비전을 시청하는 것! 겨울이면 아침을 서둘러 먹어야 했다. 볼링장에 늦지 않게 도착하려면 말이다.

TV와 볼링, 그리고 기름에 튀긴 빵과 함께하는 일요일 아침은 한 주간 중 두 번째로 신나는 날이었다. AWA 프로 레슬링이 열리는 토요일에는 견줄 바가 아니었기 때문이다. 미네소타에 사는 대부분의 아이들은 토요일 아침에 TV를 통해 레슬링을 보았다. 하지만 채널 9번 방송국에서 고작 3킬로미터 떨어진 고든 밸리Golden Valley에 사는 축복받은 우리에게 토요일 아침은 침도 튀길 법한 거리에서 직접 번 가니에Vern Gagne, 헐크 호간Hulk Hogan, 더 크러셔The Crusher 등의 경기를 보기 위해 자전거에 올라타야 하는 시간이었다. 가까이서 즐기는 레슬링과 어머니의 삼각형 토스트만으로도 나의 주말은 풍성했다. 교회가 아니라도 말이다. 나는 다른 사람들은 일요일이면 좋은 옷을 차려입고 가만히 앉아 작은 무교병을 먹는다는 것을 알지 못했다. 나는 교회에 가지 않겠다고 선택한 적이 없었다. 교회를 몰랐으니 생각해본 적도 없었다고 말해야겠지. 내가 무엇을 놓치고 있는지 나는 전혀 알지 못했다.

기독교 세계관은 없었지만 내겐 하나님에 대한 생각은 물론 심지어 하나님에 대한 믿음까지 있었다. 하나님을 어떻게 인지하기 시작했는지는 모를 일이지만, 그 뿌리는 깊었다. 나는 하나님의 이야기를 알지 못했지만, 하나님이 이 세상 일에 관여하시고 이 세상에서 일하시며 또한 사람들이 자신의 일에 동참하기 원하신다는 것을 직감했다. 열두 살 때 나는 〈빌리 잭Billy Jack〉이라는 영화를 보면서 생각했다. 저게 바로 하나님이 몰두하시는 일이겠구나. 예수님을 알지 못했던 나는 빌리 잭이 하나님을 위해 일하는 사람이라 생각했다.

빌리 잭은 인디언과 백인 사이의 혼혈이었다. 가라테 검은 띠에, 오토바이를 타는 그는 '사람들에게' 억압받는 원주민들을 돕기 위해 두 주먹을 불끈 쥐고 달려 나오곤 했다. 힘이 없는 사람들을 변호하는 그 모습이 어찌나 멋지던지. 이 세상을 향한 하나님의 뜻이 저런 모습이 아닐까 생각했고, 그 모습은 나를 사로잡았다. 나도 그 뜻의 일부가 되고 싶었다. 나도 정의를 실현하고 잘못을 바로잡고 연약한 사람을 돕는 사람이 되고 싶었다.

빌리 잭이 보여준 하나님의 모습은 오래도록 이어졌고, 그 모습은 내게 하나님과 함께하는 삶이 가능하다고 말해주는 그림이었다. 하지만 그 모습은 동시에 하나님은 절대 시비를 걸어서는 안 되는 분이라 설명하는 그림이기도 했다. 해서 나는 하나님과 거래를 했다. "누구에게 상처를 입히거나 또는 누구를 죽이거나 강간하지 않을 테니, 하나님도 저를 죽이시면 안 돼요. 동의하시는 거죠?" 나는 하나님의 침묵을 암묵적인 동의로 받아들였다. 내 기도는 복잡하지 않았지만, 적어도 그 기도로 내가 내 인생을 하나님께 맞추기 위해 애쓰고 있다고 느꼈다.

그 하나님은 내게 완전한 실재였다. 내 침대 머리맡에는 미국 국기가 걸려 있었다. 약물에 취해 집에 들어온 날 밤이면, 나는 그 국기를 쳐다보지 않았다. 당시에는 흔한 약물이었는데도 말이다. 그것은 애국심을 저버리는 잘못된 행동 같았다. 하지만 짧은 기도만은 잊지 않았다. 하나님은 언제나 나와 가까이 계시고 또 내가 어떤 모습이건 괘념하지 않으신다고 믿었기 때문이다.

하지만 여전히 부족했다. 무언가 잘못되어 있었다. 현재 나의 모습과 내가 되고자 하는 모습이 서로 연결되지 않았다. 나는 그것이 무엇인지, 내가 무엇을 해야 하는지 몰랐다. 차라리 하나님에 대해 생각하지 않는 상태가 하나님을 알지만 어울리지 못하는 지금 상태보다는 낫겠다고 생각하기도 했다. 나는 길을 잃었다. 내가 찾기 원하는 무언가가 분명 어딘가에 있는데, 나는 그게 무엇인지 그 이름도 몰랐으니 길을 찾지 못하는 것은 당연했다.

4학년 때, 나와 내 친구 찰리 라이온스는 보이스카우트에 들어 갔다. 우리가 크리스마스 화환을 팔아 모은 돈을 분대장이 도둑 질한 사건 때문에 갑작스레 결정된 176분대의 해체를 앞두고 우 리는 주말 캠프를 떠났다. 그 캠프에서 우리는 숲 속에서 길을 찾 는 법, 실마리를 찾고 또 남기는 법, 그리고 나침반과 별들을 이 용해 길을 잃지 않는 법을 배워야 했다. 나는 숲 속에서 우리가 뭘 하는 건지 도통 이해할 수 없었다. 캠프를 좋아하지 않는 나는 길을 잃지 않는 최선은 애초에 숲으로 들어가지 않는 거라 생각 했으니 말이다. 하지만 미니애폴리스Minneapolis라는 도시에 사는 우리들도 이런 생존 기술들을 알아야만 했다. 나는 나무들을 헤 치고 길을 찾는 법을 모두 배웠고, 결국 훈장도 받았다.

인생의 문제는 달랐다. 내겐 인생의 길을 찾기 위한 나침반이 없었다. 나의 혼돈과 두려움을 헤치고 나가는 데 필요한 장비들 도 없었다. 가진 거라곤 길을 잃지 않거나 또는 길을 잃은 채 방 황할 잠재력과 능력뿐이었다.

그 숲을 헤매는 것은 나만이 아니었다. 나와 함께 자란 스티브 는 나의 가장 절친한 친구였는데, 그도 기독교를 모르기는 마찬 가지였으니 말이다. 우리는 빌리지 테라스라는 아파트에 살았는 데, 그 아파트에 사는 여느 아이들처럼 우리도 딱히 우리를 감시 하는 사람 없이 제멋대로 살고 있었다. 스티브의 유년시절은 어려웠다. 그가 다섯 살 때, 어머니는 집을 나갔고 아버지는 정말 온갖 중독에 시달렸으니 말이다. 우리가 열세 살 때, 스티브는 아버지를 떠나야 했고 수양부모와 함께 살았다. 2년 후, 스티브가 다시 아버지와 살기 위해 아파트로 돌아왔을 때, 우리는 모두 그가 '다시 태어났다'는 사실을 너무나도 분명히 알게 되었다.

어디를 가든 스티브는 큰 성경책을 가지고 다녔고, 쉼 없이 예수님에 대해 이야기했다. 스티브가 말하는 예수님을 나는 이해하기가 어려웠다. 예수님에 대한 나의 지식은 존 레논이 〈존과 요코의 발라드The Ballad of John and Yoko〉에서 이야기한 예수처럼 십자가를 지는 것과 바비 베어Bobby Bare의 노래인 〈인생의 골문 앞에서 드롭킥을 날려주세요, 예수님Drop Kick Me Jesus Through the Goalposts of Life〉이 전부였으니 말이다. 하지만 내가 알던 괴짜 스티브는 변했다. 아파트 아이들이 모여 이상한 계획이라도 세울라치면, 가담은커녕 창문 밖으로 몸을 내밀어 우리가 저지르려는 죄를 멈추라며 소리를 지르곤 했다.

고등학교 2학년 봄, 스티브는 내게 〈PASSION〉('열정'을 의미하기도 하고, '그리스도의 고난'을 의미하기도 한다-옮긴이)이라는 연극을 보러 가지 않겠느냐고 물어 왔다. '이전의 스티브가 돌아왔구나' 하고 나는 생각했다. 열여섯 살 남학생인 내가 시내에서 열린다는 〈PASSION〉이라는 연극을 소개받고 어찌 예수님을 생각했겠는가. 나는 스티브의 제안에 동의했다. 1983년 4월 1일 금요일 밤, 우리는 차에 올라 존 레논의 음악을 들으며 시내로 향했다.

우리가 들어간 곳은 오래된 극장을 개조한 교회였다. 우리는 발코니 맨 앞줄에 자리를 잡았다. 이상한 냄새가 나는 듯했다. 오래된 종이나 낡은 천, 노인들의 냄새와 같은 것 말이다. 아래 무대를 살피려 발코니의 난간에 기댈라치면 낡은 우단 의자가 삐거덕거렸다. 사람들이 아래층 자리를 메우기 시작했고, 극장에는 흥분이 차올랐다. 나는 낯설었다. 무슨 연극일지 알지 못했지만, 나 역시 기대되기는 마찬가지였다.

조명이 켜지고, 연극이 시작됐다. 예수님의 삶을 그린 장면들을 보면서, 나는 예전에 들어본 것 같은 착각이 들었다. 내가 아는 이야기였다. 사건들 자체야 새로웠지만, 분명 친숙한 무엇이 있었다. 예수님의 친절, 버림받고 난 후의 외로움, 그리고 연약한 자들과 함께하시는 하나님의 모습 같은 것들이.

그리고 부활이 이어졌다. 생각하지 못했던 반전이었다. 십자가 위에서 예수님이 외치신 믿기 어려울 정도로 놀라웠던 대사, "아버지여 저들을 사하여주옵소서"를 다른 무엇이 압도하랴, 나는 생각했었다. 그런데 예수님이 살아나셨고, 그 순간 내 안에서 희망과 더불어 무언가가 활짝 터져나왔다.

내가 바라던, 그리고 내게 진실이어야만 하는 이야기였다. 매맞고 고통당하신 예수님 옆에 계신 하나님, 공포와 배신 그리고 투쟁 속에서도 선을 이루며 사람들 옆에 계신 하나님, 구원의 역사에 동참하라 사람들을 초청하시는 하나님, 그리고 나의 자경

단원 빌리 잭에 대한 믿음을 뛰어넘는 하나님의 이야기였다.

삐거덕거리는 의자에 앉아 난간에 기댄 나의 영혼이 깨어나는 듯했다. 그 이야기는 내 안에 뿌리 깊게 박혀 있던 바로 그 이야기였다. 어린 시절부터 내 안에 있어온 하나님에 대한 이야기의 완결편이었다. 이제 내가 길을 찾았다는 밝고 선명한 신호이기도 했다. 어딘가로 향하는 길 말이다. 냄새 나는 극장이었고 낯선 사람들이 나를 둘러싸고 있었지만, 나는 집에 온 양 편안했다.

연극이 끝난 후, 한 남자가 무대에 올라 이야기를 시작했다. 내 속에서 일어나던 일에 정신을 빼앗긴 나는 그의 말에 귀를 기울이지 못했다. 정신을 차렸을 때, 마침 그는 이 이야기에 대해 더욱 자세히 알고 싶은 사람들은 무대 뒤로 오라고 이야기하고 있었다. 나는 스티브에게 눈짓을 했고, 그는 일어나 나와 함께 가주었다. 무대로 다가가면서, 나는 하나님께 이렇게 말했다. 이게 정말 하나님의 이야기라면 저는 다음 세 달 동안 저 자신을 이 이야기에 바치겠습니다. 세 달이라면 충분하다고 생각했다. 여름이 올 때까지 시간 전부를 드린다는 말이니까! 이 짧고 괴상한 만우절의 기도가 내 기독교 믿음의 시작이었다.

나는 내가 방금 본 이야기를 내 인생의 길라잡이로 삼고 싶었다. 나는 예수님의 방식대로 살 생각이었다. 그게 무슨 의미인지는 몰라도, 내게 일어난 이 사건이 내 모든 것을 바꾸어버리리라는 사실을 나는 알았다.

3

"아멘"에서
"어, 이런"까지

나는 이 기독교와 처음부터 싸워왔다.
하지만 내 믿음을 버리고 싶었던 순간은 없었다.
나는 언제나 내가 초청받은 이야기, 소망으로 가득 찬 이야기,
우리의 모든 상황 속에서 함께하시는 하나님의 이야기,
그리고 하나님과 박자를 맞추어 살라고
우리를 초청하는 이야기로 향하는 길이 있다고 믿어왔다.

곤경에 빠지는 순간은 확신이 사실이 아닐 때이다

마크 트웨인이 말했다. "당신이 모르는 사실이 당신을 곤경에 빠뜨리는 게 아니다. 당신이 곤경에 빠지는 순간은, 당신은 확신하지만 그 확신이 사실이 아닌 순간이다."

자신의 확신이 사실이 아닌 순간을 나는 "어, 이런"의 순간이라 부르고 싶다. 현실이 당신 앞에 있고, 이제 당신은 그 현실로의 전진 혹은 후퇴를 선택해야 한다. 그날 밤, 그리스도의 수난 연극을 보았던 순간이 내게는 첫 영적 "어, 이런"의 순간이었다. 그리고 나는 내 모든 것을 들고 그 속으로 뛰어들었다.

우리 모두에게는 "어, 이런"의 순간들이 있다. 없던 혹이 만져지는 순간, 인생은 순식간에 변한다. 누군가 "사랑해" 혹은 "난 너를 사랑하지 않아" 하고 말하는 순간, 미래의 궤도는 달라진다. "어, 너의 고모가 네게 전 재산을 물려준 것을 몰랐어?" 같은 신나고 즐거운 순간을 우리는 끌어안는다. 하지만 "어, 네 아빠가 감옥에 들어갔다 나온 걸 몰랐어?" 같은 우리의 균형 잡힌 삶을 위협하는 순간이라면 물론 우리는 피하고 싶어 한다.

고립과 공격, 무시, 그리고 부인을 통해 후자의 순간들을 없애려 우리는 애를 쓴다. 수다가 말썽인 한 아이를 교실 한 모퉁이에 세워 놓으면 다른 아이들이 그 아이에게 신경 쓰지 않을 거라고 기대하는 선생님과 같은 모습이다. 그 아이는 계속 떠들어댈 테고 다른 아이들은 오히려 호기심에 그 아이에게 고개를 돌려 대화를 시도할 테니 어리석은 해결책이 아닌가. 머지않아 우리가 무시하려는 생각들은 더욱 목소리를 높일 뿐 아니라 다른 튼튼한 믿음들까지도 끌어내리게 되리라. 이런 "어, 이런"의 순간들이 위험한 이유이다.

나는 내 삶 속 모든 부분에서 "어, 이런"의 순간들을 경험했다. 일터와 가족관계, 친구관계, 그리고 내 자아에 대한 이해에서도 말이다. 하지만 나를 가장 당황스럽게 했던 순간들이라면 하나님과 기독교 믿음에 대한 나의 이해에 발을 걸어왔던 "어, 이런"의 순간들이다. 그 순간들은 내가 그간 조심스레 돌보아온 다른 모든 가정假定들 또한 공격했고, 수년 동안이나 나를 어지럽게 했다.

믿음과 "어, 이런"의 순간이 서로의 적이라니 어불성설이다. 예수님의 기적들을 보아온 제자들은 예수님의 부활을 믿지 않았다. 불가능한 일이라 생각했기 때문이다. 갈릴레오는 지구가 우주의 중심이 아니라는 자신의 믿음을 버려야 했다. 교회가 공식적으로 주장하는 '진리'와 어긋났기 때문이다. 주일학교 어린이가 무언가를 물었다고 선생님은 그 아이의 의심을 꾸중한다. 어떤 자매는 성경공부 모임에서 요즘 배우는 요가의 이점을 말하기가 두렵단다. 사람들이 자신을 뉴에이지라 비난할 것 같기 때문이다.

우리 종교인들이 사람을 처음 회심으로 이끄는 "어, 이런"의 순간에 큰 중요성을 둔다는 사실은 아이러니이다. 우리는 그 불안했던 깨달음을 놀랍게 여기고, 우리에게 믿음이 필요하다고 처음 깨달았던 "어, 이런"의 순간을 간증하기도 하지 않는가. 게다가 그런 회심을 축하하고 나누며 또 그리스도인의 삶에서 중대한 순간으로 기억하기도 한다. 하지만 그 초기의 변화를 지나는 순간, 우리의 종교는 믿음의 규칙들에 도전하는 "어, 이런"의 순간들을 더이상 받아들이려 하지 않는다. 하나님에 대한 이해를 더욱 풍성하게 할 순간들이라도 말이다. 불행한 일이다. 단 한 번의 회심파가 되어 애초 믿음을 창조해낸 운동력을 짓눌러버리니 말이다.

어떤 면에서 내 회심은 극적이고 또 단 한 번, 한순간에 일어난 전형적 회심이었다. "나 같은 죄인 살리신"의 완벽한 예라고나 할까. 잃었던 생명을 찾았고 또한 광명을 얻었으니 말이다. 고등학교 농구부 주장이었던 이전의 나는, 때때로 술과 약물을 즐겼고 교회에는 가본 적이 없었으며 또한 근심이 많은 십대 소년이었다. 그런데 어느 순간 나는 친구들에게 이제나 저제나 구원받은 이야기를 할까 안달이 난 사람이 되어 있었다.

내 믿음의 "어, 이런"은 어찌나 의미심장했는지, 내가 경험한 변화는 단순하지 않았다. 대단했다. 회심하고 처음 1년 반 동안 나는 기독교에 관심이 있는 친구들을 위한 방과 후 모임을 조직하는 일을 도왔다. 나는 성경공부를 인도했다. 학교에서 전도했고, 종교 신문을 돌린다는 이유로 정학을 맞기까지 했다. 헌법이 보장하는 언론의 자유와 종교의 자유를 탄압하는 학교에 맞서 소송을 제기하기도 했다. 결과적으로 나는 학생회 모임과 교회, 모금 행사, 그리고 교회 총회 등에 불려다니게 되었다. 기독교 대학으로 진학한 나는 신학대학원을 졸업하고 유명 교회에서 학생회 목사로 사역하며 힘들어하는 청소년들을 돕기 위해 노력했다. 이 정도면 학생회에 전설처럼 전해내려올 법한 완벽한 회심 아닐까.

내가 반복해 이야기해온 이 '공식적'인 회심이 물론 내 이야기의 전부는 아니다. 여느 이야기들처럼 구체적인 내용은 중요하다. 나의 이야기를 정직하게 털어놓으려면, 이런 적절한 이야기뿐 아니라 나의 방황과 탐구 그리고 돌아옴까지 포함해야 하리라. 그리스도인으로서의 삶의 시작이었던 "어, 이런"의 순간들까지 말이다.

그리스도 수난 연극을 보며 마침내 더불어 살고 싶은 이야기를 발견했던 순간이 내게는 첫 영적 "어, 이런"의 순간이었다.

황홀한 순간이었다. 무대 뒤로 걸어가면서, 나는 내가 어디에 발을 들이고 있는지 안다고 생각했다. 하나님의 이야기에 나의 자리가 있다고 확신했다. 하지만 곧 나의 소망에 찬 확신과 믿음은 두 번째 "어, 이런"의 순간을 마주했고, 그 순간은 내게 달갑지가 않았다.

나는 그리스도인으로서의 삶을 기존 권위에 반대하면서 시작하고 싶지 않았다. 진심으로 그건 내 의도가 아니었다. 하지만 내 마음이 말했다. 바로 전에 경험한 것과 그 다음에 이어진 상황은 서로 어울리지 않는다고 말이다.

스티브와 나는 열 명 남짓한 다른 사람들과 원을 그려 앉았다. 한 사람이 방금 우리가 본 연극에 대해 몇 가지 더 설명하고 싶은 게 있다며 말을 꺼냈다. 그는 작은 소책자 여러 권을 꺼내 우리에게 나누어주었다. 그리고는 큰 소리로 그 책을 읽어나갔고, 우리는 눈으로 그를 좇았다. 첫 번째 장에서부터 나는 무언가가 잘못되었다고 생각했다. 놀라운 하나님의 이야기, 내가 방금 보고 또 나를 변화시킨 그 이야기가 몇 개의 목록으로 요약되어 소책자가 된다는 사실을 나는 받아들이기 어려웠다. 내가 목격한 그 이야기에 대체 무슨 일이 일어난 걸까.

소책자 읽기를 마치고, 그는 우리를 기도로 인도했다. 우리를 그리스도인으로 만들기 위한 기도였다. 나는 기도를 따라했지만, 솔직히 내가 극장에서 얼버무려 고백한 기도만도 못한 느낌이었다. 내가 본 소책자는 방금 회심한 사람들에게 예수님 이야기의 핵심을 가르쳐주기 위한 책이었다. 하지만 그 소책자는 나를 무대 뒤로 오게 만들었던 기쁨의 이야기를 훨씬 복잡하게 만들었다. 사람과 열정은 온데간데없고 단계와 과정이 그 자리를 메운 완전히 다른 이야기가 되어버렸다는 말이다.

소책자 기독교에 대한 나의 갈등은, 열흘이 지나 내게 '제자 훈련'을 제안해온 두 선생님들을 스티브와 함께 만났을 때 더욱 치열해졌다. 제자훈련이라는 말은 처음에도 그랬지만 지금도 내게는 어색한 표현이다. 학교 근처 버거킹에서 스티브와 나는 빌과 케빈을 만났다. 감자튀김과 초콜릿 셰이크를 먹으며 나는 그들이 내게 그 연극이 내가 생각했던 그대로의 연극이고 지난 한 주 반 동안 내 안에서 자라 온 하나님의 생명이 좋은 시작이라 말해주기를 기다렸다. 하지만 대화는 다른 방향으로 흘러갔다. 대신 빌은 종이 위에 그의 표현대로 기독교에서 '가장 중요한 것들'을 적어가기 시작했다.

빌이 적어가는 내용은 그리스도의 수난 연극 무대 뒤에서 들었던 내용보다도 나를 더욱 혼란스럽게 했다. 그날 대화의 내용은 사실 오늘까지도 내 마음을 어지럽게 한다. (나는 내가 기억하는 빌과 케빈의 설명을 두고 고심해왔지만, 내 기억이 그들의 의도를 제대로 다 전달하지 못하리라는 사실을 안다. 나는 확신한다. 그들은 나를 사랑했고 보호했으며 내 믿음을 형성했고, 그들의 그런 노력이 처음 몇 년 동안은 나의 믿음을 잡아주었다.) 빌이 그날 적은 내용을 당신도 볼 수 있다. 바로 여기에 그 종이의 사본이 실려 있으니 말이다. 맨 위를 보라. "진리=절대"라고 적힌 부분이 보이는가. 그리고 빌은 두 글귀를 이어 적었고, 그 두 글귀는 수십 년 동안이나 나를 쫓아다녔다. "구원에 이르기 위한 세 가지 필수"와 "구원의 세 가지 확신"이 바로 그것이다.

절대, 필수, 확신이라는 말에 대해 생각해보라. 단번의 회심에야 완벽한 표현이겠지만, "어, 이런"의 믿음을 통한 지속적인 성장에는 유익하지 않은 표현이다. 나는 절대나 필수가 무엇인지 알지 못하고 또한 조금의 확신도 없이 기독교로 뛰어들었다. 그것을 올바른 이야기라 믿어 보기로 했고, 또 그렇게 믿었다. 증명이 가능했던가? 절대 확신했던가? 대답은 아니요이다. 하지만 그때 나의 믿음은 생생히 살아 있었다. 나는 진리 가운데, 의미 가운데 있었다. 기독교를 경험한 지 고작 열흘이라지만, 그런 표현들은 내 믿음의 경험과 맹렬히 부딪혔다.

기차가 이어진다. 맨 앞에는 기관차, 두 번째는 연료차, 그리고 마지막에는 객차였다. (당시는 1983년이었으니 이런 설명은 적절했다. 나는 기차를 타 본 적이 없었지만 말이다.) 각 차에는 이름이 달려 있었는데, 기관차는 '사실', 연료차는 '믿음', 그리고 객차는 '감정'이었다. 그들이 무어라 설명하건 그 그림은 내게 이렇게 말했다. "이 기차는 첫 두 차가 필요할 뿐이야. 사실과 믿음 말이야.

Transferable = "to pass on"
Truth = absolute.
#1 How To Be Sure you are a Christian

Soul   3 essentials to Salvation

1. Mind - intellect   1. Facts - Christ died
                                          "   Buried   (I Cor. 15:3,4)
                                          "   aRose

(2. Feelings- Emotions) X   → 2. Faith - A. Believing that God will do
                                     (Heb 11:6)   as He has promised
3. Will - Decider   (Eph 2 8,9) b Transferring your Trust

                                3 Repent   To Turn 180°
                                                    (2 Cor 5:17)

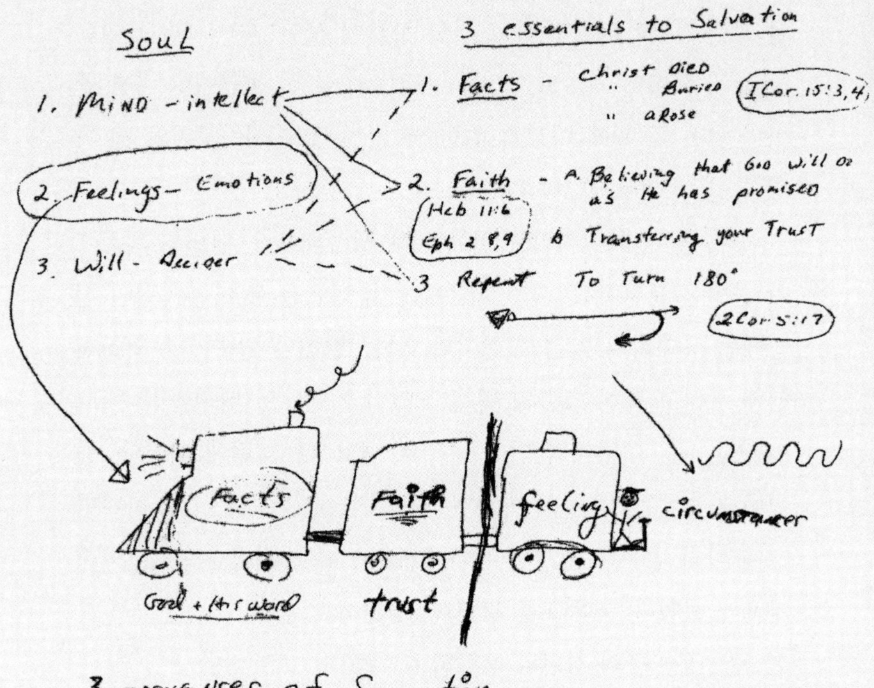

3 assurances of Salvation

1) God and His the word   1 John 5:11-13

2) Witness of the Holy Spirit Romans 8:14-17   april 11, 1983
                                                        William J Myers
                                                        Kevin J Young
3) Changed Life - II cor 5:17   Steven J Towle

감정이 없어도 달리는 데는 아무런 문제가 없지." 그림을 보라. 믿음과 감정 사이에 굵은 선이 그려 있지 않은가. "감정과 환경은 변할 거야. 너는 그것들이 필요하지도 않고, 그것들을 신뢰해서도 안 돼"라고 주장한다.

생각해보라. 우리의 환경을 포함하지 않는 기독교라면 대체 그 목적이 무엇인가. 성경은 특정한 환경을 살았던 믿음의 이야기들로 넘쳐나는데 말이다. 내가 기독교에 발을 들인 건, 그 믿음이 나의 환경을 간섭하기 원했기 때문이다. 나의 환경은 믿음과 밀접하게 연관되었다는 말이다.

그림을 보고 나는 깨달았다. 나의 기차는 거꾸로 달리고 있었다. 그리스도 수난 연극의 현장에서 그리고 이어진 열흘 동안 나는 실재를 경험했다. 그리고 나는 이제 사실과 믿음을 따라잡는 중이었다. 그 그림이 설명하는 대로 먼저 지식과 또 그 지식에 바탕을 둔 신뢰로 내 믿음을 시작해야 했다면, 지금 내 믿음은 아무것도 아니었다. 나는 아는 게 없었으니 말이다.

그 설명은 비록 나를 혼란스럽게 했지만, 내가 기독교를 잘 이해하기 바라며 빌과 케빈이 성심껏 노력했다는 것을 나는 안다. 빌의 이야기가 끝났고, 나는 그 종이를 접어 지갑에 넣었다. 그리고 이후 15년 동안 나는 그 종이를 지갑 속에 넣고 다녔다. 얼마 전에야 스캔을 해 컴퓨터에 저장하고는 원본을 코팅해두었다. 나는 왜 이 종이를 보관했던 걸까, 가끔은 궁금했다. 내 기독교의 뿌리가 어딘가에 있다고 생각하고 싶었던 것이겠지. 그리

스도의 수난 연극에서 받은 소책자 이후, 어쨌든 이 대화가 내게
는 첫 번째 설교이자 주일학교 공과공부였고 기독교 교훈이었으
니 말이다. 이 믿음은 내가 처음 배우고 나를 환영해준 믿음이
자, 내가 오랜 시간 동안 싸워온 그리고 결국은 더 큰 소망을 찾
고자 뒤로 한 믿음이었다.

내게도 오랜 목회 경험이 있기에, 믿음을 기차에 빗대어 설명
한 그들의 마음을 이해한다. 어떤 고등학생이 연극을 보고 자신
이 하나님의 음성을 들었다고 생각했다고 하자. 그 자체는 신뢰
할 만한 각본이 아니다. 빌과 케빈은 내 삶이 극적으로 변하지 않
더라도 내가 실망하지 않기를 바랐으리라. 그들은 내가 이 새롭
고 연약한 믿음을 포기하지 않기를 바랐다. 하지만 그들의 설명
은 애초에 없던 문제에 대한 해결책이었다. 내 삶은 나의 예상을
뛰어넘어 변했으니 말이다. 나는 전혀 실망하지 않았다. 오히려
내 인생 어느 순간보다 내 안에는 소망이 넘치고 있었다. 나는 그
런 나의 감정과 함께 갈 사실과 믿음이 필요했다. 감정을 대체할
사실이나 믿음이 필요한 것이 아니었다. 살아 있는 내 경험에서
의 시작도 아닌, 사실 내게 절대적으로 필요했던 그 감정에 덧붙
여야 할 다른 요소들이 있다는 제안도 아닌, 그들의 설명은 내게
일어난 사건이 그저 수년 전 고안된 공식일 뿐이라 주장했다.

그런 믿음은 그 공식을 고안해낸 1950년대의 사람들에게는
적절했으리라. 모든 사람들에게 적용하기 위해 그들이 골라낸
'가장 중요한 것들'에는 분명 그럴듯한 이유가 있으리라 생각한

다. 하지만 그것들은 내 믿음을 세워가기에는 적절치가 않았다. 사실 도움은커녕 내게 위기를 가져다주었으니 말이다. 실망하지 말라는 의도가 오히려 나를 실망시켰고, 나는 예방주사로 병을 얻은 모양이었다. 하지만 이제 열여섯이던 내가 무엇을 했어야 할까. 더 오래 믿어온 그리고 신실한 그리스도인들이 내게 믿음의 공식을 설명하는데, 그것이 나의 경험과 어울리지 못할 때에는 말이다. 나는 내 경험을 의심해야 했다. 늘 그렇듯 "어, 이런"의 순간, 선택은 두 가지이다. "어, 이런"의 순간에 항복하든지, 아니면 아예 처음부터 모든 것을 포기하든지. 나의 선택은 두 번째가 아니었다.

나는 이 기독교와 처음부터 싸워왔다. 하지만 내 믿음을 버리고 싶었던 순간은 없었다. 나는 언제나 내가 초청받은 이야기, 소망으로 가득 찬 이야기, 우리의 모든 상황 속에서 함께하시는 하나님의 이야기, 그리고 하나님과 박자를 맞추어 살라고 우리를 초청하는 이야기로 향하는 길이 있다고 믿어왔다.

문제는 다만 그 종이 위에 적혀 있던 내용이 아니다. 모든 사람들에게 내미는 일반적인 필요조건들이다. 삶 그리고 그 삶을 사는 사람의 경험과 연관된 기독교의 이야기를 전하고 또 그렇게 사는 길이 있다고 나는 믿는다. 그리고 그 이야기를 찾는 방법은 오직 기독교를 덮은 수백 년의 껍질을 벗기고, 그 안에서 믿음을 발견하고, 우리 삶에 그 믿음을 새기고 전진하는 것이라고 나는 믿는다.

2

세상에 길들지 않는

기독교

A CHRISTIANITY
WORTH
BELIEVING

성경은 모든 것들의 통합을 이야기한다

4

길들지 않은 야생 거위

"켈트족 그리스도인들에게는 거위가 성령의 상징이에요.
그들은 이렇게 말하죠.
'성령은 마치 길들지 않은 야생 거위와 같다'고요."
그의 설명은 곧 나를 설득했다.
얼마나 놀라운 비유인가.
길들지 않은 야생의 성령이라니.

하나님은 문화적 새장에
갇히지 않으신다

미식축구장 엔드존, 머리칼을 무지개 색으로 물들인 한 선수가 가슴팍에 쓰인 요한복음 3장 16절을 가리키고 있다. 성경구절에 익숙하지 않은 사람이면 알아보기 힘든 구절일 텐데 한 눈에 들어오는 것을 보니 나는 생각보다 오랜 시간 동안 기독교인이었구나 싶다. 그 이후 얼마가 지나, 나는 내가 아는 여러 사람들이 주장하듯 성경이 일반적이고 객관적인 역사책이 아니라는 사실을 깨달았다. 성경을 읽을수록 나는 성경이 특정한 시대와 특정한 환경을 살던 사람들에게 쓰인 책이라는 사실을 확신하게 되었다. 처음에는 충격이었지만, 예수님의 이야기에 여러 다른 설명들이 있다니 좋은 소식이 아닌가.

버거킹에서 들은 설명은 내게 진리는 절대라 가르쳤다. 정황이나 경험과 상관이 없고, 상대적이지 않으며 고정적이고 또한 흔들리지 않는 것이 진리라고 말이다. 그리고 여러 해 동안 나는 그런 설명을 전적으로 믿어왔다. 하지만 신학대학원 시절, 요한복음을 공부하던 나는 요한이 '진리'에 대해 다른 복음서 저자들과는 다른 견해를 보인다는 사실을 발견했다. 요한의 이야기에는 성탄이 없었다. 천사도, 임신한 처녀도, 의심하던 남편도, 동방박사도 그의 이야기에는 없었다. 예수님의 일대기를 쓰고자 한 사람이 어찌 탄생의 이야기를 빼버렸을까? 나는 궁금했다.

빠진 이야기뿐이 아니다. 오직 요한복음에만 등장하는 이야기들도 있으니 말이다. 나사로의 부활과 포도주로 변한 물, 태어날 때부터 장님이던 사람이 눈을 뜬 이야기들을 어찌 다른 제자들은 뺐을까? 게다가 공통된 이야기도 요한은 다른 순서로 그 이야기들을 기록하고 있지 않은가. 나는 내 성경책을 쳐다보며 이렇게 중얼거렸다. 이래도 되는 거야?

나는 질문하기 시작했다. 나는 주석을 뒤졌고, 올바른 해석을 위한 생각은 꼬리에 꼬리를 물었다. 요한은 독자들이 자신의 이야기를 이해하기 원했고, 따라서 그는 적절하고 유용한 조정을 통해 이야기들을 선택했고 또 배열했다. 요한 스스로 이렇게 인정하지 않는가. "오직 이것을 기록함은 너희로 예수께서 하나님의 아들 그리스도이심을 믿게 하려 함이요 또 너희로 믿고 그 이름을 힘입어 생명을 얻게 하려 함이니라"(요 20:31).

요한은 예수님의 이야기를 특정 문화를 사는 특정 사람들이 이해하도록 특정한 방법으로 전했다. 그는 보도 기자가 아니라 복음전도자였다. 그의 독자들은 대부분 그리스 사람들이었고, 그들은 아홉 명의 신이 세상을 다스린다고 믿고 있었다. 요한은 예수님이 그 아홉 명의 신 모두를 뛰어넘는 완성이라는 사실을 보여주고자 했다. 그는 예수님의 이야기를 독자들과 상관있는 이야기들로 정리했고 쌓아갔다.

이것은 훌륭한 대화와 훌륭한 이야기의 결정적인 면이며, 또한 복음의 중대한 일면이다. 지금은 아니지만, 복음이 객관적이고 추상적인 진리가 아니라는 사실을 처음 깨달았을 때, 그것은 내게 완전한 혁명이었다. 복음은 문화적으로 상대적인 언어와 이미지와 상징으로 채워져 있으며, 그것으로 듣는 사람들의 마음을 움직인다. 이는 복음서 저자들에게도 사실이었고 또 우리에게도 사실이다. 복음은 우리의 시대와 때에 맞게 전해져야 한다. 우리 또한 그 안에서 생명을 찾도록 말이다.

내가 전후 맥락을 고려하는 기독교에 대해 말할 때 사람들은 긴장한다. 복음을 정황 속에서 이해하자는 주장에 그들은 말 전하기 게임을 떠올리는 모양이다. 한 세대가 자신이 이해한 이야기를 전하고, 다음 세대는 잘못 듣고 잘못 이해하는 식의 상을 떠올리는 것이다. 시간이 지나면서 본질은 사라지고 어느 날 처음 시작했던 원래의 이야기는 온데간데없고 곡해되고 흐릿해진 이야기만 남으리라고 걱정하는 것이리라. 하지만 나는 오히려 그 반대를 우려한다. 오늘날 기독교가 마주한 문제는 물탄 듯 희미해지는 이야기가 아니라 돌에 새긴 듯 움직이지 않는 이야기이기 때문이다. 그리고 그런 이야기가 바로 우리가 두려워하는 곡해로 이어지지 않는가.

내가 주장하는 맥락화contextualization는 대중문화를 이용해 우리의 믿음을 대중들의 기호에 맞추어야 한다는 뜻이 아니다. 최신 유행하는 말을 빌려, 말만 바꾸어 똑같은 이야기를 전하자는 뜻도 아니다. 요한의 방법을 따르자는 뜻이다. 우리의 정황과 이야기 모두를 개인적인 이해로 발전시켜 우리 시대를 믿음으로 살자는 뜻이다.

초기 그리스도인들이 그랬다. 신약성경의 모든 책들에는 맥락화의 흔적이 담겨 있다. 서신서에 등장하는 사람들의 이름부터, 로마, 고린도, 빌립보, 에베소와 같은 특정 도시에서 어떻게 믿음으로 살아야 하는가에 대한 문제까지 말이다. 기독교는 실제 상황을 사는 실제 사람들의 삶에 예수님이 드러나기를 바라시는 하나님의 소망이었다. 그리스도인들은 단지 기도를 반복하는 것이 신실함이라고 생각하지 않았다. 그리스도인들은 살아 활동하는 믿음의 사람들이었다. 교회는 그런 첫 세기의 노력을 지속해야 한다. 듣고 실천하는 사람들에게 들어맞는 방법을 찾아 그 이야기를 전해야 한다는 말이다.

사실 이런 생각은 극단적이지 않다. 어떤 이야기를 전하든 우

리는 그 이야기를 특정한 형식, 즉 문화적으로 엮인 언어와 가정
假定의 형식을 빌려 전하기 때문이다. 이야기를 문화에 담아 전
해야 할까? 이것은 우리가 선택할 문제가 아니다. 당연한 일이
다. 우리의 선택은 다만 어떠한 문화를 이용할지 또 언제 이용
할지이다.

내가 버거킹에서 보았던 기차의 은유는 기독교를 정확하게 설
명하기 위한 그림이었다. 하지만 은유는 특정한 문화 표준을 가
정하기 마련이다. 기차의 그림을 보는 사람이 먼저 기차가 무엇
인지 또 기차가 어떻게 작동하는지를 알아야 한다는 말이다. 그
것은 브라질 정글에 사는 미개 종족에게 기독교를 설명하기에
적절한 그림은 아니다. 선교사들이 다른 세계에 사는 사람들에
게 복음을 전하기 위해 문화적으로 중요한 은유를 찾는 데 많은
시간을 쏟는 이유이다. 이곳에서는 통하지만, 같은 이야기가 다
른 곳에서는 통하지 않는다는 사실을 선교사들은 잘 안다. 믿음
은 보편적이지 않으며 사실 굉장히 특수하다.

케냐와 탄자니아에 사는 마사이Masai족과 생활하는 선교사들
이 기도문을 만들었는데, 그 내용은 그들의 문화와 밀접하다. 아
름답고 유용한 이 기도문은 마사이 문화의 언어를, 예를 들어 부
족과 마을, 탐험 여행, 심지어 하이에나도 포함한다.

우리는 한 분이시고 높으시며 사랑으로 이 아름다운 세상과 그 안의
모든 것을 창조하신 하나님을 믿습니다. 그분은 사람을 창조하셨고

사람이 이 땅에서 행복하기를 원하셨습니다. 하나님은 이 세상과 모든 나라와 부족들을 사랑하십니다. … 하나님은 자신의 아들이신 예수 그리스도를 보내 자신의 약속을 이루어주셨습니다. 예수님은 육신을 입고 유대인 부족, 작은 마을, 가난한 집에 태어나셨습니다. 그리고 자신의 집을 떠나 선한 일을 하시고, 하나님의 능력으로 사람들을 치유하시며, 하나님과 사람에 대해 가르치시고, 또한 종교의 의미가 사랑임을 보여주시기 위해 언제나 탐험 여행을 다니셨습니다. 하지만 그의 백성들은 예수님을 거절했고, 고문했으며, 그의 손과 발을 십자가에 못 박아 죽였습니다. 예수님은 무덤에 묻히셨지만 하이에나는 그를 건드리지 못했습니다. 사흘이 지나 예수님은 그 무덤에서 일어나셨습니다.[1]

어떤 단어를 사용할지가 문제가 아니다. 언어는 이해를 표현하기도 하지만 이해를 창조하기도 한다. 말이 변하면 이야기도 변하기 마련이다. 예를 들어, 거위에 대한 이 이야기처럼 말이다.

우리 교회에는 혼응지(펄프에 아교를 섞은 것으로 마르면 딱딱해지는 종이 재질－옮긴이)로 만든 길이 3미터짜리 거위가 걸려 있다. 교회로 들어올 때 가장 먼저 눈에 띄는 장식은 아니라 해도 한번 보면 눈을 떼기 어려운 조형물이다.

그 거위는 우리가 오순절을 기념한 예술 행사를 기획했을 때, 에이즈 감염자이며 방랑하는 예술가인 마이클이 만든 작품이다. 우리 교회 몇몇 예술가들이 오순절의 성령 강림을 춤이나 연극,

음악, 시각 예술 등으로 표현해보면 어떨까 제안했기 때문이었다. 그들은 다른 예술가들을 초청했고, 그중 하나가 마이클과 그의 거위였다.

어느 날 오후, 내가 교회에 들어갔을 때 마이클은 작업에 열중하고 있었다. 그는 자신의 작품을 보겠냐고 나에게 물었다. 나는 그를 따라 발코니로 올랐고, 그는 내게 거대한 철사 뼈대를 보여주었다. 젖은 종이봉투로 덮인 금속 조롱박 모양이었다.

"이게 뭐죠?" 나는 물었다.

"거위에요." 교회 발코니에 거대한 거위를 만드는 것이 대수롭지 않은 양, 그는 태연히도 대답했다.

"네?"

"거위요. 서까래에 매달아 사람들 머리 위에 떠 있게 할 거예요."

"아, 네."

뭐, 덧붙일 말이 없었다.

내가 당황해하자, 그는 설명하기 시작했다. "켈트족 그리스도인들에게는 거위가 성령의 상징이에요. 그들은 이렇게 말하죠. '성령은 마치 길들지 않은 야생 거위와 같다'고요."

그의 설명은 곧 나를 매료시켰다. 얼마나 놀라운 비유인가. 길들지 않은 야생의 성령이라니.

오순절 주일, 우리 공동체는 완성된 아름다운 거위를 만났다. 우리가 함께 살고자 노력하는 삶의 아름다운 상징이었다. 나는 그 거위가 망가질 때까지 우리 머리 위를 맴돌도록 걸어둘 생각이다.

내가 배운 기독교의 성령은 거위가 아니다. 부드럽고 온화하며 청순한 흰 비둘기이다. 그런 상징에는 물론 아름다움과 평안이 담겨 있다. 하지만 우리 중 많은 이들에게, 하나님과 함께하는 삶은 청순과는 거리가 멀다. 우리 손으로는 통제하지 못할, 거위의 울음 같은 것이 담겨 있기 때문이다.

성령을 야생 거위에 비유해본 생각은 우리가 이야기를 전하는 방식 또한 변화시켰다. 여전히 어떤 문화에서는 또 어떤 그리스도인들에게는 거위가 성령에 대한 전형적인 상징이다. 초기 켈트족들은 이런 상징을 가지고 수세기를 살았고, 따라서 이 상징이 그들에게는 전혀 이상할 리 없다. 사실 우리의 상징, 비둘기가 그들에게는 낯설고 또 지나치게 길들여진 하나님에 대한 이미지이리라.

길들지 않는 야생이라는 성령의 그림은 나에게 강력한 충격을 주었다. 비둘기의 그림으로는 불가능한 것이었다. 기독교의 믿음에 대해 다른 방식으로 생각해보라고 권면하는 거위를 나는 사랑한다. 고대 문화에서 빌려온 거위를 통해, 나는 터질 듯 부풀어오르는 풍부한 소망을 본다. 먼저 우리가 그간 만들어온 문화적 새장에서 하나님을 풀어, 하나님이 자신의 뜻대로 다니시도록 할 때 가능한 소망이겠지만 말이다. 거위는 위대한 예술 작품일 뿐 아니라 위대한 신학 작품이기도 하다.

우리가 기독교 믿음을 새로운 방식으로 이야기하려 할 때 갈등이 찾아오기 마련이다. 하지만 정황을 무시한 채 우리가 가진 이야기가 손을 타지 않은 순수한 이야기라 잘못 판단한다면, 우리는 나중에 더 큰 문제에 부딪히게 되리라. 우리가 알든 모르든 하나님과 인간, 예수님, 죄, 그리고 구원에 관한 교리들은 다른 시대의 문화적 정황 속에서 가르쳐진 내용들이다. 지금 우리 시대에는 거의 의미를 잃어버린 내용들이라는 말이다.

요한이 복음전도자로서 복음서를 기록했다는 사실을 발견했을 때, 나는 내가 왜 그들이 기차를 빌려 설명했던 믿음과 앞서 내가 경험했던 하나님을 연결하지 못했었는지 그 이유를 깨달았다. 그 설명은 예수님에 대한 많은 설명 중 하나였기 때문이다. 이 깨달음을 통해 나는 새로운 신학을 추적하기 시작했다. 내 견해로 그것은 모든 그리스도인들에게 주신 소명을 반영하는 신학이다. 이 세상에서 일하시는 하나님의 이야기를 구하고 살고 또 전하는, 살아 약동하는 믿음을 끌어안는, 그리고 길들지 않고 새장에 갇히지도 않는 바로 지금, 바로 여기의 신학이다.

5

'다름'이 좋던 시절

이제 교회의 새로운 도전은
유대인과 이방인 그리스도인들이
하나님의 사역을 위해 연합하고
하나의 크고 행복한 입양 가정을 꾸려가는 것이었다.
기독교 믿음의 초기 몇 세기는
다양성과 연합 사이의 균형이 중요한 때였다.

기독교는 그리스의 이야기가 아니라 유대의 이야기였다

시작부터 기독교는 사람들의 삶 속에 새겨진 믿음이었다. 기독교의 믿음은 늘 다문화적이었고, 다양한 문화와 언어들 속에 살아 있었다. 기독교는 한 번도 사람들에게 통일된 언어를 사용하라거나 특정한 문화적 관습을 따르라고 강요하지 않았다. 오히려 기독교는 성령이 사람들 속에 그리고 사람들 사이에 사시며, 공동체와 개인을 믿음으로 가르치시고 인도하신다고 믿어 왔다. 전하고 변화받고 또 실제 그렇게 사는 사람들을 본받아온 기독교 믿음의 역사는 길고 풍성하다. 기독교 지도자들이 통일된 문화와 종교 체계를 강요하기 전까지 수백 년 동안은 그랬다.

신약성경에 의하면, 초기 그리스도인들이 고민한 주요 문제는 유대인이 아닌 사람들이 어떻게 예수님을 통해 성취된 하나님의 약속을 누릴 수 있는가, 과연 그것이 가능한가였다. 예수님은 유대인이셨고, 예수님을 처음 따랐던 사람들도 대부분 유대인이었다.

예수님은 자신이 하나님께서 아브라함에게 주셨던 약속의 성취라고 말씀하셨다. 그리고 그것은 유대인의 이야기였다.

이방인들이 유대인들만큼 빨리 기독교로 회심하기 전까지, 이 이야기에는 아무런 문제가 없었다. 1세기 유대인들은 모든 사람을 두 부류, 유대인과 유대인이 아닌 이방인으로 나누었다. (나는 이방인들을 그리스인들이라고 부르기도 한다.) 예수님이 유대인이셨기 때문에, 그분을 좇던 유대인들은 이방인이 그리스도인이 되기 위해서는 먼저 유대인이 되어야 한다고 생각했다. 그게 이치에 맞았다. 그들은 자신들의 이야기만이 유효하다고 믿었기 때문이다. 하지만 시간을 두고 그런 생각은 변했다. 신약성경의 저자들은 분명히 말한다. 이방인들이 예수님을 따르는 현상은 바람직할 뿐 아니라, 이방인들의 구원은 하나님이 아브라함에게 주셨던 약속의 궁극적 성취라고 말이다. 하나님은 아브라함에게 그가 '열국의 아비'가 되어 전 세계에 축복이 되리라 말씀하시지 않았는가. 기독교는 많은 사람들의 신앙이었다.

이 문제는 쉽게 정리되지 않았다. 첫 번째 '종교 회의'를 소집하기까지 했으니 말이다. "예수님을 따르기 위해 이방인들은 유대인이 되어야 하는가?"라는 물음에 답하기 위한 회의였다(사도행전 15장을 참조하라). 그것은 이론적 추적이 아니었다. 많은 사람들의 믿음이 걸린 아주 개인적이고 관심이 집중된 중대국면이었다. 유대인들 사이에서는 하나님이 자신들을 선택하셨고 따라서 누구든 그 이야기에 속하고 싶다면 유대인이 되어야 한다는 생각이 만연했다. 이방인이 유대인이 되지 않고 하나님 백성의 이야기 안으로 들어온다는 생각은 불온할 뿐 아니라 심각한 신성모독이었다.

종교 회의에 참석한 사람들은 그리스도인이 되기 위해 이방인들이 유대교로 회심할 필요가 없다는 결론을 내렸다. 이 결론의 의미를 있는 그대로 전하기는 불가능하리라. 그것은 위험천만한, 그러니까 유대교에 바탕을 둔 교회의 가정과 실천 모두에 엄청난 영향을 미칠 결정이었다. 예배의 때와 장소 그리고 방법을 포함해 말이다. 이 결정 배후의 신학이 믿는 자들의 마음에 뿌리내리기까지는 몇 년의 시간이 필요했다.

예수님의 형제라 불리는 야고보는 회의를 마치며 이렇게 말했다. "그러므로 내 의견에는 이방인 중에서 하나님께로 돌아오는 자들을 괴롭게 말고"(행 15:19). 이런 결론으로 교회 지도자들은 이방인들에게 믿음으로 들어온 그들을 환영하는 편지를 띄웠고, 공식적으로 기독교는 단일 문화의 믿음이 아니라고 선언했다.

그 편에 편지를 부쳐 이르되 사도와 장로 된 형제들은 안디옥과 수리아와 길리기아에 있는 이방인 형제들에게 문안하노라. 들은즉 우리 가운데서 어떤 사람들이 우리의 시킨 것도 없이 나가서 말로 너희를 괴롭게 하고 마음을 혹하게 한다 하기로 사람을 택하여 우리 주 예수 그리스도의 이름을 위하여 생명을 아끼지 아니하는 자인 우리의 사랑하는 바나바와 바울과 함께 너희에게 보내기를 일치 가결

하였노라. 그리하여 유다와 실라를 보내니 저희도 이 일을 말로 전하리라. 성령과 우리는 이 요긴한 것들 외에 아무 짐도 너희에게 지우지 아니하는 것이 가한 줄 알았노니 우상의 제물과 피와 목매어 죽인 것과 음행을 멀리 할지니라. 이에 스스로 삼가면 잘 되리라. 평안함을 원하노라 하였더라(행 15:23-29).

이런 요구사항들이 우리에게는 이상하게 들리겠지만, 1세기 유대인들과 이방인들에게는 그러지 않았다. 이때부터 유대인들이 아니라 이방인들 중 회심한 사람들이 초기 그리스도인들의 수적 증가 대부분을 차지했다. 이제 교회의 새로운 도전은 유대인과 이방인 그리스도인들이 하나님의 사역을 위해 연합하고 하나의 크고 행복한 입양 가정을 꾸려가는 것이었다. 이방인들은 앞서 말한 요구사항들을 지켜 예루살렘 바깥 지역에서 유대인들이 공동체로 함께 모이는 장소인 회당에 들어갔다. 또한 유대인 성도들은 이방인 성도들에게 그들이 서로 교제하기 위해 지켜야 할 일들을 요구했다. 기독교 믿음의 초기 몇 세기는 다양성과 연합 사이의 균형이 중요한 때였다.

그런데 변화가 찾아왔다. 역사학자들과 신학자들은 세부사항들과 이유, 그리고 정확한 시점을 두고 논쟁을 벌이지만, 변화가 찾아온 것은 몇 백 년이 지나서였다. 기독교는 다문화적 연합에 헌신했던 믿음을 떠나 단일 문화적 획일성을 요구하기 시작했다. 기독교는 이제 하나의 특정 문화와 세계관에 정착하기 시작했고, 따라서 이제 누구든 예수님을 따르고 싶다면 그 세계관으로 회심해야 한다는 뜻이었다. 그 강제적인 세계관이 유대인들의 히브리 세계관이 아니라 이방인들의 그리스 세계관이라는 사실은 흥미롭다. 다시 똑같은 문제였다. 예수님을 따르던 초기의 제자들이 이방인들이 예수님을 따르기 위해서는 유대인이 되어야 한다고 주장했듯, 신실한 그리스도인이 되기 위해서는 그리스식 사고를 해야 한다고 주장하니 말이다. 그리고 이런 주장은 수세기 동안 혼란을 쌓아왔다.

내 딸 아이 미콘이 한번은 내게 이렇게 말했다. "아빠, 내가 가장 좋아하는 성경 이야기가 뭔지 알아요? 어떤 사람이 자기 방패 위로 비치는 십자가 환상을 보고 '이 십자가로 정복하라'는 음성을 들었다는 이야기예요."

몸매를 유지하려 담배를 피우겠다는 이야기와 다를 것이 없었다.

"얘야, 그건 성경 이야기가 아니야." 상처와 충격, 그리고 두려움이 교차했다. "기독교의 타락을 보여주는 이야기인걸. 콘스탄티누스라는 사람이 믿음을 권력과 통치의 대상으로 바꾸어버린 이야기란다."

당황해하는 기색도 없이 미콘은 대답했다. "어쨌든 저는 그 이야기가 좋아요. 멋있어요."

나중에 알고 보니, 미콘에게 그 이야기를 들려준 사람은 바로 나였다. 기독교 이야기에 대해 설명하고자 내가 몇 편의 설교를 이어 전했을 때였다. 우리는 초기 그리스도인들의 믿음이 어떻게 지금 우리가 향유하고 있는 완전히 다른 형태의 믿음으로 변하게 되었는지를 추적하고 있었다. 어느 날 밤, 우리는 콘스탄티누스의 회심에 대해 이야기했다. 멋진 이야기이긴 하다. 311년 로마제국은 나뉘었고, 그 와중에 여러 통치자들이 자신이 황제라 주장하기 시작했다. 콘스탄티누스는 황제 자리를 놓고 다른 상대와 싸움을 벌였다. 콘스탄티누스의 말로는 로마제국 황제 자리를 얻기 위한 마지막 전쟁을 앞둔 바로 전날 밤, 그에게 환상이 보였다. 그리스도를 그리스어로 표현할 때 첫 두 글자인 X카이와 P로 그리고 "이 표로 승리하리라"는 구절이었다. 콘스탄티누스는 그 환상을 성취하고자 자신의 군대에게 십자가 표를 방패에 그리라고 명령했다. 십자가를 손에 든 콘스탄티누스는 전쟁에서 승리했고, 로마제국의 유일한 황제가 되었다. 십자가는 이제 로마의 상징이 되었다. 황제가 된 콘스탄티누스가 획일과 순종을 마다할 리 없었다. 이겨야 할 전쟁과, 정복해야 할 나라들 그리고 지켜야 할 법령이 있었으니 말이다. 공식 종교든 무엇이든, 다양성은 그의 관심이 아니었다. 로마가 기독교를 국교로 인정한 순간, 그리스 로마식 믿음이 히브리식 믿음을 덮어버렸다. 새로운 문화적 환경을 세우기 위해서였다.

역사는 국교가 기독교 발전에 걸림돌이었다는 사실을 증명했다. 제국이 가져온 제도화와 강제는 사실 복음의 메시지와 어울리지 않기 때문이다. 하지만 사람들이 미콘처럼 생생하고 고결한 믿음에 딸린 부수적인 이야기에 관심을 빼앗긴다는 사실이 문제이다. 교회는 역사의 순간들에 관심을 빼앗겨왔고, 그 순간들은 주로 길잡이가 아닌 경고등의 순간들이었다.

그리스 로마식 기독교는 문화적 개조물이었다. 히브리식 기독교를 대체하려는 의도가 아니라, 오히려 다른 사람들이 그 이야기를 이해하도록 돕고자 하는 의도였다. 하이에나가 등장하는 마사이 기도문처럼 말이다. 하지만 유대인들은 로마제국 안의 소수 민족이었고, 기독교는 그리스 로마 이야기가 아니라 유대인들의 이야기였다. 그 이야기는 새로운 환경 속에서 새로 창조되었고 또 적응해갔다.

히브리식 믿음은 사실 이런 적응을 위한 만반의 준비를 마친 상태였다. 콘스탄티누스가 등장하기 훨씬 이전부터 그리스의 영향에서 자신의 믿음을 지키려 했던 유대인들의 싸움은 실패하고 있었으니 말이다. 구약과 신약시대 사이, 그리스어를 배우는 유대인들을 위해 이미 구약성경은 그리스어로 번역되어 있었다. 로마제국이 예루살렘을 다스렸고, 예루살렘에 사는 많은 유대인들은 그리스인들을 위해 일했으며, 그리스인들과 함께 살았고, 심지어 그리스식 이름을 갖기도 했다. 신약성경 속 많은 인물들이 히브리식과 그리스식으로 두 개의 이름을 갖고 있는 이유이다. 시몬의 그리스식 이름은 베드로였고, 사울은 바울이지 않았는가. 기독교 세계 안에서 그리스의 영향은 점점 커져갔고, 신약성경은 대부분 유대인들의 고대 언어가 아닌 그리스어로 쓰였다.

1세기에 기독교는 예루살렘에서 지중해 연안으로 퍼져갔다. 예수님의 제자들은 히브리식 믿음을 이야기하기 위해 그리스식 생각과 상징 그리고 판단 기준 등을 이용했다. 히브리식 믿음을 그리스식 경험과 어울릴 문화적인 용어로 해석해 전했다는 말이다. 이런 과정을 그리스화라고 부른다. 그리스식이지 않았던 무엇이 그리스식으로 문화적인 변화를 겪는 과정이다. 이 그리스화는 3세기 이후 본격적으로 시작되었고, 그 이전까지 유대인들은 그리스 문화를 자신의 문화로 받아들이기를 저항했으며 그들의 저항은 성공적이었다. 그들은 히브리식 믿음을 유지했으되, 다만 그리스의 언어로 그 믿음을 표현했을 뿐이었다.

콘스탄티누스 아래 기독교는 로마의 공식 종교가 되었고, 기독교는 철저히 그리스의 문화가 되었다. 유대인의 전통은 점점 사라져갔고, 많은 기독교인들은 유대인들을 두려워하기 시작했으며, 유대인들과 그리스인들 사이의 분쟁은 심해졌다. 그리고 커다란 변화가 찾아왔다. 다양한 문화 속에서 또 다양한 문화를 통해 전해지던 생동감 넘치는 유대인의 이야기는 온데간데없이 그리스식 단일 문화의 기독교만 남게 되었다. 그리고 바로 이 철저한 그리스식 세계관 속에서 우리의 '공식적'인 현대 기독교가 탄생했다.

나는 이 그리스식 기독교를 장려해온 사람들이 무지했다거나 악의를 품었다거나 이단이었다고 생각하지 않는다. 그들의 의도는 최선이었다고 생각한다. 하지만 역사를 통해, 나는 그들이 본질을 놓치고 요점을 벗어난 문제에 집중해왔다는 사실을 발견했다. 늘 일어나는 일이다. 그리고 그때마다 이야기의 항로는 변하기 마련이다.

초기 교회들이 모든 것을 그리스식 세계관 안에 움켜쥐고 그것을 기독교화한 것은 아니다. 하나님의 이야기를 이해하기 위해 이 기독교인들은 기도와 헌신과 더불어 중요한 신학적인 작업을 수행했다. 문화가 그 이야기를 집어삼키지 않도록 최선을 다했다는 말이다. 하지만 교회는 점점 예수님의 유대식 이야기에서 멀어졌고, 따라서 히브리식 영향은 줄고 대신 그리스식 생각이 그 이야기를 점령해갔다. 그리스인들은 신약성경 속 그리스도인들이 그토록 바랐던 대로 기독교를 자신의 것으로 만들었다. 하지만 그 과정에서 히브리식 이야기는 대부분 자취를 감추게 되었다.

결과적으로 지난 1700년 동안 그리스식 관점이 하나님과 예수님, 죄, 그리고 구원을 포함해 모든 것에 대한 기독교 사상을 관통해왔다. 현대 교회를 이끄는 신학 대부분이 5세기의 그리스 로마인들을 위한 믿음이라는 뜻이다. 그리고 그런 관점이 돌에 새긴 듯 논쟁이나 변화의 여지없이 믿음에 대한 유일한 설명이 되어버린다면, 오늘을 사는 우리에게는 이 만저만한 문제가 아니다. 우리가 좋아하든 그러지 않든, 또 우리가 인지하든 그러지 않든, 복음을 전하는 방식이 바뀌면 복음의 의미도 덩달아 바뀌기 마련이다. 우리의 믿음이 변해버린 이유도 그 때문이리라.

언어는 모든 것을 바꿀 수 있다. 세계에 대한 그리스식 관점은 히브리식 관점과 근본적으로 다르다. 히브리식 믿음의 기초는 구약성경과 이스라엘 민족의 이야기지만, 그리스 로마식 관점의 기초는 철학자들의 사고이기 때문이다. 그리고 이런 근본적인 가정의 변화는 모든 이야기를 다르게 만들었다.

이런 이야기들이 익숙한가? 아리스토텔레스, 플라톤, 소크라테스와 같은 그리스 철학자들은 하나님을 추상적인 힘이라 생각했다. 인격적인 아버지의 모습으로 하나님을 그리지 않았다는 말이다. 그들은 세상에는 두 종류의 힘, 즉 육체와 영혼이 있다고 믿었다. 영혼은 완전하고 선하지만, 반면 육체는 유한하고 궁핍하다. 이런 생각이 하나님에 대한 그리스식 사고로 옮아갔고, 하나님은 전적으로 영혼이라고 믿게 되었다. 플라톤은 하나님은 완전하시고 변하지 않으시며 어떠한 필요도 없는 분이라 단정했다. 하나님은 인간과 멀리 떨어져 신적 순결의 상태에서 사신다는 것이다. 하나님의 완전은 영원해야 했고, 따라서 하나님은 시간을 초월해 사셔야 했다. 하나님은 상상으로만 가능한 절대자였다.

아리스토텔레스는 플라톤의 생각을 변화의 문제에 적용했다. 그는 하나님을 부동의 원동자Unmoved Mover라 생각했다. 아리스토텔레스는 다른 힘에 영향을 받지 않는 최초의 힘이 이 우주에 필요했다고 주장했다. 하나님이 외부의 지식과 분리되어야 했다는 말이다. 하나님께는 아무것도 필요하지 않기 때문이다. 하나님의 특징은 영원, 불변, 합리성이다. 그의 견해를 하나님에 대한 히브리식 이야기와 대조해보라. 히브리의 하나님은 자신의 형상을 따라 사람을 창조하시고, 세상 속에 존재하시며, 또 활동하는 분이 아닌가. 둘 중 한 가지 견해는 뒤로 물러나야 했다.

유대인 사상가이자 철학자인 필로(Philo, 주전 20년-주후 50년)는 예수님과 같은 시대를 살았다. 그는 그리스어로 유대인의 이야기를 표현하려 애썼고 그 와중에 언어적 문제에 부딪혔다. 예를 들어, 그는 구약성경의 이야기를 그리스 용어를 사용해 설명하려 했다. 하지만 그리스어에는 친밀한 창조주로 하나님을 설명할 만한 언어가 없었다. 그리스에서는 그런 표현이 신에게 적절하지 않았기 때문이다. 결국 필로는 하나님을 궁극적 원예가나 건축가에 비유했다. 약간의 거리는 있지만, 하나님이 이 세상의 주인이시니 말이다. 다른 유대인 종교 지도자들은 그런 필로의 글이 히브리식이라기보다는 그리스식이라는 이유로 달가워하지 않았다. 하지만 초기 기독교로 회심했던 그리스인들은 그것을 환영했고,

그의 견해는 오늘날까지 주석이나 신학을 통해 살아 있다.

저스틴 마터(Justin Martyr, 주후 100-165년)가 등장하기까지 기독교 이야기를 이해하기 위한, 주변적이거나 선교적인 반응이 아닌 주된 관점은 그리스식 관점이었다. 저스틴은 기독교의 하나님은 새로운 개념이 아니라 하나님에 대한 그리스식 개념의 종합적인 이해라고 주장했다. 그는 이렇게 기록했다. "우리가 세상의 모든 것을 창조하시고 배치하신 분이 하나님이라 이야기할 때, 우리는 플라톤의 교리를 주장하는 셈이다. 플라톤의 가르침이 그리스도의 가르침과 다르기 때문이 아니라, 모든 면에서 비슷하지 않기 때문이다. 다른 사람들의 가르침, 스토아 철학파들과 시인들 그리고 역사가들의 경우도 마찬가지이다."[1] 그는 "모세에 대한 플라톤의 의무Plato's Obligation to Moses"와 "십자가에 대한 플라톤의 교리Plato's Doctrine of the Cross"에서도 기독교에 대한 자신의 설명을 이어간다.

하나님과 믿음에 대한 히브리의 관점과 그리스의 관점은 서로 출동했고, 그런 충돌은 4-5세기 기독교인들에게 심각한 문제였다. 첫 천 년의 믿음을 정리하기 위해 신조와 공의회 그리고 신경들까지 동원될 정도였다. 기독교 사상가들은 성경을 관통하는 이해 즉 예수님에 대한 히브리식 이해와 충돌하는 그리스 로마식 세계관을 받아들여 생긴 문제들에 반응해야 했다.

5세기 유명한 기독교 신학자 중에 아우구스티누스가 있다. 그는 전 시대를 통틀어 가장 큰 영향을 미친 신학자라 해도 과언이 아니다. 아우구스티누스의 어머니는 기독교인이었지만, 그의 아버지는 이교도였다. 회심 이전에 아우구스티누스는 육체와 영혼의 분리를 강력하게 외치는 플라톤식 종교인 마니교의 추종자였다. 아우구스티누스 자신이 기독교와 이교 그리고 문화적 종교들이 엇갈려 어우러진 그림이었다.

아우구스티누스와 그를 따른 많은 사람들은 복잡한 신학들을 창조해야 했다. 서로 맞서는 여러 세계관들이 불러온 질문들에 대답하기 위해서였다. 그들의 신학적 설명들은 그들의 상황에 적합했다. 상황에 따른 설명들이니 당연했다. 하지만 그뿐이지 그들의 설명 자체가 하나님의 이야기는 아니다. 어떤 신학이 창조될 때, 우리가 문화적인 상황을 인지해야 하는 이유가 바로 여기에 있다. 모든 신학은 문화 그리고 그 문화의 가정과 관심에 기초를 두기 때문이다. 5세기의 사람들은 그런 신학을 고수했고 그것이 믿음이었다. 그 신학은 당시의 세계를 이해하기 위한 설명이었기 때문이다. 하지만 그런 신학을 요구하던 세계관은 이제 더 이상 존재하지 않는데, 오늘날 우리가 같은 신학을 고집한다면 이만큼 어리석은 일이 어디 있을까?

우리는 이것을 역사를 통해 보았다. 마르틴 루터는 아우구스티누스의 신학을 16세기 독일에 맞추어 조정했다. 장 칼뱅은 16세기 스위스에, 그리고 존 녹스John Knox는 16세기 스코틀랜드에 맞추어 조정했다. 이 세 사람 모두 교회를 재창조하기 위해 그들이 알던 신학을 그들의 시간과 장소에 적절한 방법으로 사용했다. 그들의 노력은 대성공이었고, 우리는 아우구스티누스의 사상 대부분을 이 신학자들의 눈을 통해 배워 알고 있다.

아우구스티누스나 아리스토텔레스, 칼뱅, 아니 그 외 누구든 이 연극에서 활동한 배우들을 알지 못한다고 해도, 우리는 하나님에 대해 그리스 로마식 사상을 받아들였던 초기 교회의 영향을 받아왔고, 때로는 그런 사상들이 '기독교'와 전혀 상관이 없는 것이더라도 우리는 구분하지 못했다. 이런 문제는 우리를 초대 기독교인들이 마주했던 질문으로 인도한다. 기독교 믿음을 붙들기 위해 특정한 세계관으로 회심해야 하는가? 아니 다른 말로 해보자. 예수님을 따르기 위해 5세기 아우구스티누스의 제자가 되어야 하는가? 정답은 물론 아니요이다. 첫 종교 회의 때 야고보가 한 말을 빌려본다면, 우리는 하나님께 돌아오는 비그리스인들을 괴롭게 해서는 안 된다.

이렇게 내 믿음의 역사를 살펴보다가, 내가 버거킹에서 들었던 '불변하는 지식과 절대 확신'의 믿음이 어디에서 왔는지 깨달았다. 그리스 철학의 눈으로 살핀 성경 해석이었다. 내가 사기를 당하듯 속아 기독교라는 믿음으로 발을 들였다는 말이 아니다. 또 우리가 기독교에서 그리스식 세계관을 모두 지워내야 한다는 말도 아니다. 솔직히 가능하지도 않다. 하지만 우리 믿음의 전통은 하나님을 따른다는 의미가 무엇인지에 대해 우리가 늘 다시 시작하고 생각하며 또 구성하는 것이라고 나는 믿는다. 하나님과 인간, 예수님, 죄, 그리고 구원에 관한 그리스 로마, 플라톤, 아리스토텔레스, 아우구스티누스의 특정한 교리들을 우리는 거부해야 한다. 믿음을 거부하지 않는 선에서 말이다. 정말이지 그렇게 해야 한다.

그리스 로마식 기독교가 내게 종착점이 아니었듯, 내가 이 책에서 제안하는 내용 또한 최종 결론이 아니다. 세계에 대한 우리의 지식과 견해 그리고 이해가 우리 선배들의 것보다 발달되었다고 해도, 굳이 비교하자면 1,500킬로미터의 여정에서 겨우 열 걸음 앞선 정도라 할까. 이런 시각은 중요하고 또 의미 깊다. 하지만 오류가 없다는 뜻은 결코 아니다. 우리가 좀 더 알고 또 그 내용이 좀 더 중요하다고 해도, 우리가 알지 못하는 것이 아는 것보다 훨씬 크기 때문이다. 우리가 조금 앞서 간다고 해도 결승점은 아직 한참 멀다. 우리는 복음을 오늘날 우리에게 소용 있는 모양으로 바꾸어야겠지만, 그 소용도 언젠가는 다하기 마련이다. 이 여정에서 또 열 걸음 전진하는 것은 우리 다음 세대의 몫이다. 우리의 제안은 그들에게 종착점이 아닌 길잡이가 되어주리라. 우리처럼, 아니 여느 기독교인들처럼, 그들 또한 자신들의 정황을 인지하고 그들의 믿음을 다시 생각해야 한다.

독자들이 이 책을 읽어가는 동안, 나의 제안들이 독자들의 마음에 새롭고 또한 가능성으로 가득한 질문들을 불러일으키기를 소망한다. 그 질문들이 독자들을 격려하고 자극하고 간섭하기를, 또한 우리가 믿을 만한 신앙의 일부를 이루고 있다는 좋은 소식을 상기시켜주기를 바란다.

6

성경 사용 설명서

우리는 성경의 조각들을 우리의 목적에 걸맞은
이야기들이나 조직을 만드는 데 사용한다.
성경을 펼쳐 몇 구절만을 뽑아내는 것은
집을 지을 터를 살피기도 전에
설계도를 그리는 것과 다르지 않다.
성경 전체 이야기를 보고
그 이야기가 우리를 다듬어가도록 해야 한다.

성경은 무기도 백과사전도 아니다

내가 어릴 적, 내 방에서 멀지 않은 우리 아파트 뒷방에는 성경책이 있었다. 내가 그 성경을 찾아 펼쳐본 것은 열 살 즈음이었다. 누가 가르쳐주지 않았어도, 나는 성경이 종교 서적이라는 사실은 알고 있었다. 특별한 책이라는 느낌이 물씬 풍긴 탓이었다.

표지가 검은 그 책 위에는 '성경'이라는 말만 덩그러니 적혀 있었다. 저자의 이름도 사진도 없이. 책을 펼치자 먼지 냄새가 풍겼다. 그 책은 한 마디로 이상했다. 책의 크기도 특이했고, 종이는 너무 얇았으며, 글자 또한 작았다. 본문의 배열도 위아래로 이상한 모양에, 게다가 이상한 숫자들이 그 위로 널려 있었다. 글자의 색은 거의 검정색이었는데 절반을 지나니 사이사이 빨간색도 있었다. 마치 죽어가는 친척 어르신을 집안 구석에서 발견한 느낌이랄까. 섬뜩한 기분이었다.

내가 성경을 다시 펼치기까지는 거의 7년이 걸렸다.

그리스도 수난 연극을 본 다음날이었다. 무대 뒤에서 만난 사람들의 제안이었는지, 아니면 나 스스로 그래야 한다고 생각했는지 모르겠지만, 나는 성경이 필요하다고 생각했다. 그리고 나는 어디로 가야 할지도 알고 있었다.

내 발은 기이할 정도로 크다. 따라서 신발을 사는 일이 내게는 여간 곤혹스런 일이 아니다. 330밀리미터인 내 발에 맞는 신발을 파는 유일한 곳은 포섬 백화점 빅앤톨Big and Tall 매장이다. 그 백화점에서 교회 관련 상품들을 파는 매장을 본 적이 있었지만, 나는 한 번도 그 매장에 내 큰 발을 들여놓지 않았었다. 그런데 지금 나는 그 매장을 향해 달려가는 중이다. 성경에 대한 나의 지난 기억은 우리 집 뒷방에서 죽어가는 괴짜 고모를 본 듯한 느낌이었지만, 이번만큼은 멋진 새 여자 친구를 만나러 가는 듯한 기분이었다. 차로 20분 정도의 거리인데, 그 20분이 왜 그리 길게 느껴지던지.

그 매장에 들어서고 처음 몇 분 동안, 그 이전이나 그 이후에 경험해보지 못한 느낌이 나를 덮었다. 비밀의 세계로 들어선 느낌이었다. 이전에는 존재하는지도 몰랐던 이미지들과 이야기들이 그곳에 가득했다. 하나님에 대한 물건들이 그렇게나 많은 줄 이전에 내가 어찌 알았을까. 책들과 벽보, 인형, 그리고 음반들까지 말이다. 그리고 성경은 어찌나 다양하던지. 나는 무엇을 골라야 할지 고민했다. 본문 가운데에 세로로 칼럼이 있고 특별한 색으로 쓰인 내용이 있는 책을 찾아야 해. 검은 표지는 마음에 들지 않아서 나는 포도주색 새미국표준성경New American Standard Bible으로 마음을 정했다. 집으로 와서 그 성경을 읽기 시작했다.

그 서점 직원은 내게 신약부터 읽어보라 제안했고, 나는 그의 충고를 따랐다. 나는 사실 책을 좋아하는 사람이 아니다. 대학에 들어간 후에야 책을 처음부터 끝까지 읽기 시작했으니까. 하지만 다음 몇 달 동안, 나는 예수님과 바울 그리고 초대교회의 이야기들을 모두 읽었다. 성경을 어찌나 자주 또 열정적으로 읽었는지, 별다른 말은 없었지만 부모님이 걱정할 정도였다. 멈추기가 어려웠다. 이 사람들, 이 편지들, 이 말씀들을 나는 사랑했다. 읽는 내용의 대부분을 이해했지만, 내가 이해하지 못하는 부분들도 나를 흥분시켰다. 내가 살고 싶은 삶의 이야기를 읽고 있었으니 말이다. 그 사람들의 삶이 내가 원하는 삶, 하나님과 함께하는 삶이었다. 그 이야기들은 나 같은 사람들의 이야기였다.

내가 지극한 친밀감으로 성경 읽기를 시작했기 때문에 이토록 성경을 깊이 사랑하는 것일까. 아니면 성경이 없이 자란 지난 유년시절 때문일까. 대공황을 지나온 할머니들이 찻집에 들어가면 그리 설탕 욕심을 부리듯 말이다. 나는 성경을 모으기 시작했다. 화려한 표지의 성경들과 틈새시장을 노린 힙합 성경까지. 그중에는 나의 기록과 물음들로 여백이 빼곡히 메워진 성경들도 있다. 또한 내가 어렸을 적에 같은 아파트 복도 끝에 사시던, 내게는 친할머니 같던 엘리너가 물려준 오래된 가정용 성경도 있다. 가죽 표지에 금속 경첩과 삐걱거리는 자물쇠가 달린 모양은 성경이라기보다는 골동품에 가까워 보이지만. 이 모두는 내게 단순한 책들이 아니다. 보물들이다. 내가 사랑하고 붙드는 이야기들이다. 평안과 소망과 기쁨의 말씀으로 가득한 이야기들, 강력하고 아름다우며 또한 삶을 바꾸는 이야기들이다.

나는 성경을 통해 하나님과 인간, 예수님, 그리고 우리가 살아야 할 길에 대한 대부분을 배우고 믿어왔다. 내게 성경은 살아 있다. 또한 내 공동체의 일원이며, 지혜와 진리의 필수적 원천이다. 하지만 대부분의 사람들은 성경을 그렇게 사용하지 않는다. 누군가 성경을 사용할 준비가 되었다고 이야기할 때 내가 움찔하는 이유이다.

기독교인이 된 후 수년 동안, 나는 성경을 두고 냉혹한 싸움을 하는 사람들을 보아왔다. 성경에 대한 의견이 일치하지 않는다고 서로 말도 섞지 않는 가족들, 그리고 동료의 성경적 원리에 동조하지 않아 직장을 잃은 사람의 이야기도 들었다. 사실 교단이 나뉘는 이유도 성경에 대한 '적절한' 해석 때문이 아닌가. 또한 성경이 그렇게 말한다는 핑계로 흉악한 말이나 행동을 서슴지 않는 사람들도 있다.

과거의 신학과 오늘날 내가 제안하는 신학을 파헤치기 위해, 나는 내가 어떻게 성경을 읽고 이해하고 또 사용하는지 솔직하게 나누어야 한다고 생각한다. 내가 여기서 말하는 믿음의 새로운 표현과 이해로 들어가려면, 내가 성경을 무엇이라 또 무엇이 아니라 믿는지 구체적으로 살펴야 한다는 말이다.

먼저, 성경은 무기가 아니다. 기독교 대학에서 내가 보낸 시간은 복음주의 인류학 수업과 같은 느낌이었다. 그러니까 나는 기독교 문화 규범에 대해 석사 수준의 교육을 받은 셈이다. 교회에서 자란 학교 친구들 중 일부는 종종 '검 훈련'의 추억에 잠기곤 했다. 주일학교에서 매주 하는 훈련이란다. 사실 그들 중 일부는 전국 대회 출전 경력까지 있다. 그 훈련 방식은 이렇다. 인도자가 성경구절을 읽으면 '전투자'들은 성경을 뒤져 누가 더 빨리 그 구절을 찾아내는지 겨루는 방식이다. 가장 빨리 그 구절을 찾아내는 사람은 성경을 공중으로 높이 쳐든다. 전쟁에서 승리한 사람이 자신의 검을 공중으로 쳐들듯 말이다.

그 친구들은 이 훈련의 배경이 에베소에 보낸 바울의 편지에 있다고 소개한다. 바울이 그 편지에서 사용한 상징이 그 훈련의 모티브가 되었다는 것이다.

그러므로 하나님의 전신갑주를 취하라. 이는 악한 날에 너희가 능히 대적하고 모든 일을 행한 후에 서기 위함이라. 그런즉 서서 진리로 너희 허리띠를 띠고 의의 흉배를 붙이고 평안의 복음의 예비한 것으로 신을 신고 모든 것 위에 믿음의 방패를 가지고 이로써 능히 악한 자의 모든 화전을 소멸하고 구원의 투구와 성령의 검 곧 하나님의 말씀을 가지라(엡 6:13-17).

검 훈련이라는 표현이 성경을 성령의 검이라 부르는 이 본문에서 왔다는 말이다. 그때 나는 이미 이 본문에 대해 잘 알고 있었지만, 사람들이 이 말씀을 이렇게 문자 그대로 사용하고 있는 것과 또 성경을 배워 실제로 무기처럼 사용하고 있는 것을 알지 못했다. 고등학교 시절, 교회 선생님 한 분은 이런 말을 했다. 투구와 방패, 띠, 흉배는 방어하기 위한 도구지만, 성경은 유일하게 공격의 도구라는 말이었다. 내 경험을 보아도 이 말씀은 사실이다. 평화의 신으로 공격을 하는 사람을 본 적이 없으니.

내 사랑하는 성경을 전쟁 도구로 생각하다니. 그때도 그랬지만 지금도 여전히 내게는 어색할 뿐이다. 정작 바울은 사람들 사이의 전쟁을 이야기하지 않는데 말이다. 그는 이렇게 기록하지 않았는가. "우리의 씨름은 혈과 육에 대한 것이 아니요 정사와 권세와 이 어두움의 세상 주관자들과 하늘에 있는 악의 영들에게 대함이라"(엡 6:12). 하지만 내가 아는 많은 기독교인들은 우리 믿음의 적이 다른 사람들이라 진심으로 믿고 있다. 그들은 성경을 사용하여 자신들이 생각하는 거짓 신학을 찌르고 찢고 또 물어뜯는다. 성경을 무기로 휘둘러 고통과 굴욕을 가져온다는 말이다.

맞다. 성경은 훈계하고 가르치고 또 눈을 뜨게 한다. 성경이 우리에게 우리가 원하는 삶과 다른 모양의 삶을 살라고 명할 때가 분명히 있다. 그리고 그런 불일치는 고통과 싸움을 불러온다. 하지만 그 싸움은 하나님의 성령이 주시는 싸움이다. 성경을 용

병술인 양 다른 사람들을 때려 사상적인 복종을 얻기 위해 사용
해서는 안 된다는 말이다. 성경이 그런 목적으로 사용된다면, 성
경은 더 이상 성령의 검이 아니라 양심의 검일 뿐이다.

또한 우리는 성경이 과연 어떤 책인지 또 어떤 책이 아닌지도
알아야 한다. 성경은 참고서가 아니다. 너무 많은 사람들이, 아니
거의 우리 모두가 성경을 백과사전처럼 다루려 한다. 우리는 성
경이 진리로 가득 찬 책이라 생각하고 어느 구절로든 뛰어들어
무언가를 찾으리라 기대해도 되는 줄로 생각한다. 백과사전이라
면 우리는 필요한 정보를 얻기 위해 앞선 다른 표제어를 읽을 필
요가 없다. 사실 오히려 읽는 것이 해가 되기 일쑤이다. ‘facade’
라는 표제어를 찾는다고 하자. 그런데 같은 쪽에 있는, ‘Fabu-
lous Furry Freak Brothers’에서부터 읽어 내려가면 어떻게 될
까. 곤경에 빠진다. 백과사전을 사용하는 사람들은 자신이 찾는
주제에만 집중하면 된다.

하지만 소설을 읽는 것은 그렇지 않다. 소설책을 들고 중간 즈
음부터 읽어 내려간다면, 우리는 이야기의 구성을 놓칠 뿐 아니
라 그 이야기를 완전히 잘못 이해하게 되리라.

내가 무슨 말을 하려는지 짐작할 것이다. 성경은 단독 표제
어들이 모인 백과사전이 아니다. 서로 뚝뚝 떨어진 짤막한 이야

기 모음집도 아니다. 성경은 이야기들로 가득한 책이고, 이 이야기들은 더 큰 한 이야기의 일부이다. 성경을 펼칠 때마다 우리는 작가들과 이야기꾼들, 시인들, 그리고 선지자들의 작품으로 들어간다.

하지만 우리는 성경의 조각들을 우리의 목적에 걸맞은 이야기들이나 조직을 만드는 데 사용한다. 성경을 펼쳐 몇 구절만을 뽑아내는 것은 집을 지을 터를 살피기도 전에 설계도를 그리는 것과 다르지 않다. 그 땅 위에 살며 윤곽을 살피고 그 터에서 나오는 영감에 따라 집을 짓는 과정과는 전혀 다르다. 성경 전체의 이야기를 보고 그 이야기가 우리를 다듬어가도록 해야 한다. 그것이 우리의 소명이다. 우리가 찾으리라고 예상하는 생각을 들고 성경으로 들어가서는 안 된다.

이런 추출법이 우연히 일어나는 것은 아니다. 성경으로 들어가 성경 속에서 진리를 찾으라고 나도 훈련을 받았으니 말이다. 모든 이야기 속, 모든 정황과 문화 뒤에는 진리가 들어 있다. 성경의 독자로서 우리의 목표는 영원한 지혜와 보편적으로 적용 가능한 원리를 찾아 내 현재 상황에 적용하는 일이다. 종종 이런 외과적 절차에서, 문장에서 한 단어만의 추출 또는 문단에서 한 문장만의 추출은 피하기 어렵다. 우리가 전하려는 요점이 복잡할 때는 다른 저자들이 수천 년 간격을 두고 쓴 여러 다른 문단들에서 문장들을 골라내어 그들을 하나로 묶기도 한다. 이런 경우, 문맥은 중요하지 않다. 사실 방해가 된다.

만일 내가 정말로 이 단어들과 문장들에 숨어 있는 진리를 파헤치고 싶다면, 나는 히브리어와 그리스어 그리고 아람어를 해석해야 하리라. 이 비밀 언어들이 성경 속 신비를 여는 참된 열쇠를 쥐고 있으니 말이다. 평범한 사람들이야 성경의 비밀 진리들을 찾기가 어렵겠지만, 나는 그것들을 찾고 드러내도록 훈련받지 않았는가.

마치 수술 놀이를 하듯이 말이다. 어렸을 적에 나는 '의사' 역할을 좋아했다. 침착한 손으로 다리를 찢고는 다른 곳을 건드리지 않고 다리뼈를 꺼내는 기쁨이라니. 무언가를 찾아 추출하고 흔적을 남기지 않는 꼼꼼함을 나는 좋아했다. 놀이에는 이런 기술이 필요하겠지만, 성경을 읽는 데는 이런 기술이 유용하지 않다. 성경은 믿음의 공동체들을 위해 쓰인 책이기 때문이다.

그런 공동체들은 중요하다. 성경이 쓰인 고대의 공동체는 물론, 성경의 말씀대로 우리의 삶을 써나가야 하는 현대의 공동체 역시 마찬가지이다. 성경의 말씀을 문맥에서 빼내려는 시도는 절대로 옳지 않다. 공동체의 정황과 문화는 성경의 내용과 우리가 또 그 내용을 어떻게 읽고 살아 내는지와 밀접하게 연관되어 있는 까닭이다.

얼마 전에 나는 내 친구 목사와 언쟁을 벌였다. 그는 예수님과 사도들도 전체 문맥을 상관하지 않고 성경구절을 인용했다고 주장했다. 그는 예수님이 출애굽기 전체를 언급하지 않고 모세의 가르침을 인용하신 장면과 이사야의 예언적 설교 전체를 사용하지 않고 이사야의 말을 인용하신 장면을 예로 들었다. 그는 또한 사도들도 자신들 삶의 사건들을 고대의 예언과 연결지었지만, 예언의 전체 역사를 설명해야 한다는 점을 염두에 두지 않았다고 덧붙였다. 따라서 그 친구의 말은 이런 실천이 정당할 뿐 아니라 바람직하다는 것이었다.

그의 말에는 일리가 있다. 예수님과 사도들은 구약성경을 인용했다. 그리고 솔직히 과거의 글과 연결을 시도했던 그들의 인용은 때로 무리해 보이기도 한다. 하지만 그런 구약의 인용이 이야기의 중요한 부분을 건너뛰거나 이야기를 대중의 수준으로 끌어내려 맞춘 인용이라 보기는 어렵다. 예수님과 사도들은 그들 자신의 이야기들을 앞선 지난 이야기들과 연결시키고자 했다. 그들은 과거의 말과 행동들을 언급했지만, 그 목적은 그들이 살고 있는 현재 이야기의 의미를 추적하기 위해서였다는 뜻이다. 정황이 그 이야기들을 의미 있게 만들었다.

짚고 넘어가야 할 부분이 하나 더 있다. 예수님과 사도들의 이야기를 듣던 사람들은 모세나 이사야 이야기의 문맥 전체를 다시 들어야 할 필요가 없었다는 사실이다. 이미 알고 있는 이야기들이었기 때문이다. 그들은 모세 이야기와 이사야 예언의 나머지를 모두 알았다. 예수님이 모세의 말을 인용하여 네 아비와 네 어미를 공경하라고 말씀하셨을 때, 굳이 모세의 율법 전부를 설명하실 필요는 없었다. 예수님의 이야기를 듣던 사람들은 모두 그 내용을 외워 알고 있었기 때문이다. 성경은 그들에게 한갓 고대의 책이 아니었다. 그들 민족의 살아 있는 역사였다. 그들이 예수님과 사도들의 이야기를 들을 때 들은 내용의 전체 문맥을 모르는 것이 오히려 불가능했다는 뜻이다.

하지만 미니애폴리스에 사는 어떤 목사가 출애굽기 20장에서 이 본문을 꺼내 본문의 '중심' 의미를 찾은 후 이사야서의 내용과 주일학교 시절 자신의 경험을 덧붙인다면, 이는 완전히 새로운 내용이 된다. 물론 요점을 강조하거나 대화를 시작할 때, 때로는 이런 접근이 필요하다. 나도 때로는 이런 접근을 시도하며, 이 책에서도 마찬가지이다. 특히 간략하게 해야 할 경우에. 그러나 우리가 성경의 조각들을 문맥에서 꺼내 그 조각들에 무언가를 덧붙이거나 새로운 조합을 시도할 경우, 우리는 그런 시도에 대해 솔직해야 하고 또 그 조각들의 의미를 우리가 바꾸고 있다는 사실을 인정해야 한다.

이런 선택적 인용은 유익한 경우도 있겠지만, 대부분은 혼란과 오해를 만들어낸다. 전체 이야기에 대한 우리의 감각을 방해하면서 말이다. 성경뿐 아니라 모든 대화에서도 마찬가지이다. 우리 아이들이 엄마의 말이라며 내 아내의 말을 전해온다. 그때 아이들은 아내의 말을 있는 그대로 전해주기보다 대략 간추린 줄거리를 전해주기 마련이다. 좀 더 정확한 소통을 위해 많은 세부사항들을 빼버린다는 말이다. 하지만 그런 요약이 이야기를 변질시키는 경우가 얼마나 많은가. 그리고 그런 경우, 왜 우리가 서로 합의했던 계획이 완전히 다른 모양으로 뒤바뀌었는지 확인

하는 전화가 나와 아내 사이에 오가기 마련이다. 오해받는 기분을 알기 때문일까. 나는 가끔 하나님이 "그건 내가 말하려던 이야기가 아니야" 하고 우리에게 소리치지 않으실지, 그리고 사도 바울이 자신의 말을 가지고 우리가 전하는 설교에 동의하지 않는다고 생각하지는 않을지 생각해본다. 아니 생각할 필요도 없다. 그들은 분명히 그리 반응할 것이다.

백과사전식 접근은 성경이 무엇이 아닌지를 잘 보여준다. 성경은 암송 구절 목록이 아니다. 내가 처음 믿었던 시절, 성경구절 암송에 흠뻑 빠져 있던 한 친구가 내게 성경구절 암송 카드를 내밀며 그 구절들을 모두 암송해보라고 권면해왔다. 적지 않은 양이었다. 족히 수백 구절은 되어 보였다. 그 친구는 암송하는 법도 알려주었다. 먼저 어느 책의 말씀인지를 말하고, 구절을 외고, 다시 한 번 어느 책의 말씀인지를 말하는 식이었다.

내 얼굴을 볼 때마다 그 친구는 물었다. "지금은 무슨 구절을 외고 있어?" 농담이 아니다. 정말 나를 만날 때마다 그는 그렇게 물어왔다. 내 대답은 대부분 "지난번 우리가 만났을 때랑 똑같은 구절"이었다. 물론 외고 있지 않다는 뜻이었다. 아니면 "응, 요한복음 3장 16절, 근데 잘 안 외워지네"라고 했거나. 물론 그의 심사를 건드릴 요량이었다. 그러면 그 친구는 이렇게 대답했다.

"더그, 이게 얼마나 중요한 문제인지 너도 알잖아." 그것은 진심이었다. 믿음을 쌓아가기 위해 암송이 꼭 필요한 실천이라고 그는 믿었다. 그는 말씀을 외며, 자신이 그리스도인으로서 노력하고 있고 또한 자라간다고 느꼈다.

어느 날 나는 용기를 내어 성경구절 암송보다는 이야기식 접근이 더 좋다고 그 친구에게 고백했다. 믿음에 발을 들인 지 얼마 되지 않았지만, 나는 믿음이 성경구절 묶음보다 크다는 사실을 이미 알고 있었다. 그는 내 말을 이해하지 못했고, 이어진 내 설명에 동의하지도 않았다. 대화는 격해졌다. 끝난 것은 아니지만, 그날 이후 우리 우정은 분명 예전과 같지 않았다.

내 친구의 접근은 물론 나의 접근 방식보다 훨씬 전형적이다. 사람들은 성경을 배우기 위해 많은 방법을 이용한다. 주일학교 훈련부터 '오늘의 암송 구절'이 실린 달력, 그리고 욕실 거울에 붙여 놓는 성경구절이 적힌 소품까지 말이다. 기독교 출판 산업은 사람들이 성경구절을 더 잘 외도록 돕기 위한 많은 상품들을 쏟아낸다. 공부법이 든 성경책에서, 성경구절들을 노래로 만든 어린이용 음반, 그리고 사무용 가방에 넣고 다니기 좋은 간편한 성경구절 카드까지.

암송 훈련이 자신의 믿음에 중요하다고 믿는 사람들에게는 그런 상품들이 유익하리라 생각한다. 하지만 이런 암송에는 무언의 메시지가 담겨 있다. 수백 개의 성경구절을 배워야 할 구절들로 뽑아내면서 과연 그 외 다른 구절들에 대해서 무어라 말하고 있는 것인가? 세어보자면, 성경에는 31,103개의 구절들이 있다. 그런데 내가 만일 그중 300개만을 외고자 한다면, 나는 전체의 1퍼센트에만 집중하는 셈이 아닌가. 물론 1퍼센트가 0퍼센트보다는 낫다. 하지만 우리는 스스로 물어야 한다. "왜 이 구절들을 암송하는 거지? 내가 무엇을 놓치고 있는 걸까? 이런 접근이 내게 성경에 대한 왜곡된 이해를 주는 것은 아닐까?"

나는 성경의 인용이나 암송이 나쁘다고 말하는 것이 아니다. 다만 우리가 어떤 구절들은 두고 특정 구절들을 선택하는 것은 성경의 메시지 안에 우리 자신을 끼워 넣는 것이라는 사실을 말하는 것이다. 성경 말씀에 대한 특정 해석을 창조하면서 말이다. 성경의 조각들을 집어 들면서 전체를 배우거나 이해한다고 주장해서는 안 된다.

나는 무기와 백과사전, 그리고 성경구절 모음집으로서의 성경과 싸움을 벌인다. 그 이유는 이런 접근들은 성경의 의미와 의도를 방해하기 때문이다. 성경은 삶과 믿음의 역동적인 이야기이다. 하지만 이런 간단한 접근법들은 성도들에게 생명을 주는 능력을 앗아가고, 대신 의미가 없는 죽은 말들만 남겨 놓을 뿐이다. 더욱이 나를 곤혹스럽게 하는 사실은 이런 방법으로 성경을 사용하는 사람들은 대부분 성경을 엄격하고 권위적인 책으로 이해한다는 사실이다.

기독교인들은 오랜 시간 성경은 신화와 허구로 가득한 책이고 따라서 소용이 없다고 주장하는 사람들에 맞서 성경을 변호해왔다. 하지만 최근 이런 싸움은 더 이상 기독교인과 비기독교인의 싸움이 아니라 기독교인들끼리의 싸움이 되어버렸다. 나는 이 싸움이 성경에 대한 싸움이라기보다 많은 기독교인들이 보호하고 싶은 자신의 신념에 대한 싸움이라고 본다. 성경이 그들의 견해를 정당화하기 위한 수단이 되었다. 특히나 동성애나 여성의 역할 같은 주제에 대해서는 더더욱 그렇다.

나의 이런 주장에 어떤 사람들은 흥분하리라. 하지만 동성애자들에 대한 자신의 편파적 견해를 지지하기 위해 '무오한' 성경에 대한 권위적인 이해를 주장하는 사람들이 분명히 있다고 나는 생각한다. 물론 여러 사람들이 실제로 그러했듯 그들은 부인하리라. 오히려 그 반대라고, 즉 성경이 동성애에 대해 특정한 생각을 가르치고 자신들은 그 생각을 믿을 뿐이라고 말이다.

그럴지도 모른다. 하지만 다른 주제에 대해서는 그들의 믿음이 그리 단호하지 않다는 사실이 이상할 따름이다. 험담이라는 악행에 대해 성경의 권위를 들먹이는 사람들을 찾아보기 어렵고, 성경이 분명히 금하는 탐식의 일종인 비만의 문제를 해결하고자 교회가 열심을 다해야 한다고 제안하는 사람들은 드물다. 바울이 경고한 대로 중상을 주의하자고 주장하는 사람들도 마찬가지이다. 성경은 가난한 사람들에 대해 끊임없이 깊은 관심을 보이는데, 경제 정의를 실현하고자 성경의 권위를 사용하는 사람 또한 나는 보지 못했다.

하지만 동성애 문제에 대해서만은 이상한 일이 일어난다. 성경의 권위가 화제에 오를 때면, 사람들은 똑같이 내게 동성애에 대해 어찌 생각하느냐고 물어온다. 동성애가 주제라면, 반대로 성경의 권위에 대한 나의 생각을 물어온다. 분명 연결고리가 있다. 동성애 문제가 아니라면 과연 사람들은 성경의 권위에 대해 논쟁이나 할까, 때로 나는 궁금해진다.

이 권위의 문제는 살펴볼 가치가 있다. 기독교 순환논법에서 중요한 부분이기 때문이다. 나는 이렇게 본다. 성경은 그 권위를 하나님과 성경에 권위를 주는 공동체를 통해 얻는다. 다른 여러 사람들처럼 나는 하나님을 믿기 때문에 성경을 믿는다. 하지만 내가 아는 많은 사람들은 그 순서가 바뀌어야 한다고 생각한다. 하나님을 믿기 위해서 성경을 믿어야 한다고 말이다. 따라서 그들은 비기독교인에게 성경을 건네며, 그 비기독교인들이 하나님에 대한 성경을 읽고 눈을 뜨기를 기대한다. 물론 가능하다. 하지만 내게는 순서가 뒤바뀐 일로 보인다. 하나님을 믿지 않고서야 누가 무슨 이유로 이 이야기를 믿겠는가?

나는 성경이 언제나 최선의 출발점이라고 생각하지는 않는다. 하나님이 아브라함을 의로운 자라 부르셨을 때, 그는 성경을 믿지 않았다. 성경이 아직 쓰이지 않았던 때였으니 말이다. 모세는 자기 백성의 생생한 이야기를 신앙 교재로 사용하지 않았다. 다윗은 이사야의 예언을 묵상하지 않았고, 예수님의 제자들은 예수님과 대화를 나누는 사이사이에 바울의 편지를 읽지 않았다. 구약과 신약을 통틀어 성경은 이야기의 중간에 등장했기 때문이다.

성경은 믿음이라는 이야기의 결과이지 원인이 아니라는 말이다.

대화가 이즈음 흘러올 때면, 사람들은 내가 성경을 얕잡아보고 그 권위를 무너뜨리려 한다며 나를 비난한다. 하지만 나는 성경에 대한 이런 이해가 오히려 성경의 권위를 회복시킨다고 믿는다. 우리가 성경에 채운 재갈들을 풀어 자유롭게 할 때 말이다.

성경 무오설 논쟁의 바탕은 성경은 하나님의 말씀이며 하나님이 성경을 만드시고 진리로 향하는 길잡이로 우리에게 주셨으니 성경은 진리라는 믿음에 있다. 하지만 성경은 그렇게 말하지 않는다. 사도 바울은 디모데라는 젊은 사역자에게 보낸 편지에서 이렇게 기록한다. "모든 성경은 하나님의 감동으로 된 것으로 교훈과 책망과 바르게 함과 의로 교육하기에 유익하니"(딤후 3:16). 많은 기독교인들은 이 구절을 성경이 하나님의 말씀으로 이루어졌다는 뜻으로 받아들인다. 하지만 바울과 디모데는 그렇게 이해하지 않았다. 이 '호흡'(우리말 성경에는 '감동'으로 번역되어 있다—옮긴이)이라는 표현은 생명을 주시는 창조주 하나님의 모습을 그리고 있기 때문이다. 이 단어를 통해 그들은 말씀하시고 호흡하시는, 즉 창세기의 이야기처럼 이 세상을 존재하게 하시는 하나님을 그렸으리라. 또한 아담에게 생명을 불어넣으시는 하나님을, 제자들에게 성령을 불어넣으시는 예수님을 상상했으리라. 그들에게 하나님의 호흡은 살아 움직이게 하는 능력의 상징이었다.

바울과 디모데는 책에 묶인 믿음을 붙들지 않았다. 그들은 그들에게 말씀하시고 또 그들을 인도하시는 살아 계신 하나님에 대한 믿음을 붙들었다. 문맥은 중요하니, 이 구절의 문맥을 살피는 것도 중요하리라. 바울의 기록이다.

나의 교훈과 행실과 의향과 믿음과 오래 참음과 사랑과 인내와 핍박과 고난과 또한 안디옥과 이고니온과 루스드라에서 당한 일과 어떠한 핍박받은 것을 네가 과연 보고 알았거니와 주께서 이 모든 것 가운데서 나를 건지셨느니라. 무릇 그리스도 예수 안에서 경건하게 살고자 하는 자는 핍박을 받으리라. 악한 사람들과 속이는 자들은 더욱 악하여져서 속이기도 하고 속기도 하나니 그러나 너는 배우고 확신한 일에 거하라. 네가 뉘게서 배운 것을 알며 또 네가 어려서부터 성경을 알았나니 성경은 능히 너로 하여금 그리스도 예수 안에 있는 믿음으로 말미암아 구원에 이르는 지혜가 있게 하느니라. 모든 성경은 하나님의 감동으로 된 것으로 교훈과 책망과 바르게 함과 의로 교육하기에 유익하니 이는 하나님의 사람으로 온전케 하며 모든 선한 일을 행하기에 온전케 하려 함이니라(딤후 3:10-17).

바울과 디모데에게 성경의 능력은 믿음의 공동체와 사람들을 통해 보이는 하나님의 활동, 그리고 인류와 협력하시는 하나님의 지속적인 이야기에 있었다. 바울은 가르침, 핍박, 사랑과 같은 자신의 삶 속 사건들을 강조한다. 이것이 성도의 삶이라는 것을 디모데가 깨닫기를 바랐기 때문이다. 그런 삶을 통해 그가 하나님의 참된 동역자가 될 것이기 때문이었다.

바울은 성경, 곧 하나님의 호흡으로 된 말씀은 살아 있어야 한다고 말한 것이다. 성경은 사람들이 하나님의 일에 협력하도록 우리를 준비시키고 또한 우리가 의롭게 행동하도록 돕는 기능적인 책이다. 바울에게 거룩한 성경은 살아 있는 책이었다. 하나님이 성경을 통해 창조하시고 재창조하시기 때문이다. 성경은 죽은 '진리에 관한 책'이 아니었다. 그리스도인의 삶의 충만한 완성이었고, 하나님의 지속적인 활동의 살아 숨 쉬는 상징이기에 권위 있는 책이었다.

이런 관점은 내가 성경을 어떻게 읽어야 하는지를 가르쳐주었다. 내 아이들이 어렸을 적에, 나는 이삭을 제물로 바치라는 명을 들은 아브라함의 이야기를 들을 수가 없었다. 말 그대로 듣고 있을 수가 없었다는 뜻이다. 내 아들과 딸에게 무슨 일이 생기고, 또 내가 그들을 보호하지 못할 상황이 닥치면 어쩌나 하는 끔찍한 두려움에 나는 그 이야기의 어떤 교훈도 듣고 배우기가 힘들었다. 한편, 내 아버지가 돌아가셨을 때, 나는 죽은 오라비 때문에 유난히 슬퍼하던 누이에게 하신 "나는 부활이요 생명이니"라는 예수님의 말씀에 집중했다. 말씀은 이러하다. 우리는 우리가 선택한 이야기들과 우리가 듣는 이야기들 속의 인물들이 된다. 살아 있는 성경은 그 이야기 속으로 우리를 초청한다. 구경꾼이 아니라 살아 있고 훌륭하며 여전히 하나님께서 창조하고 계신 믿음의 참여자로 말이다.

7

이상한 의학

나는 왜 내 팔과 내 비장이 따로라고
생각했던 걸까?
왜 내 생각은 내 머릿속에만 머물고,
또 내 몸과 영혼은 각각 떨어져 있다고 가정했던 걸까?
왜 나 자신이 전체적 존재가 아니라
서로 다른 기관들의 모음이라 단정했던 걸까?

모든 것은 통합되어 서로 영향을 미친다

"패짓 씨, 제 소견에는 비뇨기과 전문의를 만나 검사를 받아 보시는 편이 좋겠습니다." 대부분의 남자들이 불임 전문의에게 듣고 싶어 하지 않는 소견이다. 내 아내 셸리와 나에게는 이미 두 아이가 있었고, 당시 아이들은 두 살과 세 살이었다. 그러니 확실히 우리는 임신이 불가능한 사람들이 아니었다. 하지만 세 번째 임신에는 도통 행운이 따라주지를 않았다. 나는 의사의 충고대로 비뇨기과를 찾았다. 예상했던 대로 유쾌한 경험은 아니었다. "네, 이제 닦으시고 바지를 올리세요"라는 말도 그랬다. 비뇨기과는 불임 전문의가 의심했던 진단을 내렸다. 심하지 않은 요로감염증이었다. 불임의 원인은 아니지만 치료는 필요하다고 의사는 말했다.

불임의 원인은 더욱 심각한 문제였다. 아내의 자궁 내막증이었다. 상태가 어찌나 심각했는지 산부인과 의사는 최대한 빨리 자궁 절제 수술을 하자고 제안했다.

몇 주 지나지 않아, 아내는 수술을 받았다. 이론대로라면 수술이 자궁 내막증을 제거할 유일한 방법이었다. 의사들은 우리에게 수술을 통한 완쾌 확률이 99퍼센트라고 말했다. 믿기 어려웠지만 아내는 나머지 1퍼센트였고 자궁 내막증은 재발했다.

이제 어찌 해야 할지 여러 의사들이 씨름한 후, 그들은 우리를 유명한 메이오 의료원Mayo Clinic으로 인도했다. 메이오 의료원의 상담원들은 우리가 애초에 들었던 권유를 반복했다. "호르몬 양생법을 시도하면 이 질병을 잘 관리할 수 있을 겁니다." 하지만 아내의 관심은 질병의 관리가 아니었다. 질병의 치료였다.

해결을 위한 절박한 노력으로 아내는 모든 사람들에게 자문을 구했고, 내가 사역하던 교회 동료 목사의 아내인 캐롤은 그중 한 사람이었다. 캐롤은 자연요법을 시도해 큰 효과를 보았다고 했다. 자연요법이라니, 아내와 내게는 금시초문이었다. 하지만 손해 볼 것이 없었다. 아내는 의사 타티아나 리아보킨을 찾았고, 우리에게는 완전히 새로운 삶이 시작되었다.

리아보킨은 아내에게 질병을 치료할 통합적이고 자연적이며 비호르몬적인 방법들과 그것을 완전히 제거할 여러 가지 제안을 건넸다. 또한 그녀는 아내의 질병이 나타난 시기적 이유를 설명해주었는데, 그 설명이 더욱 중요했다. 둘째가 태어나고 얼마 지나지 않아, 장모님이 교통사고로 돌아가셨다. 그 충격이 아내의 몸을 위기 상태로 몰아넣었고, 이전에 세미하게 있던 질병이 급

속도로 발전했다는 이야기였다. 의사 리아보킨의 상담은 몸과 감정 그리고 영혼을 통틀어 아내를 살렸다.

❧

아내의 질병 이전에, 나는 한 번도 의사들을 의심해 본 적이 없었다. 몸이 아플 때면 병원을 찾았고 그들이 하라는 대로 따랐다. 그러면 몸이 나아졌다. 바꿀 이유가 없는 공식이었다. 바꿔야 할 때까지는 그랬다. 그런데 아내의 건강에 대한 해결을 찾는 중에, 우리는 새로운 질문들을 묻기 시작했다. 이미 조직화된 의료 공동체에서는 대답해주지 않는 질문들이었다.

우리에게 상황을 설명해줄 그들의 능력이나 의지가 충분한가 하는 문제가 아니었다. 건강관리에 대한 대화를 특정 방향으로만 이끄는 가정假定과 기대 그리고 개념이 서양 의학의 바탕이라는 사실이 문제였다. 우리는 다른 대화, 즉 질병 관리에 대한 대화가 아닌 다른 가정과 기대와 개념들에 바탕을 둔 다른 대화를 원했다.

좀 더 통합적이고 전체적인 치료 방법에 대한 우리의 관심은 그들에게는 마치 외국어처럼 생소했다. 그런 우리의 관심은 보통 의사들의 대화와는 어긋났고, 그것은 그들의 잘못이 아니었다. 물론 우리의 잘못도 아니었다. 나는 영어를 사용하지만 과테말라에 사는 내 친구들은 스페인어를 사용하는 것과 마찬가지로, 누구의 잘못도 아니었다. 의사들이 구식이거나 꽉 막혔거나 하는 문제도 아니었다. 그들이 대답할 준비가 되지 않은 질문들을 우리가 묻고 있었을 뿐이었다. 그러나 자연적인 건강 대안들을 파헤쳐갈수록, 우리는 점점 고향에 닿아가는 느낌이었다.

물론 처음부터 그랬던 것은 아니다. 아내가 의사 리아보킨을 정기적으로 방문하기 시작하고도 한 1년여 시간 동안, 나는 이 대안적 접근에 대해 회의적이었으니 말이다. 아내는 몸에 대한 통합적 견해에 바탕을 둔 치료법들 그리고 치료를 위한 약초와 음식의 활용에 대해 이야기했다. 하지만 사실 내게는 너무 이상하게 들리는 이야기들이었다. 설상가상으로 의사 리아보킨은 아내에게 집에서 백설탕과 균질 우유를 치워버리라고 권유했다. 시리얼 한 그릇을 먹어치우기 전에는 쉬이 잠을 자지 못하는 내게 의사 리아보킨은 이만저만한 골칫거리가 아니었다.

아내는 이런 접근법이 자신뿐 아니라 나 역시 더욱 건강한 삶을 찾는 데 도움이 될 거라 확신했다. 그녀는 이 접근이 질병을 관리하는 것이 아니라 진정한 건강을 창조한다고 끊임없이 강조했다. 아내는 몇 달을 두고 나를 압박해왔고, 자연식 건강으로 회심한 그녀의 몇몇 동료들도 가세하여, 결국 나는 내게서 시리얼을 빼앗아간 시리얼 강도 의사를 만나보기로 했다.

검진을 받으려고 병원으로 들어가는 순간 나는 어리둥절했다. 병원은 내가 첫 제자훈련을 받았던 버커킹에서 멀지 않은 미네소타의 시내 홉킨스에 있는 오래된 집을 개조한 건물이었다. 마룻바닥은 삐걱거렸고, 파출리라는 향료 특유의 냄새가 진동했다. 오래된 집에서 의사를 만나다니 바보 같은 일이었다. 내가 그곳을 찾은 이유는 그저 아내에게 시리얼 강도 의사가 고마운 사람이고, 내가 그녀의 진단을 받는 것이 아내에게 중요한 일이기 때문이었다.

자연 건강 분야에 대해, 내게는 어떤 기독교인들이 가진 종교적 거부감은 없었다. 그들은 이 '뉴 에이지'식 접근은 위험하다며 진지하게 걱정을 했다. 그들은 이런 치료를 받는 사람들은 판단력이 흐리며 또한 몸이 스스로 자신을 치유한다는 주장은 틀릴 뿐 아니라 비성경적이라고 주장했다. 이 통합적 접근은 영적이지만 그 영은 하나님에게서 오는 영이 아니라고 주장하는 사람들도 있었다.

내 영혼이 손상되거나 내 마음에 악한 기운이 퍼지면 어쩌나 싶어서 두렵지는 않았다. 내 문제는 내가 이 접근법을 믿지 못한다는 데 있었다. 들은 대로라면 결코 효과적일 수 없는 방법이었다.

병원 안내원이 내 이름을 불렀고 나는 그 집 뒤쪽에 자리 잡은 진료실로 들어갔다. 내 생각과는 달리, 진료실은 의사들의 방과 똑같은 모양과 느낌이었다. 진찰대를 비롯해 모든 것이 있었다. 하지만 안내원이 문을 닫고 나가는 순간, 나는 깜짝 놀랐다. 벽에 달린 선반 위로 흰색 이름표가 붙은 작은 유리병들이 수십 개나 늘어서 있었기 때문이다. 나는 그중에 혹시 '도마뱀의 눈'이 있을까 싶어 가까이 다가가 보았다. 하지만 내가 도마뱀의 눈을 찾기 전에, 시리얼 강도 의사가 문을 열고 들어왔다.

인품이 훌륭해보이는 사람이었다. 그녀는 침착하고 단정했으며 돌팔이 같은 구석은 없었다. 우리는 내가 그곳을 찾은 이유에 대해 이야기하며 진료를 시작했다. 나는 "시리얼을 되찾고 싶어서 왔습니다"라고 말하고 싶었다. 하지만 "아내가 하도 성화여서요"라는 간단한 말로 이유를 대신했다.

"특별히 불편하신 곳이 없다는 말씀이신가요?" 하고 그녀는 물었다. 불임 전문의를 만난 지 1년이 넘어섰지만, 사실 나는 요로 감염에 대해 아무런 조치도 취하지 않은 상태였다. 이미 걱정할 일이 많은 아내에게 다른 걱정거리를 안기기 싫어서 아내에게 말도 꺼내지 않은 비밀이었다. 그러니 아내의 의사에게 말할 이유도 없었다. "네, 특별히 불편한 곳은 없습니다." 나는 대답했다.

시리얼 강도 의사는 먼저 내게 손을 옆으로 하고 뒤로 누우라고 했다. 그녀는 내 몸의 자세에 특별히 신경을 기울였다. 내 팔이 어디에 있는지, 무릎이 굽어 있지는 않은지 등을 살폈다. 그녀는 그 오싹한 작은 병들을 꺼내 내 왼손에 쥐어주고는 내게 다른 팔을 특정한 방향으로 움직여보라고 했다. 누운 상태로 왼팔을 가슴 위로 들어보게도 했다. 또한 내 손목을 약간 뒤틀고는 팔을 당겨 저항력을 확인했다. 처음 몇 분 동안 나는 누워서 생각했다. 도대체 뭘 하는 거지? 그러다가 나는 내 오른손에서 보이는 아주 작은 변화도 팔의 저항에 대한 그녀의 진단에 큰 영향을 미친다는 사실을 발견했다.

종종 시리얼 강도 의사는 "음" 하는 소리를 내곤 뒤로 돌아 다른 세 개의 병을 더 집어 들고 내 손에 그 병들을 번갈아 쥐어주고는 다시 내 왼팔을 잡아당겼다. 슬롯머신을 당기는 노인처럼 말이다. 그 병에 뭐가 들었는지 내가 물었다. "환자의 내장 기관에 좋은 성분들이에요." 그거면 충분한 설명이라는 듯한 말투였다.

그때 나는 이 모든 것이 엉터리가 확실하다고 생각했다. 내 손에 있는 병 속 무언가가 내 몸 속 내장 기관들에 대해 과연 무엇을 말해준다는 것인가. 이런 나의 질문에 그녀는 대답했다. "왼팔의 저항을 보고 아는 거예요. 저항이 클수록 그 성분이 환자에게 유익하다는 뜻이죠."

그 순간 나는 진찰대에서 내려왔다. 그때는 1995년이었고, 내 평생 그렇게 말도 안 되는 이야기는 처음이었다. 내가 모든 것을 안다고 생각하지는 않지만, 나는 어느 정도 학식이 있는 사람이 아닌가. 이런 도박장식 진단법이 실효가 있다면, 한 번쯤은 나도 그 이야기를 들어보았어야 하지 않을까.

나는 이 시리얼 강도 의사가 제대로 길을 벗어났다고 생각했다. 내가 보기에 그녀의 접근법은 건강관리라는 넓은 주제를 일탈한 것이었고, 나는 그녀가 핵심을 벗어났다고 판단했다. 하지만 내가 나중에 깨달은 대로, 때로는 갓길에 선 사람들이 가장 이치에 맞는 사람들이었다.

통합적 건강관리는 몸이 서로 연결된 하나의 전체라는 생각에 바탕을 둔다. 몸의 한 부분이 아프고 병이 들었을 때, 이런 접근법은 고통과 질병을 서로 고립된 문제가 아닌 조직적인 문제로 다룬다는 말이다. 통합적 시각을 지닌 사람은 "손이 아파요"라고 말하는 대신 "제 몸이 아픈데 손에 통증이 나타나고 있어요"라고 말한다. 따라서 통합적 시각을 지닌 의사는 손의 이상만을 검사하지 않는다. 보통 사람들이 도통 모를 작은 병들을 사용하여 몸속에 무슨 일이 일어나는지 가늠한다.

내가 받은 첫인상처럼 이 이론이 완전히 터무니없게 들릴지라도, 사실 이 이론은 모든 것을 서로 다른 작은 조각들로 분해하려는 견해보다 자연의 실재를 훨씬 정확히 반영한다. 잠시 멈추어 창조에 대해 생각해보라. 자연 세계에서는 그 어느 것도 홀로서 있지 않다. 물의 질은 지구의 질에 영향을 미치고, 그 영향은 다시 공기의 질과 물의 질에까지 닿으니 말이다. 모두는 연결되어 서로에게 영향을 미치고 또 통합되어 있다.

자연 세계 속의 이런 연결은 우리의 눈에 보이는 곳에서만 끝나는 것이 아니다. 이 연결은 가장 깊은 물질의 원소 구조에까지 이어진다. 1980년대 초, 나의 고등학교 물리 선생님은 물질은 원소들로 이루어진다고 설명했다. 본질적으로 단단한 작은 공들이 서로에게 기대어 물질을 만든다는 것이다. 그럴 듯한 설명이었다. 내가 누군가에게 야구공을 던지면, 그 친구는 그 공을 잡아야 한다. 만일 잡지 않으면 야구공을 이루는 단단한 공들이 그의 코를 깨버릴 테니까. 내가 의자 위에 앉으면 그 의자는 나를 버티어 견딘다. 의자의 단단한 공들이 나를 버텨내지 못하면, 바닥의 단단한 공들이 나를 받아주리라.

이런 작은 공들을 믿기는 전혀 어렵지가 않았다. 수년 동안 나는 단단한 원자핵을 도는 전자들을 믿어왔다. 이 모든 것이 과학자들은 더 이상 믿지 않는 거짓이라는 사실을 알 때까지는 그랬다.

지난 수십 년 동안 과학은 단단한 원소를 넘어 물질세계에 대한 더욱 복잡한 이해로 자리를 옮겼다. 단단한 작은 공들은 이제 없다. 대신 움직이고 어울리며 또 변화하는 에너지의 묶음이 그 자리를 채웠다. 단단한 물체의 중심이 전혀 단단하지 않을 수 있다는 생각과의 싸움은 내 삶에서 가장 놀랄 만한 경험 중 하나였다. 어떻게 움직이는 에너지가 고정된 세계를 만든다는 말일까?

나는 교육방송에 나오는 유명한 과학 선생은 아니지만, 간단히 자연의 본질에 대해 살펴보면 유익하리라 생각한다. 간단히 말해 우리는 이제 소립자가 모든 것을 구성하는 가장 기본적인 요소라는 사실을 안다. 이 입자들은 모두 질량과 전하 그리고 스핀을 갖는다. 또한 각 입자는 질량과 스핀은 같지만 전하는 다른 반입자를 갖는다. 한 입자가 반입자를 만날 때, 에너지 섬광이 폭발한다. 동시에 입자들은 스핀을 바꾸는데, 이것은 입자들이 질량과 전하는 같지만 스핀은 다른 입자들과 상호작용한다는 의미이다. 이 입자들의 상호작용과 그때 일어나는 에너지가 안정을 가져다준다. 마치 자석의 양극이 서로를 밀어 내듯 에너지는 다른 에너지를 밀어낸다는 말이다. 서로를 의지한 단단한 작은 공들이 물질을 이루는 것이 아니라, 움직이고 활동하는 입자들 사이에서 이루어지는 에너지의 상호작용이 세계를 이룬다. 물질세계가 에너지와 활동으로 이루어진다는 생각은 그런 이야기를 처음 들었을 때나 이 글을 쓰는 지금이나 내게 어색하기는 마찬가지이다. 하지만 페르미 입자와 쿼크, 양자 물리학, 그리고 나노 과학에 대해 읽을수록 이런 생각들은 점점 구체화된다. 과학적인 견해에서만 아니라 신학적 견해로도 말이다.

평범한 일상 속에서 우리가 서로 교류하는 것이 전부는 아니다. 우리 눈에 보이는 것 이상이 있다는 말이다. 우리가 보는 것과 우리의 경험이 늘 일치하지는 않는다. 견고해 보이는 것 속에 전환이 있다. 상호작용과 전환이 세계에 안정을 준다는 깨달음은 하나님과 사람, 사람과 창조, 창조와 하나님 사이의 상호작용에 대한 나의 생각에 새로운 길을 터 주었다. 영적 세계와 물질세계를 따로 놓고 생각하려던 내게 자유를 주었다는 말이다. 나는 모든 것이 같은 물질과 같은 에너지, 상호작용, 그리고 움직임으로 이루어졌다는 개념을 이해하기 시작했다. 이런 이해는 해독기가 되어, 내가 이미 배운 내용들과 잘 어울리지 못하고 겉돌던 믿음의 조각들을 이해하도록 도와주었다.

그 조각들 중 일부는 평생 동안 내 내면을 떠다니던 조각들이었다. 처음 믿었을 때, 나는 기독교가 그것들의 자리를 찾아주리라 기대했다. 그 기대가 이루어지지 않았을 때, 내가 아직 이해하지 못한 내용이 있거나 혹은 구하는 해답을 찾기에 내가 너무 둔한 탓이리라 짐작했다. 하지만 기독교 대학과 신학대학원을 졸업하고 몇 년이 지나도록, 내가 이런 분이리라고 믿는 하나님은 누구신가, 내가 어떻게 하나님께 연결되었는가 하는 물음과 생각들은 여전히 남아 있었다. 그뿐 아니라 내 종교 체계에는 대답할 의지와 능력이 없어 보이는 새로운 문제들이 덧붙기까지 했다.

시리얼 강도 의사의 진료실을 찾았을 때가 그랬다. 게다가 그녀는 내 머리를 어지럽게 만들었다. 그녀가 작은 병들로 무엇을 하는지 설명해준 이후, 나는 장난기가 발동했다. 그녀가 내 팔을 움직이는 동안, 나는 한쪽 눈을 감는 등 미세한 움직임을 시도했다. 그리고 오른발 발가락들을 꼬기도 했다. 시리얼 강도 의사는 멈추더니 다시 나의 팔을 움직였다. 그러더니 내가 발가락을 꼬았다 풀었다 하는 동안, 이 병 저 병을 바삐 내 손에 번갈아 쥐어주었다. 마침내 그녀는 입을 떼었다. "음, 뭔가 이상한데요."

"제가 발가락을 움직이고 있었어요." 나는 고백했다.

"그러시면 안 돼요. 제 생각에는 심하지 않은 요로 감염증인 듯한데, 가만히 계셔야 정확히 알아내죠." 그녀의 대답이었다.

어떻게 알아낸 거지? 저 작은 병들이 내 감염을 알려주었을 리 없는데. 저 병들이 내 요로와 대체 무슨 상관이 있다는 말인가. 내 몸의 일부도 아니고, 아니 내 몸에 붙어 있지도 않은 저 병들이 어떻게 내 몸에 대한 정보를 알려준다는 거지? 그녀가 내 감염 상태는 어떤지 또 무엇을 해야 하는지 설명하는 동안 나는 계속 생각했다. 도대체 어떻게 알아내신 거예요?

의사 리아보킨은 설명했다. "사람의 몸은 모두 연결이 되어 있죠. 영혼, 감정, 몸 전체가 말이에요. 사람은 전체적인 존재이고, 따라서 한 부분을 통해 다른 부분의 상태를 가늠하는 것이 가능하죠." 나는 가만히 누워 그녀를 쳐다보았다. 그 말을 어떻게 받아들여야 할지 깜깜했다. 그녀가 내 요로 감염을 진단하지 못했더라면 나는 그녀를 비웃었거나 그녀와 논쟁을 벌였으리라. 하지만 이젠 할 말이 없었다. 그녀는 웃으며 말했다. "사람의 몸이 원래 그런 거예요."

집으로 돌아오는 차 안에서 그녀의 말이 계속 귓가를 맴돌았다. 사람의 몸이 원래 그런 거예요. 정말 그런가? 그런데 나는 왜 내 팔과 내 비장이 따로라고 생각했던 걸까? 왜 내 생각은 내 머릿속에만 머물고, 또 내 몸과 영혼은 각각 떨어져 있다고 가정했던 걸까? 왜 나 자신이 전체적 존재가 아니라 서로 다른 기관들의 모음이라 단정했던 걸까?

그 경험이 어찌나 나를 어지럽게 했는지, 이런 생각을 거두기가 어려웠다. 내 건강에 대한 신념뿐 아니라, 내 삶, 내 믿음,

하나님, 복음, 그리고 인간이 된다는 의미에 미치는 나의 이원적 사고의 함의에 대해 고심하기 시작했다. 나는 모든 훈련을 마친 목사가 아닌가. 그런 내가 이런 사실을 놓쳤다니, 기가 막힌 일이다. 내가 전체론으로 입문한 순간이 내게는 중대한 "어, 이런"의 순간이었다. 과연 내가 입문할 준비가 되었는지는 확실하지 않았지만 말이다.

8

온전케 하는 신학

"우리가 알거니와 하나님을 사랑하는 자
곧 그 뜻대로 부르심을 입은 자들에게는
모든 것이 합력하여 선을 이루느니라."
'모든 것'이라 적혀 있지 않은가.
특별한 것과 거룩한 것만이 아니라 모든 것이다.
하나님의 손과 임재가 닿지 않는 곳은 없다.

'무엇에든지' 마음을 열라

그날, 의사 리아보킨의 진료실에서 나는 새로운 대답으로 이어질 새로운 질문들에 바탕을 둔 새로운 여정을 시작했다. 과학과 자연 건강에서 내가 찾은 통합적 접근법은 여러 면에서 흥미롭고 고무적이었지만, 사실 내 믿음과는 잘 어울리지 않았다. 내가 배워온 기독교는 우리는 '세상 속에 살지만 세상의 일부는 아니다'라는 이원적 분리 위에 세워졌으니 말이다. 이원론에 의하면 세상은 우리의 집이 아니다. 하나님의 영을 가진 사람이 있고, 그렇지 않은 사람이 있다. 우리와는 다른 사람들이 있다는 말이다.

믿음에 대해 이야기할 때 우리가 사용하는 구분에 대해 생각해 보자. 우리는 사람들을 기독교인과 비기독교인으로 구분한다. 그러고는 기독교인들을 가톨릭교도와 개신교인으로 구분하며, 개신교인들은 다시 보수주의자와 자유주의자로 구분한다. 세상과 영혼, 종교와 비종교, 정통과 이단까지 이런 구분에는 끝이 없다. 물론 이런 구분은 대립을 의미하기도 한다. 육체와 영혼, 창조세계로부터 분리된 하나님, 인류와 분리된 하나님과 같이. 하나님과 영적 세계는 이 땅의 타락한 인간과는 분리되어 있다.

이런 분리의 언어는 우리 중 대부분이 기독교에 대해 생각하고 말하는 방식에 깊이 배어 있다. 분리는 결코 무심코 우연히 일어나지 않는다. 그것은 굉장히 중요한 믿음의 시작점이 된다. 우리는 영적인 것과 세속적인 것, 신성함과 비속함, 그리고 인간과 신 사이의 구분을 분명히 하려 애를 쓴다. 분리에 기반을 둔 이런 생각은 육체와 영혼이 각각 분리된 존재라 믿는 그리스식 개념을 믿는 사람들에게는 이치에 맞기 마련이다. 물론 나는 이 이원적인 이해가 대부분의 신학과 함께 최선의 의도로 우리에게까지 왔다고 믿는다. 하지만 모든 것이 서로 연결되었다고 이해한 이상, 이런 이원론은 무용하다.

신학대학원 시절, 신학 수업 도중에 우리는 바로 이 문제에 대해 이야기했다. 복음서의 "주 너의 하나님을 사랑하라"는 말씀과 씨름하면서. 세 복음서의 제자들이 예수님의 이 말씀을 인용했고, 우리는 그 인용을 두고 논쟁을 벌였다. 논쟁의 핵심은 이것이었다. 인간을 어떻게 이해하는 것이 최선일까? 두 부분으로, 세 부분으로 아니면 네 부분으로?

우리는 각 본문을 적은 커다란 도표를 만들었다. 그리고 각 본문 옆에 그 복음서 저자의 견해를, 적어도 예수님이 그렇게 말씀하신 것을 들었다고 그들이 믿은 내용을 기록했다.

마태는 예수님의 말씀을 이렇게 인용했다. "네 마음을 다하고 목숨을 다하고 뜻을 다하여 주 너의 하나님을 사랑하라"(마 22:37).

마태는 마음과 목숨과 뜻으로 이뤄진 삼분법을 믿었다.

마가복음은 이렇게 전한다. "네 마음을 다하고 목숨을 다하고 뜻을 다하고 힘을 다하여 주 너의 하나님을 사랑하라"(막 12:30). 마가는 마음과 목숨, 뜻과 힘(아마도 몸?)으로 이뤄진 사분법을 믿었던가 보다.

다음은 누가복음이다. "네 마음을 다하며 목숨을 다하며 힘을 다하며 뜻을 다하여 주 너의 하나님을 사랑하고"(눅 10:27). 마가의 목록과 같은 내용이지만 다른 순서이다. 중요한 걸까?

목록을 보면 이런 실재들이 나열되었고, 그 사실만 보자면 그 실재들은 서로 구분되어야 한다. 우리는 이런 생각을 열렬히 환영하며 인간이 전체적이고 통합적인 존재일 수 있다는 가능성을 배제해버린다. 이분법, 삼분법, 사분법 사이의 토론은 활발하지만, 전인설을 이야기하는 사람은 찾아보기가 어렵다. 하지만 예수님이 사람들에게 주신 명령의 핵심은 그들 삶의 모든 부분으로 하나님을 사랑하라는 내용이었다. 마음만을 가지고, 혹은 뜻만을 가지고 어찌 사랑이 가능한가. 예수님은 하나님과 또한 다른 사람들과의 전체적 연결이라는 비전을 던져주고 계시다. 분리하려는 우리의 경향이 그 비전을 놓치고 있을 뿐이다.

전체론이 예수님 말씀의 중심이었지만 영지주의가 나온 1세기부터 이원론은 기독교의 많은 기초 신학을 유혹해왔다.

영지주의자들의 형태는 다양하지만, 기본적인 분파는 둘이다. 하나는 우주에는 두 가지의 힘, 빛과 어두움이 활동한다는 개념 위에 세워진 분파이다. 그 두 개의 힘이 물질세계에서 싸움을 벌이고 결국에는 빛이 승리한다는 것이다. 다른 분파는 육적 세계는 하급 신이 창조한 반면 영적 세계는 참 하나님이 창조했다고 믿는다. 따라서 육적 세계는 영적 세계보다 열등하다는 것이다. 또한 영혼은 영적 세계의 일부이기 때문에 육체보다 우월하다. 적어도 육체의 구속에서 자유를 얻게 될 때에는 그렇다. 마음과 정신과 몸은 일시적이지만 영혼은 영원하다. 따라서 하나님은 육체보다 영혼에 더욱 집중하시며, 우리도 그래야 한다. 이런 두 개의 세계는 서로 경쟁하며, 우리가 어느 편에 서야 할지는 분명하다. 이것이 그들의 주장이다.

이런 생각은 교회에 많은 문제를 안겨주었다. 5세기, 영지주의를 깊이 신봉했던 단체에서 회심한 아우구스티누스는 영혼이 육체에 속박되었다는 관점을 바로잡으려 했다. 아우구스티누스는 영혼과 육체는 혼합물로 창조되었지만, 영혼이 육체보다 우월하고 따라서 영혼이 육체를 다스린다고 보았다. 하지만 교회가 인간을 통합적인 존재, 즉 영혼과 육체가 동등하지만 여전히 분리되어 있는 존재로 이해하도록 돕기에는 역부족이었다. 그러나 아우구스티누스는 이런 시도가 영지주의자들의 완전한 이원론적 개념에 비해서는 대단한 발전이라고 믿었다.

영지주의는 긴 촉수로 현대 교회까지도 움켜쥐고 있다. 선교와 구제를 두고 우리가 나누는 대화들을 떠올려보라. 어떤 기독교인들은 가난하고 억압받는 사람들의 육체적인 필요를 채워 주는 일이 그것만으로 충분한지, 아니면 그들의 영적 필요를 돌보는 일이 더욱 중요한지 끊임없이 묻는다. 두 가지 필요가 모두 중요하다고 믿는 사람들이라도 이런 인간의 이원적 본성에 대한 가정을 계속 가지고 있기는 마찬가지이다.

우리 교회에는 어려움에 처한 사람들을 돕기 위한 여러 사역이 있다. 우리는 여러 세대를 대물림해온 가난으로 고통받는 과테말라 농부들의 내 집 마련을 돕는다. 또한 우리 공동체 사람들이 더욱 건강해지고 또 치유를 얻도록 돕기 위한 행사들을 기획한다. 근로 빈곤층에게 음식을 제공하는 도시 사업에 참여하기도 하며, 미니애폴리스에서 가장 빈곤한 지역을 찾아 아이들의 공부를 돕고 밥을 나누어주는 사역도 한다. 그리고 우리는 우리 도시는 물론 세계의 인신매매를 근절하는 일에 앞장선다. 이런 사역을 하면서 우리는 우리가 돕는 사람들에게 여느 기독교인들이 생각하는 '영혼 전도'를 내세우지 않았다. 우리는 시멘트 벽돌을 나르고, 식단에서 설탕을 줄여야 한다고 이야기하며, 또 사람들에게 칠리 요리를 대접하면서, 그런 사역들을 '정말로 중요한' 영적 문제를 다루기 위한 수단으로 생각하지 않았다. 어떤 사람들은 우리에게 영원이나 영혼과 같은 중요한 문제가 아니라 왜 이런 '세상적'인 일에 집중하는지 묻는다. 아무리 좋은 일이라지만 더 나은 목적을 위해서가 아니라면 무슨 의미가 있느냐는 뜻이리라.

육체적인 필요를 채우는 것이 영적인 필요를 채우는 것만큼 중요하다고 주장하는 것이 아니다. 나의 주장은 둘 사이에는 서로 차이가 없고, 또한 두 가지 필요를 서로 분리할 이유가 없다는 것이다. 우리가 사람을 섬긴다고 할 때 그것은 그 사람 전체를 온전히 섬긴다는 말이다. 이것이 전체론의 의미이다. 전체론은 육체와 영혼의 필요에 대한 오랜 논쟁의 한 쪽에 손을 들어주지 않는다. 전체론은 둘 사이의 '차이'가 우리가 생각하는 것과 다르다는 사실을 이해하고 그 현실 속에서 사는 것이다.

이런 생각을 이론으로 받아들이기는 매우 쉽다. 하지만 이런 이해에 기반을 둔 우리 기독교의 언어와 신념 체계를 벗어버리기는 무척이나 어렵다. 그러기 위해 우리는 먼저 우리에게 있는 줄도 몰랐던 가정들을 벗어버려야 한다.

얼마 전 나는 스벤이라는 교회 친구와 함께 전체론적 이해에 관한 대화를 나누었다. 그는 몇 년 전에 함께 과테말라로 떠난

여행 중 일어났던 한 사건에 대해 이야기했고, 나는 대화를 통해 그가 치유에 대한 전체론적 접근에 대해 회의적이라는 사실을 깨달았다. 그는 냉소하며 말했다. "전체론적 치료라면, 그때 척추 교정 전문의 에린이 무릎이 쑤신다던 비욘의 무릎을 꼭 잡아주고 치료해준 걸 말하는 거죠? 비욘이 그랬잖아요. '무릎이 나아지는 건지는 모르겠지만 따뜻하긴 하네.'" 스벤은 비욘의 말을 빌려 전체론적 치료법의 효과를 비웃고 있었다.

"비욘의 무릎은 잘 모르겠지만, 전체론적 건강 분야에서 일하는 사람들은 에너지가 상처 주변으로 향한다고 하던걸." 나는 말했다.

"그러니까 그 사람들이 사람 몸속에 있는 영혼을 찾아 그 영혼이 상처를 향하도록 유도한다는 건가요?" 스벤은 비웃음이 섞인 말로 내 말의 의미를 다시 확인하고 싶어 했다.

"몸과 영혼이 분리되어 있지 않는 게 불가능할까? 그저 영혼이 자유로워질 때까지 몸은 그 영혼을 담는 그릇일 뿐이라는 말이 나는 좀 억지 같아." 나는 대답했다.

긴 침묵이 이어지는 것을 보니, 스벤이 진지하게 생각해보지 않았던 문제를 던져준 것이 분명했다. 스벤은 내 말을 믿지 않았다. 나는 결국 이렇게 말했다. "그런 생각은 사람들이 지구가 편평하지 않다는 사실을 발견했을 때 함께 던져버렸어야 할 생각이라고." 그는 웃었고, 우리는 화제를 바꾸었다.

불행히도 육체가 영혼을 담는 그릇이라는 개념은

유통기한이 지난 다른 자연 질서들과 함께 폐기되지 않았다. 그토록 많은 다른 신념들은 과연 어떻게 내버렸는지 신기할 정도다. 우리는 더 이상 지구가 둥근 원반이며 별들이 총총히 박힌 둥근 지붕이 그 원반을 덮고 있다고 생각하지 않는다. 또한 우리는 더 이상 지구가 우주의 중심이며 우리 은하계만이 유일하다고도 믿지 않는다. 하지만 이원론만은 끈질기게 살아남았다. 그리고 기독교 신앙을 가진 사람들만이 유일하게 이 이원론을 응원하고 있다.

이 이원적 이해가 늘 무해한 것은 아니다. 이원론의 어둡고 더러운 취약점은 우리가 우리 자신과 세상을 미워하도록 만든다는 것이다. 내 친구가 정확히 표현했다. "우리 아이들이 공중 화장실을 이용해야 할 때 아이들에게 주의를 주는 대로 이 세상에서 살라고 누군가 내게 이야기하더라고. 들어가면 되도록 아무것도 건드리지 말고 나오라고 말이야."

이와 마찬가지로 이 이원적인 이해는 우리에게 육체가 있는 한, 사람은 하자가 있고 깨지고 더러운 쓰레기에 불과하다는 믿음을 전해준다. 내가 기독교인이 된 지 아홉 달 가량 지났을 때다. 누군가 내게 위대한 사도 바울이 어떻게 자신의 육체 그리고 타고난 악과 씨름했는지를 설명해주었다. 그 사람은 내게 예수님 자신도 부활하셔서 육체의 속박에서 자유로워지기까지 씨름하셨다고 말했다. 논지는 분명했다. 육체는 우리의 적이라는 것이다.

사춘기의 마지막 단계를 지나던 열일곱 살, 하나님을 따르려는 나의 소원과 사춘기 육체의 유혹 사이에서 벌어지는 전쟁의 그림이 뚜렷이 그려졌다. 내 영혼이 내 육체에 메여 있어 그 사슬이 끊어질 때까지 나는 하나님과 완전히 연합하지 못한다고 이해했다. 나는 하나님과 연결되기를 간절히 바랐지만, 내 새로운 믿음은 내가 육체에 갇힌 이상 그 바람은 불가능하다고 분명히 못을 박았다. 나는 기다려야 했다.

혐오의 메시지는 포괄적인 인류에게 국한되지 않았다. 신실한 성도들을 위험한 외부인들의 영향으로부터 보호하고자 하는 의도로 이용되기도 했다. 나는 '영적으로 살아' 있지 않은 사람들을 가까이하지 말라는 권면을 들어왔다. 이런 표현은 육체와 영혼의 분리를 다시 한 번 강조한다. 육체적으로 살아 있는 것과는 다르게, 인류 중 일부는 영적으로 살아 있다고 하니 말이다. 영적으로 살아 있지 않은 사람들은 하나님과 연결되지 않았고, 따라서 그들은 골칫거리다. "세상은 너의 적이다. 너와 믿음이 다른 사람들도 너의 적이다. 네가 벗어버리지 못하는 너의 육체마저도 너의 적이다"라고 복음은 축소되었다.

기독교의 이런 주장은 비탄에 잠긴 부모 같은 슬픈 사람들과 함께 우셨던 히브리인들의 하나님의 이야기와는 도통 거리가 멀다. 또한 죄인들의 친구가 되셨고, 소외당한 사람들을 만지고 고치고 사랑하셨으며, 바다에서 바람과 비 그리고 폭풍을 다스리셨던 예수님의 이야기, 그리고 죽음과 두려움을 물리치신 생명과 사랑의 이야기와도 거리가 멀다.

소립자 이야기로 돌아가보자. 기독교인으로서 우리는 우주의 본질을 통해 하나님을 아는 것이 가능하며, 또한 반대로 하나님을 통해 우주의 본질을 알 수 있다고 믿는다. 다윗이 창조주 하나님에 대해 기록한 부분들은 성경에서 가장 아름다운 본문들 중 일부이다. "주의 의는 하나님의 산들과 같고 주의 판단은 큰 바다와 일반이라"(시 36:6). "여호와 앞에서 큰물이 박수하며 산악이 함께 즐거이 노래할지어다"(시 98:8). "주께서 내 장부를 지으시며 나의 모태에서 나를 조직하셨나이다. 내가 주께 감사하옴은 나를 지으심이 신묘막측하심이라. 주의 행사가 기이함을 내 영혼이 잘 아나이다"(시 139:13-14). 하나님은 산과 들과 바다와 숲, 그리고 작은 인간 배아에도 연결된 분이시다.

시편 기자는 범신론을 장려하지 않았고, 나도 마찬가지이다. 나는 창조주와 우주 사이의 조화에 대해 이야기할 뿐이다. 기독교인들은 자연과 창조를 하나님과의 연결을 위한 도구로 오랫동안 사용해왔다. 내가 처음 신앙을 가졌을 때, 나는 기독교 믿음을 설명하는 소책자를 공부하는 모임에 속해 있었다. 그 소책자는 이렇게 시작했다. "자연계에 자연 법칙이 있듯이 하나님과 사람 사이에도 영적인 원리가 있습니다." 이런 주장이, 시대에 뒤떨어져서 더욱 정확한 '개연성과 가능성들'로 이미 대체된 뉴턴의 '법칙들'에 바탕을 두었다는 사실을 몰랐으니, '창조물과 같이 창조주 또한'이라는 결합의 개념이 내 머릿속에 박힌 것은 당연했다.

창조주와 창조물 사이에는 조화가 있다. 창조물은 하나님 안에서 자신의 존재를 찾는다. 연결은 그저 멋진 생각이 아니다. 기독교 공동체에 대한 온화하고 부드러운 표현도 아니다. 창조가 직물이라면 연결과 상호작용과 통합은 그 직물을 짜는 실들이다. 나는 그것이 하나님의 계획이었다고, 그리고 그 계획이 우리가 하나님의 창조의 일부로서 어떻게 살아야 하는지 우리에게 말해준다고 믿는다.

기독교는 세상의 실재들과 갈등하는 믿음이 아니다. 오히려 기독교는 실재에 대한 우리의 비전을 더욱 선명히 보게 해준다. 전체론적 연결이라는 렌즈를 통해 기독교에 대해 생각하고 기독교를 경험하면서, 나는 기독교를 완전히 새로운 방식으로 이해하게 되었다. 구약의 셰마*Shema*라 불리는 말씀을 예로 들어보자. 신명기 6장 4절 말씀이다. "이스라엘아 들으라. 우리 하나님 여호와는 오직 하나인 여호와시니." 유대인들은 매일 이 셰마를 읽으며 하루를 시작했고, 지금도 많은 사람들이 그렇게 한다. 이 말씀은 유대교의 핵심 개념이며, 따라서 분명 예수님께도 중요했으리라. 또한 하나님 그리고 하나님과 창조물의 관계에 대한 유대인들의 이해의 기반이기도 하다. 하나님은 하나라고 이 말씀은 주장한다. 이 주장은 유대인에게 중요했을 뿐 아니라, 우리가 아는 우주의 현실과도 일치한다. 단일이다.

성경은 모든 것들의 통합을 이야기한다. 깨어진 것이 온전해지고, 분리되었던 것이 합쳐지고, 고장 났던 것이 다시 움직인다. 복음은 수리이고 회복이며 부흥이다. 복음은 완성이며 또한 결속이다. 인류의 모든 조각들이 예수님 안에서 하나가 된다.

우리 중 많은 사람들이 알고 있는 그리스식 믿음의 전제와 달리, 기독교의 복음은 우리가 하나님과 분리되지 않았으며 연합되었다고 말한다. 우리는 창조 세계의 적이 아니라 창조 세계의 일부이다. 또 우리는 서로 거리를 유지해야 하는 것이 아니라 서로 연결되어야 한다. 기독교인의 삶은 소원疏遠과 분리와 혐오의 삶이 아니라는 말이다. 사실 그런한 삶은 복음의 기쁘고 충만한 포용과 정반대가 아닌가.

전체론이라는 틀을 가지고 성경을 읽을 때, 우리가 오랫동안 성경이 그렇게 말한다고 생각했던 가정들은 변하게 된다. 몇 년 전, 한 친구가 성경의 유명한 한 부분을 가리켰다. 세상의 어두운 세력을 물리치려면 방어의 태세를 갖추라고 기독교인들이 서로를 권면할 때 인용하는 빌립보서 4장 8-10절 말씀이었다. "종말로 형제들아 무엇에든지 참되며 무엇에든지 경건하며 무엇에든지 옳으며 무엇에든지 정결하며 무엇에든지 사랑할 만하며 무엇에든지 칭찬할 만하며 무슨 덕이 있든지 무슨 기림이 있든지 이것들을 생각하라." 우리가 인정하기 싫더라도, 분리와 차별의 신학은 "이것들"이 아닌 다른 것들은 더 못한 것들이어야 한다고 생각한다. 또한 좋은 것들보다 훨씬 나쁜 "무엇에든지"가 존재한다고 가정한다. 따라서 하나님을 따르려면 그런 무엇과의 접촉을 삼가야 한다는 이야기다. 내 친구는 말했다. "엘리트주의자들처럼 단지 좋은 무엇만을 고르고 나머지와의 접촉은 삼가라는 의미가 아니라고 생각해. 나는 이 말씀이 우리에게 '무엇에든지' 마음을 열라고 이야기한다고 생각하지." 하나님의 생명을 발견하는 멋진 생각이다. 모든 장소에서 참되고 사랑할 만하며 칭찬할 만한 것을 찾게 하는 생각이다.

전체론의 신학은 초청과 환영의 신학이며, "내가 무엇을 하는지 보라. 와서 나와 함께 하라"고 부르시는 하나님의 신학이다. 하나님이 모든 것에 임재하시며, 또한 우리가 모든 것에서 참과 경건, 의, 순결, 그리고 사랑을 찾을 수 있다는 가정이다. 사도 바울은 이 세마의 이해를 로마서 8장 28절에 기록한다. "우리가 알거니와 하나님을 사랑하는 자 곧 그 뜻대로 부르심을 입은 자들에게는 모든 것이 합력하여 선을 이루느니라." "모든 것"이라 적혀 있지 않은가. 특별한 것과 거룩한 것만이 아니라, 모든 것이다. 하나님의 손과 임재가 닿지 않는 곳은 없다.

그 선善은 우리와 다른 사람들과의 통합에까지 이어진다. 우리 각자는 하나님께 연결되었고 따라서 당연히 우리는 서로에게 연결되어 있다. 기독교인들은 공동체에 대해 이야기하기를 즐긴다. 하지만 이원론적인 가정들이 우리의 신학을 두르고 있는 한, 우리는 참된 공동체를 경험하지 못하리라. 세상을 보며

'우리'와 '그들'을 구분하는 한, 하나님 그리고 다른 사람들과 실제적이고 의미 있는 관계를 맺지 못하도록 방해하는 장애물에 갇혀 살게 되기 때문이다. '그들'이 누구라 생각하는지는 중요하지 않다. 비기독교인들이든, 죄인들이든, 자유주의자들이든, 보수주의자들이든, 유대인들이든, 가톨릭교도들이든, 아니면 우리 동네 맞은편에 있는 이상한 교회이든 말이다. 정당하게 들리도록 우리가 어떤 애를 쓴대도, 분리는 분리일 뿐이다.

사도 바울은 너무나도 분명히 기록했다. "거기는 헬라인과 유대인이나 할례당과 무할례당이나 야인이나 스구디아인이나 종이나 자유인이 분별이 있을 수 없나니, 오직 그리스도는 만유시요 만유 안에 계시니라"(골 3:11). 예수님 역시 모든 사람들 사이에, 그리고 사람들과 하나님 사이에 존재하는 연결에 대해 말씀하셨다. "이는 내가 살았고 너희도 살겠음이라. 그 날에는 내가 아버지 안에, 너희가 내 안에, 내가 너희 안에 있는 것을 너희가 알리라"(요 14:19-20).

예수님에게 이런 생각은 한 개인이 하나님과 관계를 맺고 어느 날 다른 곳으로 불려 가리라는 의미가 아니었다. 사람들이 하나님과의 통합을 통해 그들의 목적과 그들의 전체와 그들의 삶을 지금 그리고 영원까지 찾으리라는 의미였다. 이것은 관계적 연결 이상을, 즉 하나님과 예수님, 창조물과 인류 사이의 충만한 상호 교류를 의미한다. 그리고 이것이 매우 좋은 소식, 즉 복음이었고 또한 복음이다.

전체론에는 우리는 혼자가 아니라는 개념이 새겨져 있다. 우리는 하늘에서 대물 소송real action을 시작할 때까지 70여 년을 살라고 이 행성으로 떨어진 존재들이 아니다. 우리는 과정의 일부이다. 우리는 다른 사람들이 하고 있는, 또 해온 일들의 일부이다. 또한 하나님이 하고 계신, 또 해오신 일들의 일부이기도 하다. 우리의 삶은 중요하다. 어느 날 일어날 일 때문이 아니라, 하나님께서 우리의 삶을 충분히 중요한 것으로 만드셨기 때문이다.

하나님은 우리를 생명으로 초청하시며, 우리의 삶에서 무엇이든 하나님과 박자를 맞추어 살지 못하도록 방해하는 것들을 치워 내시는 중이라는 생각을 한 친구와 나누는 중이었다. 그녀는 이렇게 반응했다. "기독교에서 진리를 믿는 사람들에게 건네는 내세의 약속이 가장 중요하지 않다면, 우리는 무엇으로 사람들을 설득하지? 그들을 기독교인으로 만들기 위해 우리가 그들에게 무엇을 줄 수 있지?" 그녀는 너무나도 진지했고, 나는 당황했다. 그녀의 질문을 비난하고 싶지는 않다. 질문이야말로 우리를 하나님과 함께하는 더 깊은 삶으로 이끌어주는 도구이기 때문이다. 하지만 모든 것에 존재하시고, 또한 참되고 경건하며 순결한 일에 참여하라고 우리를 초청하시는 하나님을 따른다는 생각이 내게 너무나 아름답고 매력적이어서, 나는 왜 우리가 사람들에게 그 외의 다른 것을 건네야 하는지 이해하기 어려웠다.

3

죄인을 소외시키지 않는

기독교

A CHRISTIANITY
WORTH
BELIEVING

어떠한 상황도 우리를
하나님으로부터 떼어놓지 못한다

9

저 위 그리고
저 바깥에

내가 배운 하나님은 솔직히 내가 알고자 했던 하나님이 아니었다.
그 하나님은 완벽하시지만 나와는 동떨어진 분이셨다.
그때 나는 세상 속 하나님이 아니라
저 하늘의 하나님에 대해 이야기하는 법을
배우고 있었다는 사실을 알지 못했다.

어떻게 협곡이
하나님을 막아설 수 있는가

나는 전 생애에 걸쳐 하나님을 인지해왔다. 하지만 그리스도 수난 연극을 본 열여섯 살 전까지는 하나님을 알지 못했다. 나는 타락한 지도자들과 맞서시고, 가난하고 상한 사람들을 보호하시며, 발언권이 없는 사람들을 대신해 목소리를 내시는 예수님을 보았다. 하나님의 아들이신 예수님은 무시당하던 사람들을 만지고 치유하며 변호하셨다. 예수님이 십자가를 지기 훨씬 이전부터 나는 예수님과 같은 배에 올라 있었다.

하나님은 바로 거기, 내가 들어본 이야기 중 가장 기이하고 또 주목할 만한 이야기 속에서 일하고 움직이며 활동하고 계셨다. 하나님은 고통받고 매 맞은 예수님의 옆자리를 지키셨고, 또한 사람들 옆에 서서 두려움과 배신 그리고 투쟁이 넘치는 현장에 선을 가져다주셨다. 하나님은 그 모두의 구원에 참여하라고 사람들을 초청하고 계셨다. 당시에는 어찌 표현해야 할지 몰랐지만, 그리스도의 수난 연극의 중심에는 인간의 삶에 친밀하게 관여하시는, 우리와 연결되고 또 우리를 측은히 여기시는 하나님이 계셨고, 따라서 나는 그 연극을 이해할 수 있었다.

누구나 그렇듯 나도 고통을 안다. 나는 학대받고 따돌림 당한 피해자이기도 했고, 상대를 억압하고 괴롭히는 가해자이기도 했다. 하지만 예수님의 이야기를 통해, 나는 하나님이 피해자와 가해자 모두를 구원하시는 분이라는 사실을 이해하게 되었다. 하나님은 온전케 하시고 치유하시며 부흥케 하시는 분이셨다. 작은 세리에게도, 지친 창녀에게도, 외로운 십대에게도. 하나님은 손을 내미셨고 나는 그 손을 잡았다.

바로 내가 살기 원했던 삶의 이야기였다. 나는 하나님이 세상에서 하고 계신 일의 일부가 되고 싶었다. 가까이 계시며 또 그 삶의 일부로 나를 초청하시는 하나님에 대한 느낌이 어찌나 강렬했는지, 나는 극장의 의자에서 뛰어 올라 무대로 뛰어들지 않기 위해 안간힘을 써야 했다. 그때 바로 그 자리에서 나는 하나님과 합류하고 싶었다. "어서 오너라! 내가 무엇을 하고 있는지 보아라. 와서 나와 함께 하자!"고 하나님이 말씀하고 계셨다.

하지만 선과 정의, 구원, 그리고 참여로 내딛은 나의 걸음은 내가 기독교 믿음으로 돌아선 지 10분 만에 시험에 부딪혔다. "네, 저도 기독교인이 되고 싶습니다"라고 고백하며 세상 속 하나님의 일에 참여하고자 했던 나의 소망은, 하나님은 나의 도움에는 관심이 없으시다는 분명한 메시지에 물거품이 되어버렸다.

그보다 더 정확히 말하면 하나님은 인간들에게 관심이 없으신 듯했다. 하나님은 우리 손이 닿지 않는 하늘에 계시니 말이다. 하나님께 닿고 또 하나님을 만지려는 우리 인간의 노력은 충분하지 못할 뿐 아니라 사실 무척 어리석은 행동이었다.

무대 뒤의 소책자로 다시 돌아가자. 그 소책자는 협곡의 그림으로 시작한다. 협곡의 왼쪽에는 사람이, 오른쪽에는 하나님이 계시다. 죄 때문에 우리는 하나님과 분리되었고, 우리가 어떤 노력을 하든 하나님은 우리에게, 우리는 하나님께 닿지 못한다. 다음 장으로 넘어가면 커다란 십자가가 나타나 협곡의 틈에 다리를 놓는다. 물론 사람들이, 다리를 놓기 위한 필요조건인 적절한 믿음과 신앙고백을 충족시키고 나서야 가능한 일이다. 하지만 다리가 놓아지기만 하면, 하나님과 인간은 이제 서로에게 닿을 수 있다. 문제는 해결되었다.

무대 위에서 내가 보고 느끼고 또 좋았던 내용과 다른 대단히 이상한 설명이었다. 연극을 보는 동안 나는 하나님이 그 '협곡'의 반대쪽이 아닌 사람이 서 있는 쪽에서 바삐 일하고 계시다고 생각했다. 십자가 처형 전에 예수님도 하나님은 사람들 쪽에 서 계신다고 선포하셨다고, 또한 하나님은 사람들이 죄와 고통과 슬픔에서 자유로워지기를 원하신다고 나는 생각했다.

내게 무대 위의 이야기는 하나님이 사람들에게 자신과 함께하자고 초청하시는 이야기였다. 사람들이 하나님께 자신들과 함께해 달라고 사정하는 이야기가 아니었다. 하지만 내가 무언가를 놓친 거겠지. 문둥병자를 고치시고 외로운 사람들의 친구가 되어주시는 예수님의 사역에 하나님이 관여하셨다는 나의 가정이 틀린 거겠지. 무대 뒤에서 만난 사람들이 도통 무엇을 말하고 있는지 나는 이해하기 어려웠다. 이 사람들이 무대 위에서 이야기를 전했던 사람들과 같은 일을 하는 사람들이라고 생각했는데 아닌가 보다. 아니면 이 사람들은 내가 본 연극을 보지 못했는지도 몰라. 그것도 아니면 내가 그 연극을 완전히 잘못 이해했거나. 하긴, 이 이야기에 대해 내가 무얼 안다고.

하지만 더 큰 문제가 있었다. 그 소책자와 연극 사이의 불일치만이 나를 혼란스럽게 한 것이 아니었다. 하나님과 나 사이에 간격이 있다는 생각 또한 나를 혼란스럽게 했다. 그때까지 하나님에 대한 나의 믿음은 교회 밖에서 형성되어 왔고, 어떤 언어로 또 어떻게 그 믿음을 표현해야 할지 몰랐지만 나의 믿음은 명백하게 살아 있는 실재였다. 내 영혼에서 평생 동안 싹터온 나의 믿음은 참이었다. 나는 그것이 지난 시간 동안 하나님이 나와 자신을 연결하기 위해 선택하셨던 방법이라고 믿어왔다. 내가 느껴온 하나님과의 친밀함, 그리고 하나님과 연결되고 연합하고 또 하나님을 발견하고 하나님과 함께 살기 원하는 나의 바람에 기초한 믿음이었다.

나는 내가 하나님과 분리되었다고 느껴본 적이 없었다. 하나님에 대해 많이 알지 못했던 때에도, 나는 하나님이 거기 서서 나를 기다리고 계신다고 확신했다. 사실 그날 나를 하나님의 생명으로 이끈 것도 내 삶 속 하나님의 분명한 돌보심과 변함없는 임재였다. 나는 내 옆에 서 계시며 나를 버리지 않으실 하나님께 내 삶을 드렸다. 예수님이 십자가에 달려 돌아가시는 동안 그 옆에 머무르셨던 하나님은 또한 절대로 나를 떠나지 않으시리라 확신한다.

협곡 한쪽에 서 계신 하나님과 반대쪽에 선 내 모습은 잘 그려지지 않았다. 틈 자체도 이상했지만, 그 설명의 결정적인 모순은 어떻게 협곡이 하나님을 막아설 수 있는가에 있었다. 은유일 거라고 생각했지만, 소책자를 설명하는 사람들에게는 단순한 은유가 아니었다. 그들은 문자 그대로 설명했고, 그런 설명은 하나님에 대한 그들의 생각에 당연히 영향을 미쳤다. 나를 깊이 사랑하시지만 내게서 멀리 떨어진, 내가 기쁘시게 하기 어려운, 그리고 내 삶 속으로 들어오시게 하려면 내가 잘 달래야 하는 분이라고 그들은 하나님을 묘사했다. 정말 하나님과 나 사이에 입을 떡 벌린 협곡이 있다는 듯한 말투였고, 우리는 이미 정해져 있는 해결책을 따라야 할 뿐이었다. 우주를 창조하신 분을 이런 식으로 묘사하다니, 너무 이상한걸! 창조주가 협곡의 한 편에 갇혀 계시다니! 이것이 내 머릿속을 채운 생각이었다.

이런 그림이 모든 사람을 혼란스럽게 하지는 않으리라. 내가 나 자신의 이야기 없이 기독교의 이야기 속으로 들어왔었더라면, 또 내가 보았던 연극과 소책자의 그림이 너무 다르지 않았더라면, 나는 혼란스럽지 않았을지도 모르겠다. 하지만 무대 위의 이야기가 인간과 함께하시도록 그러니까 그 협곡을 건너오시도록 인간이 피의 제물로 달래야만 하는, 인간과 동떨어진 하나님에 대한 이야기였다면 과연 기독교가 내게 흥미로웠을까.

기독교 믿음에 대해 배워갈수록, 나는 협곡의 하나님이라는 신학이 지저스 피플 교회Jesus People Church가 무대 뒤에서 나누어주었던 일회성 전도지만이 아니라는 사실을 깨달았다. 그것은 내가 경험한 기독교의 공통 언어이자 상징의 일부였다. 내가 아는 기독교인들은, 하나님이 초월하시는, 인간의 범주 너머에 존재하시는, 또 이 세상과는 분리된 분이라 이야기한다. 그들은 왕 중의 왕이신 하나님과 같은 표현으로 하나님을 최고의 권위와 능력을 가진 분으로 높여드린다. 또한 그들은 하나님의 순결과 거룩 그리고 타자성에 대해 이야기한다.

내가 배운 하나님은 솔직히 내가 알고자 했던 하나님이 아니었다. 그 하나님은 완벽하시지만 나와는 동떨어진 분이셨다. 그 하나님은 인류를 사랑하시지만, 그 사랑은 조건적이었다. 기준에 걸맞은 사람들만을 위한 사랑이었다. 그 하나님은 인류 대부분과 맞서는 하나님이었다. 또한 그 하나님의 최대 관심은 자신이 다스리는 사람들의 복종이었다. 그리스 로마의 혼합 신의 모습이었던 것이다. 그때 나는 나 역시 세상 속 하나님이 아니라 저 하늘의 하나님에 대해 이야기하는 법을 배우고 있었다는 것을 알지 못했다. 나는 하나님을 누구도 움직이지 못하는 완벽한 운행자로 이해하기 시작했다. 내 주변의 사람들대로 나도 하나님을 나와는 전혀 다른 분으로 생각하려 애썼다.

다른 사람들을 가르치면서도 나는 이런 '저 위 그리고 저 바깥'의 하나님의 그림을 이해하기 위해 노력했다. 나는 이 하나님에 대한 나의 부족한 믿음이 협곡의 하나님에 대한 자신만만하고 더욱 완전한 이해로 대신 채워지기를 기다렸다. 하지만 하나님에 대한 이 '공식적' 설명을 더 배워갈수록 나는 관심을 잃어갔다. 기독교인이 되기 전에 알던 하나님이 그리웠다. 내가 밤중에 속삭이던, 나의 외로움을 덜어가시던, 또 내가 확신이 없어 길을 잃으려 할 때 나를 붙들어주시던 하나님이 그리웠다.

나만이 느끼는 마음이 아니라고 생각한다. 좀 더 정착된 기독교인들이 하나님에 대해 이야기할 때, 나는 그들 또한 저 위에서 우리를 내려다보시는 하나님에 대한 생각으로 초조해하는 모습을 본다. 위기의 순간이 올 때 동료 목사들이 가만히 "하나님은 어디에 계시는가?"라는 질문의 답을 찾는 모습, 그리고 나중에 하나님과 함께하는 저 하늘 위의 삶이 궁극적인 삶이라면 지금 이 땅에서 보내는 시간의 목적을 어디서 찾아야 할지 설교하기 위해 애쓰는 모습을 본다. 나이가 지긋해서 모든 것을 이해하는 줄로 생각했던 기독교인들이, 하나님께 이 세상에 오셔서 부서진 것들을 고쳐달라고 슬픔 가운데 기도하고 간청하는 모습은 또 어떤가. 실감하기 어려운 순간들이다. 그 사람들도 나처럼 단절을 느끼는 걸까? 그들도 하나님에 대한 '저 위 그리고 저 바깥'의 설명이 부족하다고 느끼는 걸까? 그렇다면, 우리 모두가 무언가를 놓치고 있다는 말이 아닌가?

물론 그렇다.

기독교가 얼마나 철저히 그리스화 되었는지 보여주는 가장 큰 실마리는 우리의 상상 속에 숨어 있다. 대부분의 기독교인들이 (적어도 서양의 기독교인들은 대부분) 하나님을 상상하라면, 왕좌에 앉아 왕관을 쓰고 홀을 든 수염이 덥수룩한 위엄 있는 백인 남성을 떠올린다. 하지만 그것은 성경이 그리는 모습이 아니다. 그런 모습은 그리스 로마 신화에서 나왔다. 우리가 그리는 전능하시고 거룩하신 왕, 그렇지만 우리와 거리가 있는 이 하나님은 우리 믿음의 이야기보다는 제우스와 다른 신들의 영향을 더 받았다는 말이다. 하지만 그리스에서 비단 하나님의 형상만을 빌려오지는 않았으리라.

1세기에 있었던, 움직이지 않고 우리와 거리를 둔 플라톤의 하나님 즉 그리스식 이해와, 친밀하고 또 우리의 삶에 상관하시는 유대의 하나님 사이의 관념의 충돌을 생각해보라. 시간을 두고 그리스식 관점이 승리했고, 유대인들이 이해했던 창조주이자 연인, 인도자, 구원자, 재판관, 대변자, 중재자로서의 하나님은 그리스식 이해로 대체되었다. 이런 관점들은 3세기와 4세기 사이에 믿음의 체계로 정리되었고, 이 체계는 과학과 천문학, 예술, 그리고 그 외 모든 것들에 영향을 미쳤다.

1600년대에 이르러 우주에 대한 여러 가정들은 틀을 잡았고, 그런 가정들은 하나님의 특성에 대한 가정으로 이어졌다. 그중 주된 가정은 우주의 모든 것은 정해져 있다는, 즉 고정되어 움직이지 않는다는 가정이었다. 모든 것에는 정형화된 틀이 있고, 새로운 가능성은 없었다. 아이작 뉴턴은 잘 알려진 '사실들'을 모아 우주의 정해진 법칙들은 과학뿐 아니라 신학에도 중요하다는 생각을 전개했다. 만일 우주가 잘 정립되고 고정되었다면 창조주도 자리 잡혀 있어야 했다. '창조주가 창조물을 그렇게 지으셨다'는 생각이었다. 신학과 과학은 '알려진 사실들'에 비추어 발전했다. 1646년에 쓰인 한 기독교 신앙고백서는 이렇게 설명한다.

제3장. 하나님의 영원한 작정

1. 하나님께서는 영원 전부터 장차 될 모든 일들을 작정하셨는데, 이는 그의 뜻대로 가장 지혜롭고 거룩한 계획대로 하신 것이며, 자유로이 또한 변동 없이 하신 것이다.

2. 하나님께서는 미래에 어떤 환경에서 어떤 일들이 일어날 것을 아신다. 그러나 그가 예지豫知하시는 그 지식을 따라 일들을 예정하신 것은 아니다.

3. 하나님께서 자기의 영광을 위하여 사람들과 천사들 가운데서 얼마는 영원한 생명을 얻도록 예정하셨고 또 달리 얼마는 영원한 사망에 이르도록 예정하셨다.

4. 이 천사들과 사람들에 대한 예정은 개별적으로 정확하게 또는 변동 없이 계획되었다. 그러므로 그들의 수는 확정되어 있어서 가감할 수 없다.[1]

사람들은 기독교인이 되기 위해, 또 하나님이 우리와 함께 사시며 함께 고통을 당하신다는 사실을 믿기 위해 애를 쓴다. 하지만 이 신앙고백은 그렇지 않다고 이야기한다. 하나님은 좋든 나쁘든 일어나는 모든 일을 계획하신다. 그러니까 모두가 하나님께서 하시는 일이라는 말이다.

오늘날 우리는 1600년대 결정론자들의 상상보다 우주가 더욱 아름답고 살아 있으며 또 서로 교류하는 장소라는 사실을 안다. 우주를 다스리는 고정된 법칙들보다, 지속적으로 움직이는 세계의 개연성과 가능성들에 대해 생각하는 편이 더 낫다. 가장 작은 입자들에서 확장하는 '다중우주'(multiverse, 이전에는 단일우주universe라고 불리던)까지 모든 발견을 통해, 결정론의 개념은 이제 생명을 잃었다.

다행한 일이다. 결정론으로는 전체 이야기를 전하기가 불가능하니 말이다. 당시에야 결정론이 최선이었더라도, 더 이상 현실감 없는 결정론의 개념을 우리의 종교적인 표현 속에 남겨둘 필요가 없다. 내 친구 카라와 같이 누군가 내게 "왜 하나님은 그 일을 막아주지 않으셨을까?" 하고 물어올 때 건넬 대답이 필요하기 때문이다.

카라의 질문은 머리에서 나온 질문이 아니라 가슴에서 나온 간청이었다. 나를 논쟁으로 끌어들이기 위한 '딱 걸렸어' 식의 미끼가 아니었다. 절망의 울음이었고, 나는 그녀의 고통을 덜어줄 대답을 건네고 싶었다.

카라는 성폭행 피해자이다. 모든 폭행은 사람의 마음을 겨냥한다. 하지만 다른 폭행과는 달리 유독 성폭행은 사람의 영혼을 산산이 부술 정도로 그 영향력이 거세다. 피해자는 평생 불안을 느낀다. 성은 사람인 우리에게 필수적인 부분이고, 그 성이 폭행당할 때 그 영향은 온 영혼과 모든 관계로 퍼져 나간다. 교활한 악이다. 나는 그 사실을 안다. 카라도 안다. 그리고 하나님도 아신다는 사실을 우리 둘 모두 안다.

카라는 수백 번도 넘게 이 질문을 했으리라. 설교를 듣고, 기독교 서적을 읽고, 또 하나님에 대한 대화를 나눌 때, 이 질문이 그녀를 떠나지 않고 괴롭혔으리라. 사실 이것은 너무 완곡한 표현이다. 내가 이야기를 나누어본 많은 성폭행 피해자들은 하나님께 너무나 분노한 나머지 하나님에 대해 생각하기도 꺼려할 뿐 아니라 하나님에 대해 이야기를 하거나 하나님을 '예배'하기 위해 교회에 나올 생각은 하지도 않으니 말이다. 어떤 피해자들은 자신의 정체성과 자신에게 그런 일이 일어난 이유에 대해 혼란스러워하고, 그 혼란은 그들의 삶에서 확신을 앗아가 버린다. 정도가 심한 이들은 더 잃을 것이 없다는 파괴적인 생각으로 넘어가기도 한다. 이런 의문들과 불안정의 뿌리는, '저 위 그리고 저 바깥'에 계시고 우리가 기쁘시게 할 수 없으며 결정론적인 하나님에 대한 불신이다.

폭행이나 중독, 혹은 여러 다른 종류의 고통을 극복하기 위해 싸우는 사람들과 이야기를 나눌 때마다, 나는 한 걸음 나아가기 위한 유일한 방법은 모든 것을 꺼내 놓고 하나님에 대해 이야기하는 새로운 시작점을 찾는 길이라는 사실을 깨닫는다. 지금까지 그들을 막다른 골목으로만 인도해온 하나님에 대한 똑같은 가정을 고집해서는 그들을 도울 수가 없다.

하나님에 대한 그리스식 이해를 고수하며 사람들을 상담하는 것이 얼마나 당혹스런 일인지 나는 오랫동안 생각해왔다. 나 자신은 그렇게 믿지 않았지만, 거룩하시고 완전하신 하나님이 내가 배운 공식적인 하나님이었고, 나는 목사로서 하나님에 대한 그런 이해를 고수해야 한다고 생각했다. 하지만 이제 나는 안다. 우리 믿음 전체의 이야기와 일치하는 하나님에 대해 이야기하기 위해서는, '저 위 그리고 저 바깥'에 계신 하나님이 아니라 이 곳 우리 세상 속에 충만히 거하시며 모든 것에 임재하시는 '이 아래 그리고 이 안'의 하나님에 대한 관점이 필요하다.

기독교의 기본 선언은 이러하다. 하나님은 우리와 함께 계시고, 우리 안에 계시며, 우리를 둘러 계신다. 히브리 이름 임마누

엘은 "하나님이 우리와 함께 계신다"는 뜻이 아닌가. 유대인들은 우리 안에 거하시는 임마누엘 하나님을 믿었다. 그들은 하나님을 친밀하신 분, 즉 충만히 임재하시고, 충만히 간섭하시고, 충만히 활동하시는 분으로 이해했다. 하지만 우리 대부분에게 이런 하나님은 12월 네댓 번의 주일만을 위한 모습이 되어버렸다. 〈곧 오소서 임마누엘〉이라는 찬송가를 부르며, 몇 년만 우리와 함께 사시기 위해 이 땅에 내려오셨던 오래 전의 하나님을 기억하는 동안에만 말이다. 우리는 예수님의 이야기에 너무나도 분명히 나타나는 소망과 연결 그리고 친밀함을 잃어버렸다.

내 친구 카라와 같은 사람들, 그러니까 '저 위 그리고 저 바깥'의 하나님으로는 충분하지 않은 사람들의 믿음은, 우리가 하나님의 이야기를 믿음의 선배들처럼 우리가 아는 진리에 비추어 신실하게 전하려는 의지에 달려 있다. 우리는 더 나은 이야기를 전하도록 부름받았다. '이 아래 그리고 이 안'의 하나님의 이야기를 전하도록 말이다.

10

이 아래 그리고
이 안에

내 회심은 새로운 삶 그리고 하나님과의
새로운 연결의 시작이었다.
하나님은 내 삶에 관여하시기 위해
내가 무언가를 하도록 기다리고 계시지 않았다.
하나님은 이전부터 내 삶에 관여하고 계셨다.

하나님은 우리의 삶에 직접 개입하신다

몇 달 전, 우리 교회의 스물한 살 난 훌륭한 자매에게서 받은 이메일이다.

안녕하세요!

저는 솔로몬 전각 교회Solomon's Porch에 다니는 대니입니다. 자메이카 스타일로 머리를 땋고 다니던 자매인데 기억하실지 모르겠어요. 늘 이메일을 보내고 싶었는데 기회를 못 찾았어요. 드리고 싶은 말씀이 있었거든요. 저는 성경이 말하는 하나님을 믿지 않아요. 지난 1년 반 동안 그랬어요. 하지만 솔로몬 전각 교회 모임이 좋아서 계속 교회에 나가고 있어요. 그런데 교회에서 제 역할이 뭘까, 계속 교회에 나가도 될까 하는 생각이 들었어요. 다른 사람들은 공통 관심과 생각을 가지고 모이지만, 저는 그런 것이 아니라 사람들과 모임 때문에 가는 거잖아요. 좀 이상하더라고요. 믿음이나 신앙이 같은 게 아니니까요. 하지만 미술 작품을 내고 일손을 거들고 싶은 저 같은 사람을 편하게 생각해주는 모임이 있는지 모르겠어요. 그냥 궁금했던 생각을 적어보았습니다.

평안과 사랑을 전하며

대니 드림.

나는 그녀의 말을 전적으로 이해했다. 그리고 그녀에 대해 좀 더 알고 나서는 그녀의 관점을 더욱 분명히 이해하게 되었다. 하나님을 믿고 싶지 않은 것이 아니었다. 그녀는 성경의 하나님을, 믿음의 필수라고 들은 이원론적이고 결정론적인 체계에서 분리하기 어려워 애를 먹고 있을 뿐이었다. 그녀에게 성경의 하나님과 그런 체계가 같은 존재가 되어버렸다는 말이다. 그녀는 약동하는 믿음, 그리고 모든 사람의 참여와 공동체와 창조력을 존중하는 믿음을 원했다. 하지만 그녀는 자신의 신학이 올바르지 않다면, 자신의 삶과 믿음이 고정된 하나님을 달랠 만한 방법을 따르지 않는다면, 기독교인이 될 수 없다고 배워왔다. 그 말은 그녀가 아는, 다른 배경을 가진 모든 사람들이 하나님과 함께 살 수 없다는 의미였으며, 그것은 그녀에게 가당치도 탐탁치도 않았다. 그녀는 이런 하나님을 성경의 하나님으로 설명했고, 나는 '그런 하나님은 나도 믿지 않아'라고 속으로 되뇌었다. 그녀의 말을 듣고 있자니 이전에 들었던 말이 생각났다. "순전한 무신론자는 없다. 믿어야 한다고 배운 하나님을 경멸하는 사람들이 있을 뿐이다.”

많은 기독교인들은 ‘저 위 그리고 저 바깥’의 하나님이 ‘이 아래 그리고 이 안’의 하나님보다 더 뛰어나고 더 거룩하다고 믿는다. 이런 확신은 대부분 언어의 한계에 바탕이 있다고 나는 믿는다. 사실 여러 면에서 언어는 신학적 문제들의 뿌리였다. 우리가 사용하는 말뿐 아니라 우리의 신념을 표현하는 전통과 가정들을 모두 포함해서 말이다. 우리가 예배드리고 성경을 읽고 또 노래하는 방식들은 모두 우리가 기독교인이 된다는 것의 의미가 무엇인지 보여준다. 우리의 언어는 우리가 다른 사람들과 대화하고 이야기를 전하고 또 서로 잘못을 바로잡도록 도움을 줄 뿐 아니라, 우리가 어떻게 생각해야 하는지도 보여준다는 말이다.

하나님에 대한 ‘저 위 그리고 저 바깥’이라는 이미지가 나타난 이유는, 하나님의 영광을 있는 그대로 그리고 진부하지 않게 표현할 적절한 말을 찾기가 어려웠기 때문일 거라고 나는 생각한다. 우리는 하나님을 위한 특별한 표현이 있어야 한다고 믿는다. ‘선’과 ‘긍휼’ 그리고 ‘은혜’를 뛰어넘는 표현이 반드시 필요하다고 믿는다. 그래서 그리스식 세계관을 붙들고 왕위와 주권 그리고 권력의 언어들을 사용하기 시작했던 것이다. 전능하시고_omnipotent_ 무소부재하시며_omnipresent_ 전지하신_omniscient_ 하나님을 위한 그리스어 *omnis* 같은 말을 단단히 움켜잡았다.

인간과 가까우시고 연합하시며 또 인간의 일에 관여하시는 분으로 하나님을 이야기하려는 것은 하나님에게서 신권을 빼앗고 하나님을 훌륭한 사람보다 조금 더 나은 존재로 바꾸어버리려는 시도라며 혀를 찬다. 게다가 통합이라는 표현은 인간을 영광스럽게 하고, 하나님의 훼손되지 않은 순결함과 반대로 맞물리는 우리의 더러움과 죄와 연약함을 무시하는 것이라고 우려한다. 하나님이 '저 위 그리고 저 바깥'에 계신 분이라는 표현을 대체하는 제안들에 기독교인들이 고개를 갸웃거리는 이유는 그 때문이리라.

신학대학원 시절, 나는 이런 불편함을 인지했다. 우리는 하나님에 대한 '이상한' 성경적인 이미지들에 대해 이야기를 나누는 중이었다. 새끼를 보호하는 독수리(신 32:11)나 유모(살전 2:7), 그리고 새끼를 모으는 암탉(마 23:37)으로 하나님을 비유한 구절들을 찾아가면서. 우리의 토론 주제는 '왜 성경 기자들이 이런 익숙한 언어를 사용해 지극히 높으신 하나님을 표현했는가'였다. 교수님은 성경 기자들은 사람이 아닌 것을 사람에 비기어 표현하는 의인화라는 기술을 사용했다고 설명했다. 마치 내 아버지가 골프공이 잘 맞으면 골프채에 입을 맞추며 "사랑스런 내 딸내미"라고 하듯 말이다.

하나님이 인간의 고통을 함께 느끼시거나 백성들의 삶에 친밀히 관여하시는 구절들은 하나님의 실제 본성과는 상관없는 시적 언어일 뿐이라고 우리는 배웠다. 우리 교수님의 설명으로는 하나님의 본성은 하나님의 특성을 나열한 목록, 즉 *omnis*에 요약되어 있으니, 성경 속 이야기들로 우리가 이미 아는 하나님에 대한 진리를 방해받아서는 안 된다는 것이었다. 그런 표현들은 하나님을 묘사하기 위해 사용된 문화적 제약을 받은 도구들일 뿐 하나님의 참된 본성의 표현은 아니라는 말이었다. '저 위 그리고 저 바깥'이 아니라 '이 아래 그리고 이 안'의 하나님이 문화적 제약을 받은 표현이라는 주장이었다.

이것은 신학대학원에서만 듣는 말이 아니다. 몇 주 전 아내와 나는 대학 친구들과 저녁 식사를 함께했고, 그중 하나인 줄리는 내게 어떤 책을 언급하면서 들어본 적이 있느냐고 물었다. 그 책 작가가 오프라 쇼에 나와서 '우리 안에 계신' 하나님에 대해 이야기한 모양이었다. 그녀는 말했다. "하나님이 우리와 가까이 계셨으면 나도 좋겠어. 그런데 우리 안에 계신 하나님이란 표현은 너무 심한 거 아니야? 하나님은 하나님이셔야 하잖아." 줄리는 그런 표현이 하나님의 신성을 무시하는 위험한 길로 향하는 첫걸음이라 생각했고, 따라서 그 걸음을 떼고 싶은 생각이 전혀 없었다.

기독교인이 된 이후 나는 끊임없이 이런 이야기를 들어왔다. "하나님은 여기에 계시고 우리가 다가갈 수 있으며 하나님이 우리와 함께하신다는 생각을 조심해. 하나님을 사소한 분으로 전락시키는 생각이니까." 하지만 그런 염려는 하나님에 대한 비극적 오해에 바탕을 두고 있다. 개인은 물론 특히 교회에 아무런 도움이 되지 않는 염려이다. 우리와 떨어져 멀리 계시는 하나님은 우리의 삶에 관여하시고 돌보시는 하나님보다 낫지 않다. 또한 부동의 하나님은 참여의 하나님보다 낫지 않다. '저 위 그리고 저 바깥'에 계시는 하나님은 '이 아래 그리고 이 안'에 계시는 하나님을 앞설 수 없다. 하나님이 창조에 참여하신다는 표현은 하나님을 사소한 분으로 만들지 않는다. 오히려 성경 속 하나님에 대한 사실대로의 이해이다.

우리 기독교 문화에 굉장히 깊이 침투해 있는 이 문제는 많은 사람들의 믿음을 망쳐왔다. 사실, 나는 하나님에 대한 이 오해가 기독교 전통에서 가장 해롭고 위험한 신학적 과실 중 하나였다고 생각한다.

나는, 인생의 위기를 맞은 후 자신과 멀리 떨어져 계신 하나님에 대한 자신의 깊은 믿음을 직면했던 기독교인들과 수많은 대화를 나누어보았다. 평생 동안 기독교인이었지만, 결혼이 실패하고 자녀가 죽고 인생이 뜻대로 풀려나가지 않을 때 그들은 믿음을 버렸다. 그들을 돌보시고 귀 기울이시며 지탱하시고 안아주시며 함께 우시고 언제나 그들과 함께 계시는 하나님의 그림을 전해 듣지 못했기 때문이었다.

우리 중 많은 사람들은 우리가 들어온 하나님과 우리가 찾고자 하는 하나님 사이, 그 중간 지점에서 산다. 내 친구 에이미는 첫아이를 낳고 나서, 먼 거리의 하나님에 대해 비슷한 경험을 했다. 그녀는 내게 말했다. "다른 친구에게 내가 엄마로서 느끼는 극심한 공포에 대해 이야기하고 있었어. 집 밖의 모든 위험들에 대한 그치지 않는 생각과 내가 이 아이를 보호해야 한다는 생각에 나는 너무 두려웠거든. 그런데 그 친구가 이렇게 말하는 거야. '네 아이를 하나님께 드려야 해. 네가 아이를 내려놓고 하나님을 신뢰할 때 너의 걱정은 모두 사라질 거야.' 나도 정말 그러고 싶었지. 그런데 나는 하나님을 전혀 신뢰하지 않고 있더라고! 매일 폭행과 유괴, 교통사고와 희귀병으로 죽어가는 아이들의 이야기만 들려오잖아. 나는 하나님이 전능하시고 또 어느 때든 누구에게든 자신이 원하는 대로 복수하시는 분이라 믿어왔거든. 그러니 모든 비극적인 일들은 하나님께서 하시는 일로 보일 뿐이었지. 하나님의 의도든 아니든 말이야. 이러니 어떻게 내 아이를 하나님께 맡기고 신뢰할 수 있겠어."

에이미는 이 대화를 통해 '저 위 그리고 저 바깥'에 계시며 또 자신이 도저히 기쁘시게 할 수 없는 하나님을 얼마나 굳게 붙들고 있었는지 깨달았다. 그녀는 말했다. "하나님은 전적인 주권자이시고 또 용서하는 분이시지만 잊지는 않는 분이라 믿어왔어. 그러니까 충분한 회개는 없다고 믿었지. 어느 날 하나님이 그간 잊지 않으셨던 죄를 계산하자며 벌로 내 아이와 같이 내가 사랑하는 무엇을 내게서 빼앗아가실 거라고 생각했어. 우스운 말인 거 알아. 하지만 그게 내 느낌인걸." 수년이 지나고도 에이미는 그녀를 완전히 사랑하시고, 그녀와 함께 사시며, 그녀는 물론 그녀의 참여를 귀하게 여기시는 하나님을 믿기 위해서 애쓰고 있다. 그녀는 고백한다. "물론 사실이 아니라는 걸 알아. 하지만 나를 쳐다보기조차 싫어하시는 그 강력하고 복수심 넘치는 하나님의 모습은 내 기독교 유산에 어찌나 깊이 박혀 있는지, 나는 여전히 만일 내 아이들에게 무슨 일이 생긴다면 그건 하나님이 내 죗값을 묻기 때문일 거라고 믿고 있어."

'저 위 그리고 저 바깥' 하나님의 힘에 부스러지는 것은 개인의 믿음뿐이 아니다. 그 악영향은 믿음의 모든 다른 부분들까지 관통하기 마련이다. 다른 표현들처럼, 협곡의 하나님이라는 표현 또한 죄와 인류, 용서와 은혜, 삶과 죽음에 대한 가정들의 모순을 드러낸다.

전도용 소책자 속 협곡은 죄, 곧 우리를 하나님에게서 떼어 놓는 죄를 설명하기 위한 그림이다. 하지만 협곡은 우리를 하나님에게서 떼어 놓는 죄뿐 아니라 하나님을 우리에게서 떼어놓는 죄를 가정하는데, 이런 가정은 사실이 아니다. 나는 죄의 능력이 하나님의 능력보다 강하다고 생각하지 않는다. 죄가 하나님을 방해할 수 없다는 말이다. 성경 속 하나님은 적극적으로 사람들의 삶에 관여하신다. 공의로운 자나 불의한 자, 선한 자나 악한 자, 성자와 죄인 모두의 삶에 개입하신다. 성경의 하나님은 적극적으로 치유와 용서 그리고 세상의 완성을 가져다주신다.

내가 '회개하지 않은 죄인'이었을 때도 하나님은 분명 나와 함께하셨다. 나의 죄는 내가 하나님과 충만히 함께 살지 못하도록 방해했지만, 그렇다고 하나님을 내게서 떼어 놓지는 못했다. 다른 기독교인이 그렇지 않다고 나를 설득하지 못하리라. 그도 나도 그것은 사실이 아님을 알고 있기 때문이다. 하지만 협곡의 하나님이라는 신학은 우리 중 많은 사람 속에 단단하게도 살아남아 있다.

협곡의 하나님이라는 신학에서 멀어진다면 우리가 죄를 무시하거나 죄에 대해 관대해지리라고 믿는 사람들이 있다. 그들은 하나님이 우리를 좋아하신다거나 우리와 함께 있고 싶어 하신다는 표현이 우리가 자기 죄를 깨닫지 못하게 방해할 거라고 걱정한다. 죄에 대해 나중에 더 자세히 이야기하겠지만, 여기서 잠시 언급할 가치가 있다고 생각한다. 나는 죄에 대한 거리적 표현보다 더 나은 표현이 있다고 본다. 분열이 죄에 대한 최선의 표현이라고 생각한다.

우리 모두는 틀어진 관계가 주는 느낌을 안다. 같은 집에 살고 같은 식탁에서 밥을 먹고 또 같은 유전자를 나누었지만 서로 갈등하고 혈육다운 모습이 없는 가족들을 우리는 안다. 또한 자신을 사랑하지 못하고 자신의 정체성과 인생의 항로에 대해 평안을 느끼지 못하는 사람들도 안다. 이것은 거리의 문제가 아니라 통합의 문제이다. 자기 자신과 그리고 다른 사람들과 느끼는 불화의 결과이다. 증오는 거리의 문제가 아니다.

기독교인이 되기 전에 나는 하나님이 나와 가까이 계시다고 확신했지만, 동시에 하나님과의 단절 또한 분명히 확신했다. 하나님과 함께하는 삶이 있는 것을 알았지만, 그 삶은 분명 나의 삶과는 달랐다. 나는 하나님의 수고를 방해하는 삶을 살고 있었다. 싸움은 있었지만, 거리는 아니었다. 사실 그 싸움의 원인은 하나님이 가까이 계시기 때문이 아니었던가. 하나님은 세상에 충만하셨고, 내 삶의 방식은 하나님의 선한 것들과 자꾸만 부딪혔다. 그리고 그럴 때마다 나는 그 선한 것들에 어찌 참여해야 할지 몰라 괴로운 마음이었다.

내 회심은 새로운 삶 그리고 하나님과의 새로운 연결의 시작이었다. 하나님은 내 삶에 관여하시기 위해 내가 무언가를 하도록 기다리고 계시지 않았다. 하나님은 이전부터 내 삶에 관여하고 계셨다. 그 단절의 끝은 내가 그 협곡의 다리를 건너기에 충분히 의롭다, 충분히 깨끗하다, 혹은 충분한 성도가 되었다고 느낄 때가 아니었다. 그 끝은 내가 하나님과 함께하는 삶이 어떠한지 이해하고 함께하자고 하시는 하나님의 초청을 이해한 순간이었다.

나는 그로 인해 하나님께 감사한다. 만일 우리가 그리스식 하나님을, 죄와 인간에 대한 그리스식 이해를 받아들인다면 우리에겐 끔찍한 결과들이 남게 된다. 거기에는 우리 중 많은 사람들이 따르고 있지만 서로 이야기를 나누지는 않는 내부 논리가 있다. 완전히 변화되고 나서야 우리가 하나님께 닿을 수 있다고 믿는다면 우리에게는 내세에 집중한 믿음만 남을 뿐이다.

여기서 작용하는 신학은 우리의 죄가 영원한 기록에서 삭제되었다는 신학이다. 그리스도의 죽음과 부활은 우리 죄를 멈추지는 않지만, 우리 죄가 우리에게 불리한 역할을 하도록 내버려 두지 않는다. 우리가 죽어 천국에 가는 이유는 우리 죄가 기록에서 지워졌기 때문이라는 말이다. 하지만 그때까지 우리는 표현이 어떻든 미완성에 불완전하며 흠이 있고 부서진 존재이다. 십자가가 다리가 되었지만 그 협곡의 틈이 완전히 메워진 것은 아니다.

우리를 향한 하나님의 계획이 우리를 천국으로 인도할 때까지 우리가 이 끔찍한 인생에 갇혀 지내는 것이라면, 하나님은 분명 매력적이지 않다. 구원의 약속에 대한 감사로 의로운 삶을 산다는 생각도 우리가 지금 이곳에서 기쁨의 삶을 누리도록 도와주지는 못한다. 우리의 무가치와 하나님과의 분리에 집중하는 것은 사실 생명의 반대를 조장하는 것이다. 하나님이 그 능력의 손으로 우리를 한 번에 쳐 멸하시지 않은 것만으로도 다행이며, 하나님이 우리를 어떻게든 사용해주시리라는 생각은 뻔뻔하기 그지없는 것이라는 믿음 말이다. 그것은 우리에게서 삶의 기쁨을 앗아가는 믿음 체계이다.

복음이 기쁨과 소망의 메시지가 아니라면 무엇일까? 우리의 신학이 우리에게서 기쁨과 소망을 앗아가고 있다면 무엇인가 크게 잘못되었다는 뜻이다. 2007년 4월, 버지니아 공과 대학Virginia Tech의 한 학생이 32명을 총으로 쏴 죽이고 자살했다. 총회를 마친 나는 비행기를 타고 집으로 돌아오는 중이었다. 오하이오 주의 농지를 날고 있을 즈음, 나는 총회에서 만났던 사람들과 교회를 더 나은 모습으로 변화시키고자 하는 그들의 꿈을 떠올렸다. 그리고 곧 사랑하는 사람들을 땅에 묻어야 하는 희생자 가족들과, 친구들과 교수님들을 잃고 큰 변화를 겪고 있을 젊은 학생들을 생각했다. 이런 생각의 바닥에는 비행기에 대한 공포가 깔려 있었다. 나는 비행기를 많이 타는데, 매번 6.5킬로미터의 상공에서 창문 밖을 내려다보며 나는 이런 생각을 한다. 이 비행기는 언제라도 추락할 수 있는 거잖아. 두려움과 절망 그리고 소망이 내 머릿속을 휘저을 때, 내 친구 벤이 지은 노래가 아이팟에서 흘러나왔다.

평화의 하나님, 소망의 하나님
늘 알고 있습니다.
우리는 혼자가 아닙니다.
하나님 나라가 가까이 있습니다.
신비를 살고 두려움을 물리칩니다.
우리는 혼자가 아닙니다.

우리는 교회에서 종종 이 노래를 부른다. 이 노래를 들을 때마다 거의 매번 내 눈에는 눈물이 차오른다. 믿음의 본질, 땅을 뚫고 피어날 씨앗들이 숨어 있는 황량한 대지에 임재하시는 하나님, 짧고도 흠 많은 인생이지만 결코 헛되지 않은 삶, 그리고 우리가 이 세상에서 하나님의 선을 전하는 대리인이 될 수 있다는 깊은 믿음을 호소하는 이 노래에. 이 노래는 비행기 사고에 대한 나의 두려움에도 호소하여 하나님의 살아 임재하시는 사랑이 건네는 평화에 그 두려움은 물러간다.

나는 두려움에 바탕을 둔 믿음을 좇고 싶지 않다. 나는 우리가 하나님께 합류하고, 하나님과 같이 되고, 또 예수님의 이야기를 사는 것이 훨씬 바람직하고 또 성경적이라고 생각한다. 기독교인이 된 순간부터 나는 "뜻이 하늘에서 이룬 것같이 땅에서도 이루어지이다"라고 고백하는 삶을 살고 싶었다. 나는 '임마누엘' 하나님이 가까이 계시다고 선언하는 이야기 한복판에 존재하고 싶었다.

11

신묘막측한 지으심

우리는 하나님의 사람들이고
하나님은 가능성과 잠재력과 선의 하나님이시니,
우리는 소망의 시대에 살고 있는 셈이다.
우리가 우리 자신과 우리를 자신의 협력자로 살도록
창조하신 하나님과의 내재된 연결을 포기한다면,
우리는 하나님을 포기하는 것이다.

우리는 하나님 앞에
실망스러운 존재인가

학교 버스에서는 엄청난 일들이 일어났다. 나는 중학생이 되었는데, 그것은 새로운 학교를 가야 한다는 의미였다. 고등학교 1학년 형들과 함께 고문이나 다름없는 노란 학교 버스를 타야 한다는 의미이기도 했다. 학교 버스에 얽힌 은근한 규칙들을 모두 알진 못해도, 버스 뒷자리를 차지해서는 안 된다는 사실 정도는 나도 알고 있었다. 그 자리는 고등학교 1학년 형들의 자리였다. 또한 맨 앞자리도 안 된다. 버스 운전사와 이야기를 나누거나 서로 밴드의 정보를 교류하는 꼬맹이들의 자리이니 말이다.

등교 첫날, 나는 잔뜩 겁을 먹었다. 큰 체구의 단점 중 하나는, 다른 아이들이 나는 체구가 커서 큰 형들과 어울릴 수 있을 거라 생각하는 것이다. 중학교 1학년 당시, 내 키는 182센티미터, 몸무게는 72킬로그램이었다. 짐짓 태연한 척을 했지만 속으로는 나는 고등학교 1학년 형들의 상대가 되지 않으리라는 사실을 잘 알고 있었다. 나는 '연인석' 앞으로 자리를 잡아 앉았다. 바퀴 위에 자리한 2인용 좌석을 아이들은 연인석이라 불렀고, 그 자리에 앉으면 함께 앉는 아이와 "연애한다"고 놀림을 받았다. 하지만 그건 초등학교 버스에서나 일어나는 일이었다. 아이들이 아직 순수할 때, 그러니까 가장 큰 악이라고 해봐야 인형을 버스 뒤에 매달아 동네 강아지들이 그 인형을 좇아 내달리도록 장난하던 때 말이다.

중학교의 버스는 잔혹했다.

그 버스의 뒷자리는 케인 일당의 소유였다. 거친 아이들이었다. 그해 여름, 나는 그중 하나인 데이비 케인이 자전거에서 거꾸로 떨어지는 모습을 목격했다. 자갈로 마감이 된 지 얼마 되지 않은 길이었다. 자갈이 얼굴에 박혔지만, 그 아이는 울지 않았다. 오히려 그 얼굴을 본 내가 울음을 터뜨릴 뻔했다. 그 장면을 생각하니 이 글을 쓰는 지금도 소름이 돋는다! 얼마나 억센 아이인지.

하지만 데이비는 심술궂지는 않았다. 심술궂은 아이는 케빈이었다.

학교 버스에서 케빈의 심술이 발동하지까지는 세 정류장이면 충분했다. 버스의 문이 열리고 케빈은 말했다. "자, 준비." 나는 케빈이 무슨 말을 하는지 살피려 두리번거렸다. 한 여자아이가 버스를 탔다. 이제 시작이었다.

"디디 도르프, 꼬락서니 좀 봐라! 꼬락서니 좀 봐라! 꼬락서니 좀 봐라!"

평범해보이는 그 여자아이는 버스 통로로 들어서서는 바닥만 바라보았다. 어깨는 움츠러들었고, 마치 그대로 사그라지면 아이들의 놀림이 멈출까 생각하는 듯했다. 그 아이는 두 번째 줄 의자에 꺼지듯 주저앉았고, 뒷자리 남자 아이들의 놀림은 이어졌다. 실제로 놀림은 채 1분도 되지 않았지만 영원처럼 느껴졌다.

내가 모르는 아이였다. 그런 잔혹한 대우를 왜 받고 있는지도 모를 일이었다. 그런데 겉으로 보기에 그 아이의 인생은 좀 힘들어보였다. 그 아이는 종종 헝클어진 머리로, 또 한 번은 잠옷 바람으로 버스에 올랐다. 늦잠을 잔 모양인데, 함께 사는 사람이 그 아이의 부모든 아니든 그대로 버스에 태운 모양이었다. 그럴 때면 내 부모님께 얼마나 감사하던지. 도르프가 그 아이의 원래 이름인지, 아니면 놀리려고 아이들이 붙인 별명인지 나는 몰랐다. 하지만 그건 중요하지 않았다. 그 가시 돋친 말은 그녀를 향했고, 그것을 멈추기 위해 그 아이가 할 수 있는 것은 없었다.

첫 주 내내 그 놀림은 반복되었다. 그리고 하루하루 더 많은 아이들이 그 놀림에 동참했다. 남자 아이든, 여자 아이든, 큰 아이든, 작은 아이든. 나는 그들 중 하나는 아니었지만, 그렇다고 내가 자랑스럽다는 말은 아니다. 케빈이 볼까 두려워 자리에 깊숙이 앉아 있던 나는 분명 용감하지 않았다. 군중에 동참하지 않는 것만으로는 충분하지 않았다. 디디에겐 그 폭력에서 자신을 보호해줄 누군가가 필요했다. 하지만 이제 만으로 열두 살이던 내게는 나 자신을 폭력자와 피해자 사이로 던져 넣을 용기가 없었다.

마침내 금요일, 버스에 탄 아이들 모두가 그 언어 폭력의 합창에 동참하려는 찰나, 버스 운전사는 버스를 세우고 자리에서 일어나 주위를 둘러보며 아이들을 꾸짖었다. "그만하지 못하겠니? 왜 이 아이를 그렇게 못살게 구는 거니?"

여느 때처럼 건방지고 무례한 태도로 케빈은 버스 운전사의 말을 받아쳤다. "그럴 만하니까 그러죠."

운전사는 디디를 향하더니 허리를 굽혀 무어라 이야기를 했다. 나는 그가 디디에게 저 아이들의 말은 틀리다고 말해주었기를 바란다. 디디는 존귀하고 중요한 사람이라고, 아름답고 멋지다고, 또 디디에겐 세상을 변화시킬 잠재력이 있다고. 디디는 하나님의 형상대로 창조되었기 때문이다. 나는 운전사가 그런 진리로 디디를 보호해주었다고 믿고 싶다.

케빈이 한 주 동안 버스에 오르지 않은 것을 보면, 운전사는 그보다 많은 일을 한 것이 분명했다. 케빈이 다시 버스로 돌아왔을 때, 더 이상 디디를 놀리지 않았다. 디디 도르프가 어떻게 되었는지 나는 잘 모르지만, 케빈의 조롱을 이겨 낼 만한 큰 사랑을 경험했기를 소망한다. 케빈도 작은 여자아이에게 자신이 남긴 상처를 용서할 만한 큰 사랑을 경험했기를 또한 바란다.

굳이 설명을 덧붙일 필요가 없는 이야기이다. 이 이야기를 듣고 우리는 왜 케빈은 그런 잘못을 저질렀을까 궁금해하지 않는다. 디디의 꼬락서니가 정말 그 정도였는지 묻는 사람도 없다. 디디가 정말 그랬다고 믿지 않을 뿐더러, 디디가 그런 대우를 받아야 한다고 생각하지도 않는다. 우리는 기독교인으로서 디디가 성경의 표현대로 "지으심이 신묘막측한" 하나님의 귀한 자녀라는 사실을 믿는다. 하지만 인간에 대한 종교적인 이해가 없는 사람이라도 이런 이야기를 들으면 흥분하기 마련이다. 다른 인간을 잔인하게 대우하는 것이 틀리다는 사실을 알기 위해 꼭 하나님을 믿어야 할 필요는 없기 때문이다. 우리는 직관적으로 모든 인간 속에는 보호하고 보전해야 할 선善이 있다고 믿는다. 인간에 대한 기독교의 오래된 이해인 이마고 데이*imago dei*는 라틴어로 '하나님의 형상'을 뜻한다. 또한 어떤 기독교 전통에서는 인간을 통해 우리가 하나님을 보고 또 하나님과 연결된다고 말하기도 했다.

하지만 기독교의 한 특정 설명은 우리에게 인간에 대한 다른 이야기를 들려준다. 나는 기독교인이 된 후, 나 자신이 그리 신묘막측하지 않다는 것을, 아니 한 번도 그런 모습이지 않았다는 사실을 발견했다. 사실 나라는 사람은 실망스러운 존재에 불과했다. 하나님이 나를 창조하셨지만, 나는 어찌나 흠이 많은 사람인지 하나님께는 나의 모든 더러운 죄와 실패만 보일 뿐이었다. 나 자신의 힘으로 그 궁지에서 벗어나기는 불가능했다. 태어나는 순간부터 인간 상태의 일부로 내게 전해진 이 문제는 마치 DNA처럼 내 안에 깊이 배어 있는 까닭이었다.

하지만 나만 홀로 죄인의 상태에 서 있는 것은 아니니 그나마 다행이었다. 모든 인류가 나와 함께 그 상태, 그 꼬락서니로 서 있었다. 예수님이 하나님과 나 사이의 틈을 메워주셨다고는 하지만 그렇다고 내 존재의 본질적 부패를 변화시키신 것은 아니었다. 천국에 갈 때까지, 나는 내가 깨어지고 악한 존재라는 사실을 인정해야 했다. 많은 사람들이 이런 메시지를 전하지만, 이 메시지는 내가 성경 속에서 읽은 하나님의 모습과는 달랐다. 세상을 사랑하시고, 인간을 모든 창조의 마지막 성취로 지으신, 또한 바로 이 사람들을 사랑하시고 또 이들에게서 사랑받기를 바라시는 하나님의 모습과는 분명 달랐다.

성경의 이야기는 우리에게 서로 교류하며 하나님의 사랑을 실천하라고 격려한다. 사람은 선하고 친절하며 또 창조적이라고 우리에게 상기시키기도 한다. 우리가 서로 보호하고 돌보며 긍휼을 베풀도록 또한 우리를 감동시킨다. 그리고 우리는 하나님과 함께 손을 잡고 세상의 구원과 회복에 참여하도록 창조되었다고 이야기해준다.

하지만 다른 창조의 이야기가 그 성경의 이야기를 덮어 씌웠다. 다른 사람들이 '타락'이라 부르는 그 이야기를 나는 "'매우 좋은'에서 '매우매우 나쁜'으로"라고 부른다.

하나님이 땅과 그 안의 모든 것을 창조하셨다. 그 창조는 보시기에 매우 좋았다.

시간이 지났고 그 창조는 여전히 보시기에 좋았다.

하나님은 인간을 창조하셨고 그 창조는 보시기에 매우 좋았다.

문제는 그 상태가 오래 지속되지 못했다는 사실이다. 창조 후 오래지 않아 아담과 하와는 하나님께 불순종했고 먹어서는 안 될 과실을 먹었다. 그 죄에는 심각한 결과가 따랐다. 단순한 불순종이 아니었다. 그 죄는 매우 좋았던 상태를 완전히 바꾸어 아담과 하와를 타락 상태로 던져 넣었다. 그리고 그 타락 상태는 인간의 본질을 바꾸었다. 원래의 상태는 없어지고 대신 원죄와 인류의 타락만이 남았을 뿐이다. 그리고 그 이후 그런 상태는 유전적인 질병처럼 부모에게서 자녀에게로 전해졌다.

기독교인이라면 누구나 타락에 관한 이런 종류의 설명을 들어 보았으리라. 표현상의 차이야 있겠지만, 인간은 원래부터 부패하고 깨어진 존재이며 따라서 우리가 이 문제를 해결하기까지 하나님은 우리와 관계를 맺지 못하신다는 기본적인 개념은 동일하다.

내가 논리의 전개를 위해 과장하고 있다고 생각할지 모르겠지만, 나는 진상을 정확히 이해하고 있다. 다양한 기독교 교파들이 세대를 거쳐 주장해온 공식적인 설명은 인간이 삶을 죄인으로서 아니 단순히 못된 죄인 정도가 아니라 하나님의 적대자로서 시작한다고 이야기한다. 1640년대 스코틀랜드 교회는 사람들에게 교회 교리를 가르치고자 인류에 대한 관점을 설명하기로 했다.

그 결과물이 바로 웨스트민스터 신앙고백이다. 이 신앙고백의 설명을 살펴보자.

제6장. 인간의 타락, 범죄, 형벌

1. 인류의 시조 아담과 하와는 사탄의 간계와 유혹을 받아 금지된 실과를 먹음으로써 범죄하였다. 하나님께서는 그의 지혜로우시고 거룩하신 뜻을 따라 자기의 영광을 위하여 다스리실 목적으로 그들의 이같은 범죄를 허용하셨다. 이렇게 경륜하심이 그의 기쁘신 뜻이었다.

2. 이 범죄로 말미암아 그들은 본래 가졌던 의를 잃었고, 하나님과의 교제도 끊어졌다. 그리하여 그들은 사망에 이르게 되었고, 그들의 영혼과 육신의 모든 부분과 모든 기능이 전부 더러워졌다.

3. 그들은 인류의 뿌리인 고로 그들의 모든 후손들에게 그 첫 범죄의 죄책이 전가되었고, 죄로 인한 그 동일한 죽음과 부패된 성품이 대대로 유전되어 내려온다. 그렇게 되는 것은, 그 후손들이 그들에게서 생육법으로 출생되었기 때문이다.

4. 인류가 선善에 대하여는 전적으로 배격하며 무능해졌고, 악에 대하여는 전적으로 기울어지게 되었다. 이것이 원래의 부패성이다. 여기서 각자의 모든 자범죄自犯罪들이 나온다.

5. 중생한 신자들이 이 세상에서 사는 동안 본래의 부패성이 그들에게 남아 있다. 그것은 그리스도로 말미암아 용서되고 또 소멸되어 가지만, 그 부패성 자체와 거기서 나오는 행위들은 모두 틀림없는 죄악이다.[1]

인간이 된다는 것은 얼마나 가여운 운명인가. 우리가 이런 극단의 신학을 넘어섰다고 믿고 싶겠지만, 사실 이런 설명은 많은 교회들을 아직도 굳게 붙들고 있고, 교회들은 여전히 이런 교리문답을 가르치고 있다.

장로교인들을 괴롭히려는 의도가 아니다. 이 주제에 대하여 루터교회는 다음과 같이 설명한다. 1530년으로 거슬러 가보자.

아담의 타락 이후 모든 사람은 필연적으로 죄 가운데 잉태되고 또 태어난다. 따라서 어미의 태중에서부터 모든 사람은 악한 정욕과 기질이 가득하고, 또한 본질상 하나님을 진실로 경외하는 마음과 하나님에 대한 참된 믿음을 갖지 못한다. 이 타고난 질병과 유전적 죄는 참된 죄이며, 이 죄는 세례와 성령으로 거듭나지 않은 모든 사람에게 하나님의 영원한 진노를 선언한다.[2]

1801년 영국 국교회와 감독교회는 이렇게 설명하기로 결정했다.

아담의 후손들에게 원죄는 남아 있지 않지만, 결함과 타락은 아담에게서 난 모든 사람의 본성이다. 사람은 원래의 의에서 멀리 떨어진, 본질상 악으로 기울어진 존재이며, 따라서 육체는 언제나 성령의 반대를 갈망한다. 따라서 이 세상에 태어난 모든 사람에게는 하나님의 진노와 저주가 마땅하다. 그리고 이 자연적 감염은 회심한 사람들에게도 남아 있다. 육체의 정욕은 하나님의 법의 대상이 아니기 때문이다. 믿고 세례를 받은 자들에게는 정죄함이 없지만, 사도들도 탐욕과 정욕 자체는 죄의 본질을 가진다고 고백한다.[3]

아버지 빌리 그레이엄Billy Graham의 사역을 물려받은 프랭클린 그레이엄Franklin Graham은 아버지와는 사뭇 다르다. 2006년 〈USA 투데이USA Today〉라는 신문은 그의 말을 이렇게 인용했다. "사람의 마음은 어디서든 똑같다. 악하다. 부정하다. 사람의 영혼은 탐욕과 정욕 그리고 자만이라는 악취 나는 묵은 상처이다."[4]

주일학교 교실에서 이런 신앙고백과 진술을 암송하는 것은 사람은 선한 것이 없이 태어난다는 '내재된 부패'라는 신학대로 살아가는 것과는 다른 문제이다. 우리는, 인류는 악하고 타락했으며 우리는 그런 모습으로 이 세상에 태어났다는 사실을 믿는다고 말할 수 있다. 하지만 나는 이런 고백이 기독교의 이야기와 어울린다거나 우리 중 많은 이들이 이런 고백을 실제로 믿는다고는 생각하지 않는다. 산부인과 병동 복도에 들어서면서 "오, 이런 더럽고 부패한 작은 죄인들을 보았나. 하나님과 분리되어 오직 할 수 있는 것은 범죄뿐이로구나!"라고 말하는 사람을 나는 본 적이 없다. 오히려 자연스레 나오는 말은 "너무나도 기이하고 아름다운 기적이야"이다. 창조의 이야기에서 표현을 빌리자면 "보기에 좋았더라"이다. 새 생명은 내재된 부패라는 개념과 잘 어울리지 않는 듯하다.

그 둘이 어울리지 않는 것은 다행한 일이다. 우리가 실제로 부패의 신학을 따라 산다면 우리 사회는 매우 달라지리라. 모든 사람이 부패한 존재로 태어나 죽음의 순간에 죄에서 해방되기까지 죄인으로 살아야 한다는 논리로는 불임을 하나님의 친절의 증거라고 주장할 수 있다. 죄의 벌을 받아야 할 아이가 하나라도 덜 태어나니 말이다. 자매나 형제, 자녀나 부모가 더 이상 죄에 갇혀 있지 않아도 되니 사랑하는 사람의 죽음도 축복이다. 자녀의 탄생은 슬픔과 비통의 이유가 될 것이다. 또 다른 죄인이 태어나기 때문이다. 그 아이는 이미 어두운 세상에 더 문제를 가져올 뿐이지 않은가. 또한 디디 도르프의 꼬락서니가 정말 놀림받을 만했다는 말이기도 하다.

인간 상태에 대하여 내가 배운 내용과 내가 사실이라 믿는 내용과의 괴리는, 부패의 신학이 5세기부터 내려온, 즉 그리스 사상과 기독교의 혼합물을 창조하기 위한 교회의 또 다른 노력 때문이라는 사실을 깨달았을 때 비로소 이해되었다. 아우구스티누스와 같은 신학자들은 기독교와 더 넓은 문화 속에서 일어나는 계속적인 변화에 반응하고 있었다. 죄와 구원에 대한 특정한 설명을 요구하던 환경 속에서 그들의 사상이 태어났다는 말이다.

그때 기독교는 더 이상 몇 개의 어촌 마을에만 머무는 주변 종교가 아니었다. 콘스탄티누스 이래 기독교는 로마제국의 주류 종교였다. 따라서 교회의 존재에 대해 저항할 수 없는 이유들을 마련하고자 기독교를 체계적으로 정리하려 했다. 여전히 살아 싹트고 있는 믿음을 효과적이고 효율적인 포장에 맞추어 넣기는 당연히 쉬운 일이 아니었다. 아우구스티누스와 이레나이우스 Irenaeus, 그리고 크리소스톰Chrysostom과 같은 사람들은 기독교를 이해할 수 있고 또 접근할 수 있는 대상으로 만들기 위해 조직적인 길잡이를 만들려 최선을 다했다.

내재된 부패라는 교리는 국교에 대한 참여가 필수임을 설명하려던 아우구스티누스의 노력의 일환이었다. 교회는 공인되었고, 사람들은 시민권의 일부로 교회에 참여할 수 있었다. 누구보다 깊이 믿음에 헌신했던 사람들은 교회가 중요하다는 사실을, 즉 교회에 대한 참여는 시민의 의무보다 더 중요하다는 사실을 다른 사람들에게 알리기 원했다. 그런 설명은 아래와 같다.

모든 사람에게는 교회만이 채워 줄 수 있는 필요가 있다.

사람들은 부패라는 문제를 가지고 태어난다.

그 문제는 오직 하나님만이 고치실 수 있다.

문제는 사람들은 원래 악하기 때문에 하나님께 다가가지 못한다는 사실이었다. 따라서 중재가 필요했다. 유일한 해결책은 원죄의 유전이라는 문제를 해결하신 예수님이셨다. 그리고 예수님께 나아가는 유일한 길은 세례를 집행하는 교회였다. 사람을 부패의 결과에서 자유롭게 하는 은혜의 방편이 세례였다. 이런 개넘은 루터교의 신앙고백에까지 이어진다. "이 타고난 질병과 유전적 죄는 참으로 죄이며, 이 죄는 세례와 성령으로 거듭나지 않은 모든 사람에게 하나님의 영원한 진노를 선언한다."

이런 문제는 특히 어린이들의 영적 상태와 관련해 중요했다. 아우구스티누스는 성관계를 통해 죄가 옮아간다고 믿었다. 그 말은 하나님이 사랑하시는 갓난아이들이라도 잉태의 순간부터 저주의 상태에 놓인다는 뜻이었다. 그들에게는 세례를 통한 하나님의 은혜가 필요했고, 세례의 집행은 오직 교회의 권한이었다. 유아 사망률이 높았던 시절, 이런 가르침은 매우 유용했다.

물론 이런 교리들은 아우구스티누스와 동료들이 임의로 만들어낸 것은 아니다. 부패라는 아우구스티누스의 교리는 성경의 어떤 부분에 대한 언어적이고 문화적인 해석이었다는 말이다. 당시의 성경은 히브리어와 그리스어에서 라틴어로 번역되어 있었다. 특히 아우구스티누스가 기초로 한 성경의 본문들은 다음과 같다. 시편 51편 5절, 에스겔 18장 4절, 요한복음 8장 44절, 로마서 2장 5절과 12절, 로마서 8장 20-23절, 고린도전서 15장 22절, 갈라디아서 1장 3-5절, 갈라디아서 4장 8-9절, 골로새서 1장 13절, 히브리서 9장 27절, 그리고 요한일서 5장 19절이다.

나는 아우구스티누스가 사람들에게 강제로 믿음을 심어주려 했다고 생각하지 않는다. 이 교리를 다듬던 아우구스티누스는 믿음으로 충만한 의도를 품었으리라 생각한다. 하지만 인간에 대한 그의 관점의 시작점은 이중성과 하나님으로부터의 분리라는 문화적 가정에 있었다. 그는 이런 딜레마에 기독교의 대답을 제공하려 노력했다. 나를 포함하여 통합의 신학을 주장하는 이들과 같이 아우구스티누스 또한 문화적인 렌즈를 통해 성경을 해석했고, 그 해석은 하나님과 죄 그리고 인간에 대한 특정한 결론으로 그를 인도했다.

이 문제를 설명한 사람들이 해결책을 쥐고 있었다는 사실은 결코 우연이 아니다. 판매의 제1 법칙이 당신만이 볼 수 있는 문제를 창조하고 그 후에 당신만이 제공할 수 있는 해결책을 제시하라는 것이듯 말이다.

그런 관점은 문화적으로 특정한 신학이 된다. 우리는 신학이 믿음의 다양한 면들에 대한 정황적 설명이라는 사실을 기억해야 한다. 그런 설명이 진리 혹은 공통의 이야기로 남아서는 안 된다. 그런 설명들은 우리가 하나님의 이야기에 적합한 가정과 경험을 하도록 돕는 역할을 할 뿐이다. 이야기 자체가 아니라, 그 이야기에 주어진 장소와 시간의 설명일 뿐이다.

신학은 원래 제한적이며 치우쳐 있다. 다행스런 일이다. 훌륭한 신학은 우리가 이해하기 어려운 내용들을 이해하도록 돕는다. 하지만 이치에 맞지 않는 내용들은 시대와 장소에 맞추어 변하기 마련이다. 그리스 로마 세계는 인간의 연약과 한계에 대한 가정을 인간이 하나님의 형상대로 지음받았다는 이야기와 맞물려 이해하지 못해 큰 어려움을 겪었다. 따라서 하나님이 의도하셨던 것보다 못한 존재로 인간을 이해한 사람들에게 부패의 신학은 유용했다. 부패의 신학은 사람들을 구원하는 교회의 역할에 대한 중요한 물음에 대답했고, 그런 대답은 회심이 시민의 의무가 된 세계에서는 큰 이득이었다. 하지만 인간에 대한 이런 관점의 이론적 근거는 이제 소멸했고, 따라서 그 근거에 기반을 두고 자란 신학 또한 소멸해야 한다.

더 나은 이야기가 있다. 우리는 매일 그 더 나은 이야기를 듣지만, 하나님의 대언자들에게서 듣는 것은 아니다. 어느 일요일 아침, 나는 〈언론과의 만남Meet The Press〉이라는 프로그램을 시청하는 중이었다. GE 헬스케어의 광고가 이어졌다. 그 광고는 한 갓난아기의 얼굴을 클로즈업한 화면으로 시작했다. 어느 나라 아이인지는 분명하지 않았지만 여느 아기들과 같은 모습이었다. 너무도 귀여웠다. "지구에 오신 것을 환영합니다. 살맛나는 시대입니다"라는 내레이션이 나오더니 이어 물로 달리는 자동차 같은, 그 갓난아기가 살아가는 동안 일어날 수 있는 일들을 언급하기 시작했다. 희망의 가능성을 담은 메시지를 전하는 그 광고 화면은 조금씩 멀어지더니, 그 아기를 업은 엄마와 아빠 등에 업힌 다른 아이에게로 옮겨갔다. 서로 마주보고 있던 두 아기는 손을 들더니 서로 손바닥을 마주쳤다. 내레이션은 이렇게 끝을 맺었다. "어느 때보다 살맛나는 시대입니다. 지구에 오신 것을 환영합니다."

같은 날 아침, 교회가 전하고 있을 메시지와 그 광고의 내용이 얼마나 다를지 생각하니 아찔했다. 집에서 텔레비전 채널을 돌리던 누군가는 "멋진 세상입니다. 당신이 이 세상에 함께 산다니 정말 기쁩니다"라는 메시지를 듣는다. 그런데 주일학교 교실과 교회 예배당에서는 어떤 일이 일어나는가? 그곳에 있는 사람들은 세상은 큰 문제 속에 빠져 있다, 이보다 더 나빠질 수 없을 만큼 이미 나쁜 세상인데 상태는 더욱 악화될 뿐이라는 메시지를 듣고 있지 않은가? 그들은 죄인이라고, 그리고 이 비참한 세상에 비참함을 더할 뿐이라고 듣고 있지 않은가? 누군가 그들에게 세상 어두움의 근원이 궁금하다면 거울을 들여다보라고 이야기하고 있지 않은가?

우리가 하나님의 형상대로, 또한 하나님의 동료이자 협력자로 창조되었다고 우리에게 알려주는 더 나은 이야기를 전해야 하는 이유이다. 지금은 정말 살맛나는 시대일 수 있다. 새로운 건강관리 프로그램 덕이 아니라, 당신과 나, 우리가 이곳에서 하나님과 함께 세상에 참여하고 있기 때문이다. 우리는 하나님의 사람들이고 하나님은 가능성과 잠재력과 선의 하나님이시니, 우리는 소망의 시대에 살고 있는 셈이다. 우리가 우리 자신과 우리를 자신의 협력자로 살도록 창조하신 하나님과의 내재된 연결을 포기한다면, 우리는 하나님을 포기하는 것이다. 나는 우리가 하나님의 형상대로 창조되었다는 의미를 결코 놓치지 않기를 바란다.

중학교 1학년 때, 나는 버스 뒷자리 깡패들에게 어떻게 맞서야 할지 알지 못했다. 하지만 기독교 속으로 깊이 들어갈수록, 나는 그 버스의 운전자가 되고 싶어진다. 누군가가 나와 내 아이들, 그리고 내 친구들에게 꼬락서니를 운운하며 그들이 뼛속까지 악한 존재라 말하는 것을 가만히 앉아 지켜볼 수 없다. 나는 그 그릇된 메시지가 예수 그리스도의 복음을 가리도록 내버려둘 수 없다. 폭력적인 비난을 퍼붓는 가해자와 피해자 사이에 발을 들여놓아야 한다. 그리고 진리를 속삭여야 한다.

12

언제나
그랬듯이

성경 전체는 인간의 아름다움과
하나님의 지속적인 간섭을 증언한다.
아담과 하와 이야기에서 계시록에 이르기까지,
하나님은 인간을 사랑하시며 또한 인간과 함께하신다.
이 사실이 내게는 위로가 되었다.

우리는 사랑하고
사랑받기 위해 창조되었다

온갖 사람들로 가득한 커피숍에 앉아 나는 글을 쓰고 있다. 그중에는 갓난아이를 데리고 나온 엄마도 보인다. 몇 분 전, 세 살배기 남자아이가 엄마와 함께 커피숍으로 들어왔다. 그 아이의 관심은 온통 갓난아이에게로 쏠려서 갓난아이가 누워 있는 소파로 다가가 몰래 그 아기를 만지려 했다. 재빨리 따라간 아이의 엄마가 이야기했다. "아기 엄마에게 여쭤봐야지. 아기를 만져도 괜찮은지." 엄마는 계속 저지했지만 아이는 엄마의 말에 귀를 기울이지 않았다.

갓난아이의 엄마가 말했다. "그래, 괜찮아." 마침내 아이의 작은 손이 목표물에 닿았다. 그 아이는 부드럽게 아기의 곱고 부드러운 머리를 쓰다듬었다. 그 아이는 기뻐 어쩔 줄 몰라 했다. 킥킥 웃음을 터뜨렸고, 감동으로 몸을 떨었다.

그 아이는 갓난아이에게서 생명의 진수를 보았다. 아이의 홍

미를 끈 것은 부드러움이 아니었다. 그들이 앉은 우단 소파도 부드럽지 않은가. 하지만 그 아이가 원한 것은 아기였다. 말도 잘하지 못하고 엄마 말도 잘 이해하지 못하는 그 작은 남자아이도 갓난아이가 존귀한 존재라는 사실을 알았다. 갓난아이는 하나님의 생명으로 가득한 신기한 존재였다.

그 작은 남자아이는 자신이 만지고 있는 갓난아이가 자신과는 다른, 분리된 존재라는 사실을 아직 알지 못한다. 그가 아는 것은 자신과 그 갓난아이가 서로 닿아야 하고, 서로 가까이 있어야 하고, 연결되어야 한다는 사실 뿐이다. 그 아이 속에 내재된 이런 이해와 또 갓난아이와 관계를 맺고 싶어 하는 그의 욕구는 그의 기질의 일부이다. 그것은 우리 모두가 가진 기질의 일부이기도 하다. 우리는 관계를 위해, 사랑하고 또 사랑받기 위해 창조되었다. 우리는 서로와 또한 하나님과 협력하며 조화를 이루어 살도록 창조되었다. 처음부터 그래 왔다.

성경 속 창조의 이야기는 일어난 사건에 대한 정확한 묘사라기보다, 하나님을 따르는 사람들이 믿음에 대해 더욱 광범위한 이야기를 할 수 있도록 가르치기 위한 수단이었다. 창조 이야기의 타락 편을 오랫동안 들은 나는 그 설명을 늘 수상쩍게 여겼고, 그래서 창세기를 다시 한 번 새로이 들여다보기로 했다. 그것은 매우 유익했다. 내가 발견한 창조의 이야기는 이러했다.

하나님이 땅과 그 안의 모든 것을 창조하셨다. 그 창조는 보시기에 매우 좋았다.

날이 지났고 그 창조는 여전히 하나님이 보시기에 좋았다.

하나님은 인간을 자신과 매우 닮은 존재로 창조하셨고, 그 창조는 보시기에 매우 좋았다.

모든 것은 원래의 자리를 지켰다. 하나님과 인간은 완전한 협력 상태에 있었다. 하나님은 동료인 인간과 함께 동산을 거니셨다. 아담과 하와는 하나님이 하시던 대로 이미 존재하던 것에 이름을 붙여주고 새로운 것을 창조하라는 소명으로 부름을 받았다. 그들의 삶은 온전했고, 그들은 하나님과 조화롭게 살았다.

하나님이 가라사대 우리의 형상을 따라 우리의 모양대로 우리가 사람을 만들고 그로 바다의 고기와 공중의 새와 육축과 온 땅과 땅에 기는 모든 것을 다스리게 하자 하시고, 하나님이 자기 형상 곧 하나님의 형상대로 사람을 창조하시되 남자와 여자를 창조하시고, 하나님이 그들에게 복을 주시며 그들에게 이르시되 생육하고 번성하여 땅에 충만하라, 땅을 정복하라, 바다의 고기와 공중의 새와 땅에 움직이는 모든 생물을 다스리라 하시니라(창 1:26-28).

동산에서의 삶은 훌륭했다. 아담과 하와는 벌거벗었지만 부끄러움을 느끼지 않았다(창 1:26-28). 그들은 하나님과, 서로와, 또 자기 자신과 평화를 누렸다. 하지만 그 '완벽한 동산'에도 규제는 있었다. 먹지 말아야 할 과실과 하지 말아야 할 일이 있었던 것이다.

여호와 하나님이 그 사람을 이끌어 에덴동산에 두사 그것을 다스리며 지키게 하시고 여호와 하나님이 그 사람에게 명하여 가라사대 동산 각종 나무의 실과는 네가 임의로 먹되 선악을 알게 하는 나무의 실과는 먹지 말라 네가 먹는 날에는 정녕 죽으리라 하시니라(창 2:15-17).

그때 문제는 시작되었다.

여호와 하나님의 지으신 들짐승 중에 뱀이 가장 간교하더라. 뱀이 여자에게 물어 가로되 하나님이 참으로 너희더러 동산 모든 나무의 실과를 먹지 말라 하시더냐. 여자가 뱀에게 말하되 동산 나무의 실과를 우리가 먹을 수 있으나 동산 중앙에 있는 나무의 실과는 하나님의 말씀에 너희는 먹지도 말고 만지지도 말라 너희가 죽을까 하노라 하셨느니라.

뱀이 여자에게 이르되 너희가 결코 죽지 아니하리라 너희가 그것을 먹는 날에는 너희 눈이 밝아 하나님과 같이 되어 선악을 알 줄을 하나님이 아심이니라. 여자가 그 나무를 본즉 먹음직도 하고 보암직도 하고 지혜롭게 할 만큼 탐스럽기도 한 나무인지라.

여자가 그 실과를 따먹고 자기와 함께한 남편에게도 주매 그도 먹은지라. 이에 그들의 눈이 밝아 자기들의 몸이 벗은 줄을 알고 무화과나무 잎을 엮어 치마를 하였더라.

그들이 날이 서늘할 때에 동산에 거니시는 여호와 하나님의 음성을 듣고 아담과 그 아내가 여호와 하나님의 낯을 피하여 동산 나무 사이에 숨은지라. 여호와 하나님이 아담을 부르시며 그에게 이르시되 네가 어디 있느냐.

가로되 내가 동산에서 하나님의 소리를 듣고 내가 벗었으므로 두려워하여 숨었나이다.

가라사대 누가 너의 벗었음을 네게 고하였느냐. 내가 너더러 먹지 말라 명한 그 나무 실과를 네가 먹었느냐(창 3:1-11).

그들의 존재 상태는 바뀌지 않았다. 그들의 DNA도 바뀌지 않았다. 여느 때와 같이 벌거벗은 상태였지만, 갑자기 그 벌거벗음이 문제로 보이기 시작했다. 그들은 자신들이 하나님을 거역했다는 사실을 알고, 전에 하나님과 나누었던 조화를 잃었다고 느꼈다. 그들은 당황했고 하나님을 피해 숨었으며 또 서로에게 책임을 떠넘겼다. 그들은 하나님이 자신들이 한 일과 그들이 어떻게 하나님과의 연결을 놓치게 되었는지 모르시기를 바랐다.

하나님도 상실감을 느끼셨다. 하나님도 아프셨다. 하나님은 왜 그들이 그런 행동을 했는지 의아해하셨다. 그들의 행동에는 결과, 즉 심각한 책임이 따랐다. 아담과 하와는 하나님과 막힘없는 삶을 살도록 창조되었지만, 그들은 이제 그런 삶에서 물러난

셈이었다. 결과적으로 그들의 삶은 투쟁과 다툼으로 가득 찼다. 출산은 고통을 불러왔고, 땅은 생명을 줄 뿐 아니라 그들에게서 생명을 거두어가게 되었다. 하나님과 어울릴 때 그들에게는 오직 생명이 있었다. 하지만 그들은 하나님과의 어울림을 잃었고, 죽음이 찾아왔다.

하지만 이런 투쟁 중에서도 아담과 하와는 하나님과 협력했다. 여전히 그들은 창조의 목적대로 땅을 돌보았고 자녀들을 낳았다. 그들은 또한 모든 투쟁을 끝맺고 죽음의 능력을 소멸할 하나님의 계획에 속해 있었다. 하나님께 합류하며 사는 모든 창조물들과 더불어 그들의 이야기는 계속되었다.

이 이야기는 아담과 하와의 죄가 그들을 부패 상태로 밀어 넣었다고 말하지 않는다. 이 이야기에는 하와가 그 과실을 베어 문 순간 하나님은 저 멀리 협곡의 반대편으로 자리를 옮기셨다는 대목이 없다. 분명 죄는 존재하지만, 죄의 결과는 하나님과의 관계 그리고 다른 사람들과의 관계의 변화이지, 인류의 근본 성질의 변화는 아니다. 창조 이야기는 우리가 비참한 실수를 하더라도 하나님은 우리가 세상 속에서 행하시는 하나님의 선한 일들에 계속 참여하기를 바라고 원하신다고 말한다. 우리는 여전히 하나님의 자녀로 살 수 있다.

아담과 하와의 이야기가 시대에 뒤떨어진 신학의 테두리를 벗어버릴 때, 우리는 인간을 더욱 정확히 이해하게 된다. 인간은 세상 속에서 일하시는 하나님의 협력자로서 하나님의 형상대로 창조된 존재이다. 그것이 인간이다. 어떤 이들은 인간의 첫째 목적은 '하나님을 영화롭게 하고 하나님을 영원히 즐거워하는 것'이라고 이야기한다. 많은 사람들이 그 사명 속에서 인생을 찾는다지만 내게는 약간 근시안적인 느낌을 준다. 그런 표현은 인간의 노력이 단순히 수직적으로 배열되었다고 암시하기 때문이다. 우리가 하나님의 기쁨을 위해, 또 하나님의 기쁨을 통한 우리 자신의 기쁨을 위해 존재한다니, 그게 정말 이야기의 전부일까 하고 나는 고민한다.

창세기 창조의 기사에는 찬양과 예배를 통해 하나님을 영화롭게 한다는 내용이 들어 있지 않다. 하나님이 아담을 창조하시고 동산에서 일하도록 하셨을 때, 하나님과 인간의 관계가 시작되었다. 하나님은 아담을 그곳에 두기 원하셨고, 하와를 그곳에 두기 원하셨다. 그들의 존재가 하나님의 영광이었다. 하나님은 인류가 하나님의 일, 즉 창조하고 이름을 짓고 또 돌보는 일에 함께 일하는 자로서 참여하기를 원하셨다. 성경의 이야기는 '인간의 제일 존재 이유'가 사랑과 사역을 통해 하나님의 협력자로 하나님과 조화를 이루어 사는 것이라 이야기한다. 하나님을 사랑하고 하나님과 함께 일하며, 다른 사람들을 사랑하고 그들과 함께 일하며, 다른 모든 창조물들을 사랑하고 그들과 함께 일하며.

그리고 이런 진리는 우리가 다른 사람들과 더불어 사는 방법의 중심 원리가 되어야 한다. 사람들이 원래 타락한 존재가 아니라 경건한 존재라고 믿을 때, 모든 사람들은 가치를 지니고 또한 모든 사람들에게 하나님이 주신 선이 존재하게 된다. 기독교인이 아니라고 분리되고 열등한 사람이 아니며, 기독교인이라고 특별하고 더 나은 사람도 아니다. 모든 사람, 민족과 종교에 상관없이, 사회적·경제적 지위에 상관없이, 또 피부색과 교파에 상관없이 모든 사람은 하나님의 형상대로 창조되었다. 모든 사람은 하나님과 협력하도록 창조되었다.

그리고 모든 사람은 사랑하고 또 사랑받기 위해 창조되었다. 이런 사실을 꼭 배워야만 아는 것은 아니다. 다른 사람에게 끌리는 법도 꼭 배워야 할 필요는 없다. 다른 사람들과 감정적·사회적으로 연결되지 못하는 아이가 있다면, 우리는 그 아이가 온전하고 건강하지 못하다고 생각한다. 감정적 연결에 대한 사람의 필요는 매우 자연스럽고, 따라서 그 연결이 없는 사람을 우리는 비정상적이라고 여긴다. 우리는 본능적으로 다른 사람들을 좋아한다.

물론 우리가 늘 사랑으로 사는 것은 아니다. 나는 모든 사람에게서 하나님의 얼굴을 보기 원하지만, 굉장히 어려운 바람이라는 것을 인정해야 한다. 다른 사람의 잘못을 찾기가 하나님이 그 사람 속에 심어 두신 선을 발견하기보다 훨씬 쉽다.

고백할 것이 있다. 나는 장애인들 주변에 있는 것이 힘들다. 진심으로 부끄럽게 생각한다. 나는 내 딸아이 미콘과 아들 치코처럼 전혀 주저하지 않고 몸이 불편한 사람들을 돕고 그들의 친구가 되어주는 사람들이 부럽다. 나는 그러지 못하기 때문이다. 나는 긴장해서 어쩔 줄을 몰라 한다. 무슨 말을 해야 할지도 깜깜해진다. 그들을 어떻게 불러야 하는지도 잘 모르겠다. 불구자? 장애자? 장애인? 장애우?

나는 이런 문제를 극복하기 위해 몇 가지 전략을 개발했다. 장애를 가진 사람을 만나기 직전에, 이 사람은 하나님의 형상대로 지음받았고 따라서 나는 이 사람을 배려하고 존중해야 한다고 상기시킨다. 나의 몸과 다른 부분이 아니라 그 사람의 인간다움을 보려고 노력한다. 그 사람의 불편한 부분이 아니라 온전한 부분을 보려 애쓴다는 말이다. 그리고 그 사람의 눈을 보며 여느 사람들처럼 대화하려고 최선을 다한다. 대부분의 경우 그 사람의 눈을 똑바로 쳐다보고 그 사람의 인간다움을 보려는 노력은 중요하고 효과적인 첫걸음이 되어주었다.

하지만 늘 이런 준비의 시간이 있을 리는 없다. 그리고 바로 그때가 장애를 가진 사람들에 대한 나의 편견에 내가 정면으로 맞서야 하는 때이다.

얼마 전, 나는 어느 주말 행사에 강사로 초청되었다. 행사장의 식당은 8인용 식탁들로 채워져 있었다. 나는 음식을 담아 어디 빈자리가 있는지 식당을 둘러보았다. 가까운 곳에 빈자리가 보였다. 나는 그 식탁으로 다가갔고, 식탁에 가까워져서야 내가 앉으려던 자리 바로 옆에 휠체어를 탄 여자가 앉아 있는 것을 보았다. 돌아서기엔 너무 늦었다. 이미 그 식탁의 사람들과 눈이 마주쳤고, 그들의 얼굴에는 '여기 자리 있어요, 어서 와서 앉으세요!'라고 쓰여 있었다.

나는 재빨리 극복의 주문을 읊기 시작했다. 눈을 쳐다봐. 휠체어는 잊어버리고. 평상시처럼 행동하라고. 나는 자리에 앉아 내 소개를 했다. 거기까지는 좋았다. 휠체어에 앉은 여자의 이름은 클레어였고, 그녀는 똑똑하고 재치 있고 또 활기가 넘쳤다. 그녀와의 대화는 즐거웠고, 남은 시간 동안 우리는 함께 뒷줄에 앉아 농담을 주고받기도 했다.

하지만 점심시간 내내 너무 긴장해 있던 나는 계속 그녀와 눈을 마주치고 있어야 한다는 생각에 우리 식탁으로 다가오는 다른 사람들에게는 주의를 기울이지 못했다. 내가 물을 마시고 있을 때 그들이 자리를 잡아 앉으려 했고, 나는 그들에게 인사를 건네려 고개를 들었다. 물이 목에 걸렸다. 그리고 "오, 주님, 세상에!"라고 중얼거린 내 소리를 모두가 들었겠지. 내 맞은편에 앉은 여자는 눈이 하나뿐이었다.

물론 안대를 착용했지만 까만색이 도드라지는 안대를 보니 속이 꺼지는 듯한 느낌이었다. 이제 어떻게 해야 하지? 무슨 말을 해야 할지 당황한 나는 왼쪽으로 재빨리 몸을 돌려 옆에 앉은 여자와 대화를 시도했다. 나는 공황 상태였고 무엇이든 다른 화제가 필요했다. 그녀가 든 손가방에는 어떤 회사의 상표가 그려져 있었고, 나는 그 회사에서 일하느냐고 질문을 던졌다. 안전한 화제가 아닌가? 결과는 아니었다.

"아니요, 저는 목사예요. 이건 제 아내의 가방이에요. 주말 동안 제가 빌려 쓰고 있지요." 그녀는 이렇게 대답했다.

아내? 이 여자에게 아내가 있다고?

오른쪽에는 휠체어에 앉은 여자, 맞은편에는 외눈의 여자, 그리고 왼쪽에는 동성애 여자 목사까지, 어색함의 삼중주였다.

당시 나는 이 책 중에서도 인간의 경이로움과 아름다움에 대해 쓰고 있던 중이었는데, 그 순간에는 별 도움이 되지 않았다. 나는 나 자신의 위선에 당황했다. 클레어와, 내가 차마 이름도 묻지 못한 외눈의 여자는 나와 달랐고, 나는 그 다른 점 너머를 보지 못했다. 나는 그들이 누구인지를 보지 못했고, 다만 그들이 무엇인지를 보았다. 생각할수록 나야말로 장애를 가진 사람이었다. 나야말로 세상 속에서 똑바로 살지 못하는 사람이었다.

식당을 나서는 나는 완전한 패배자가 된 기분이었다. 내 연약함을 모든 인류에게 떠넘기고 싶은 마음이 들 정도였다.

감사하게도 아직은 이 두려운 문제를 극복하고 사랑과 우정으로 전진할 시간이 내게 남아 있었다. 외눈의 여자와는 다시 마주치지 못했지만, 클레어가 보여준 첨단 자동 휠체어의 여러 가지 근사한 기능들을 구경하고 함께 시간을 보낸 후, 나는 그녀에게 다시 만났으면 좋겠다고 말했다. 장애에 대해 내가 느끼는 불편한 마음을 극복하도록 그녀가 도움을 주리라 내심 기대하면서 말이다. 그리고 우리의 우정은 지금까지 이어지고 있다. 손가방 목사와 헤어지면서 포옹과 우리의 우정이 자라기를 바라는 마음을 나누었다. 그리고 다행히도 그 바람은 이루어졌다.

내게 진실이라고 해서 다른 많은 사람들에게도 그것이 진실일지 생각해 본다. 다른 사람들이 그 문제로 씨름하는 것을 보려 하는 나의 성향은 유익하지 않다. 다른 사람들과 함께 살기에 최선의 방법이 결코 아니다.

나는 수년 동안 부패의 관점이 인간에 대한 유일하고 참된 기독교의 관점이라고 생각해왔다. 그러던 중 켈트 기독교인들은 인간은 하나님의 빛을 내면에 지닌 존재라고 선언한다는 글을 읽게 되었다. 그 빛은 우리가 하나님과 함께 친밀히 살거나 하나님에게서 멀어지는 정도에 따라 밝아지기도 하고 어두워지기도 하지만, 꺼지지는 않는다.

동방정교 기독교는 죄를 부패로만 받아들이지 않고 인간을 하나님의 형상으로 보았다는 사실 또한 알게 되었다. 물론 켈트나 동방정교의 관점에는 각각 한계가 있고 따라서 나는 그 관점들을 무턱대고 마지막 안식처로 삼지는 않았다. 그러나 단 한 부류의 사람들이 문화적 제약을 받은 단 한 가지 관점으로 기독교의 이야기를 기록한 것은 아니라는 사실은 내게 큰 위로가 되었다.

또한 성경 자체도 인간에 대해 굉장히 다른 이야기를 전하며,

이 사실 역시 내게는 위로가 되었다. 성경 전체는 인간의 아름다움과 하나님의 지속적인 간섭을 증언한다. 아담과 하와 이야기에서 계시록에 이르기까지, 하나님은 인간을 사랑하시며 또한 인간과 함께하신다.

오늘날 많은 종교인들과 마찬가지로 예수님을 따르던 1세기의 유대인들은 사람들을 두 부류, 그러니까 하나님께서 선택하고 축복하신 사람들(우리)과 그러시지 않은 사람들(그들)로 나누었다. 하지만 예수님은 의로운 자와 불의한 자 사이의 이런 구분을 지워버리라고 제자들에게 말씀하셨다. 나는 예수님께서 우리에게도 똑같이 말씀하시리라 확신한다.

또 네 이웃을 사랑하고 네 원수를 미워하라 하였다는 것을 너희가 들었으나 나는 너희에게 이르노니 너희 원수를 사랑하며 너희를 핍박하는 자를 위하여 기도하라. 이같이 한즉 하늘에 계신 너희 아버지의 아들이 되리니 이는 하나님이 그 해를 악인과 선인에게 비취게 하시며 비를 의로운 자와 불의한 자에게 내리우심이니라. 너희가 너희를 사랑하는 자를 사랑하면 무슨 상이 있으리요. 세리도 이같이 아니하느냐. 또 너희가 너희 형제에게만 문안하면 남보다 더하는 것이 무엇이냐. 이방인들도 이같이 아니하느냐. 그러므로 하늘에 계신 너희 아버지의 온전하심과 같이 너희도 온전하라(마 5:43-48).

이보다 더 분명할 수는 없다. 우리는 하늘에 계신 너희 아버지께서 온전하신 것과 같이 너희도 온전하라는 하나님의 인도에 따라 살아야 한다.

모든 창조는 하나님의 것이며, 모든 창조물은 하나님께 합류하라고 부름받았다. 누구는 사랑하고 누구는 사랑하지 않아서는 안 된다. 하나님이 구분하지 않으셨으니 우리도 구분하지 말아야 한다. 모든 인간과 모든 창조물의 제일 존재 이유는 하나님처럼 사는 것이다. 그렇다. 사람들은 하나님을 거절한다. 성경 구석구석을 볼 때, 사람들은 서로에게 폭력과 불법의 끔찍한 행위를 휘두른다. 하지만 모든 때에 하나님은 임재하시며, 적극적으로 사람들을 하나님과 세상을 향한 하나님의 계획으로 이끄신다. 사람들이 그들을 향한 하나님의 소망에서 벗어나 살 때, 하나님은 아파하신다. 하나님은 사람들이 정의를 사랑하고 자비를 구하고 하나님과 겸손히 함께 걷도록 하시기 위해 필요한 모든 일을 행하신다.

성경에 기록된, 그리고 바로 지금 이 세상에서 행하시는 하나님의 일들이 우리에게 극단적으로, 심지어 잔인하게까지 보일 때도 있다. 하지만 그것은 우리 시야의 한계라고 나는 확신한다. 하나님은 온 세계를 구원하시려 지금도 일하신다. 하나님은 세상 속에서 지속적으로 일하신다고, 성경을 관통해 하나님이 선언하시고 복음서의 저자들이 상기시키고 또 사도들이 훈계하지 않는가.

나 주 여호와가 말하노라. 내가 어찌 악인의 죽는 것을 조금인들 기뻐하랴. 그가 돌이켜 그 길에서 떠나서 사는 것을 어찌 기뻐하지 아니하겠느냐(겔 18:23).

나 주 여호와가 말하노라. 죽는 자의 죽는 것은 내가 기뻐하지 아니하노니 너희는 스스로 돌이키고 살지니라(겔 18:32).

하나님이 그 아들을 세상에 보내신 것은 세상을 심판하려 하심이 아니요. 저로 말미암아 세상이 구원을 받게 하려 하심이라(요 3:17).

이를 위하여 우리가 수고하고 진력하는 것은 우리 소망을 살아 계신 하나님께 둠이니 곧 모든 사람 특히 믿는 자들의 구주시라(딤전 4:10).

주의 약속은 어떤 이의 더디다고 생각하는 것같이 더딘 것이 아니라. 오직 너희를 대하여 오래 참으사 아무도 멸망치 않고 다 회개하기에 이르기를 원하시느니라(벧후 3:9).

하나님은 이 세상과 세상 속 모든 사람들을 사랑하신다. 하나님은 인간을 사랑하실 뿐 아니라, 인류를 세상을 위한 당신의 소원을 함께 이룰 이상적인 협력자로 창조하셨다. 우리는 하나님과 함께 살고자 우리의 못난 본성을 상대로 싸우기보다는 반대로 우리가 지음받은 대로 살 뿐이다. 이런 올바른 이해는 우리가 인간이라는 사실을 부끄러워할 필요가 없다는 기쁨을 전해준다. 살아 있는 것은 죄가 아니다.

13

죄와 심판

우리에겐 처벌이 아니라 치유의 구속인 카렘이 필요하다.
재창조와 자유, 거듭남과 온전해지는 경험이 필요하다.
이것이 죄에 대한 복음의 좋은 소식이다.
우리는 죄와 파괴에서 자유로워지도록,
또 하나님과 조화를 이루어 살도록 초청받았다.

하나님의 정의는 원래 있어야 할 자리로의 회복이다

우리 가족은 요리를 즐긴다. 사실 요리를 즐기는 사람은 아내이고 아내는 틈이 날 때마다 아이들과 함께 요리를 한다. 반면 나는 밥상에 차려진 음식을 제외하고는 부엌에 별 관심이 없다. 장보기와 설거지는 물론, 어디에 갔더니 완벽한 버섯이 있더라 혹은 소스에 무슨 향신료를 더 넣었으면 좋았겠다는 식의 대화를 별로 좋아하지 않는다. 그저 먹는 것이 좋을 뿐이다.

하지만 이런 내게도 때때로 협동 정신이 발동한다. 2001년 성탄을 몇 주 앞두고, 나는 요리를 좋아하는 우리 집 식구들을 위해 멋진 선물을 하기로 결심했다. 요리 프로그램을 통해 나는 좋은 칼과 그 칼날을 잘 관리하는 일이 얼마나 중요한지 익히 들어 왔다. 그런데 토마토를 썰다가 칼에 손을 베인 경험을 통해 나는 그 말에 더욱 깊이 공감하게 되었다. 잘 드는 칼은 깔끔하고 능숙하게 재료를 썰기 마련이지만, 무딘 칼은 자꾸만 미끄러지고 손가락 관절을 위협해 칼 잡은 사람을 놀라게 한다.

나는 우리 집의 크고 무디며 위험한 식칼을 칼 매장으로 가져가 전문가에게 잘 갈아 달라고 부탁할 생각이었다. 아내를 위한 깜짝 선물로 말이다. 아내가 일하러 나가는 날, 그 칼을 몰래 가지고 나갈 계획이었다. 외투를 입고 부엌에 서서 칼을 손에 들고는 그 칼을 어디에 넣어 갈까 하고 적당한 봉투를 찾는 중이었다. 그때, 뭔가를 잊고 나갔던 아내가 부엌으로 다시 들어왔다. 나는 재빨리 머리를 굴려 손에 든 칼을 입고 있던 큰 겨울 외투 주머니에 숨겼다. 나도 지금 나가는 중이었다며 핑계를 둘러 대고는 서둘러 밖으로 향했다.

나는 그 칼을 샀던 매장으로 차를 몰았다. 그 매장의 직원은 자신들은 칼을 갈지 않는다면서, 우리 동네 백화점의 다른 칼 매장을 소개해 주었다. 백화점 주차장으로 들어가는 참에 캔자스 시티에 사는 친구, 팀에게서 전화가 왔다. 연락을 하려 몇 주 전부터 벼르고 있었기에, 나는 이어폰을 귀에 꽂고는 그의 전화를 받았다. 칼 매장에 다다랐을 때 팀과 나는 깊은 대화에 빠져 있었다. 나는 그 통화가 끝날 때까지 백화점을 조금 더 걷기로 했고, 그렇게 백화점 가운데에 있는 에스컬레이터까지 걸어갔다.

나는 여러 가지 일을 동시에 하고 있었다. 전화를 받고, 걸음을 걸으면서, 칼에 대해서도 생각하고, 또 아내가 집에 돌아오기 전에 내가 먼저 도착해야 한다고 걱정하면서 시간을 거듭 확인하고 있었던 것이다. 얼마 지나지 않아 나는 주머니에서 칼을 꺼내 정말 아무 생각 없이 칼날을 엄지손가락으로 만지며 칼이 얼마나 무디어졌는지 살피고 있었다. 몇 분이 지나 나는 내 주변을 맴돌며 나를 살피는 경비원을 발견했다. 하지만 처음에는 깊이 생각하지 않았다. 여러 가지 다른 일들에 신경이 팔려 있었기 때문이다.

하지만 곧 내 뒤통수를 뚫어버릴 듯한 경비원의 따가운 눈길이 느껴졌다. 나는 팀에게 말했다. "잠깐만, 어떤 경비원이 자꾸만 나를 쳐다보고 있어서 말이야." 나는 뒤로 돌았고, 내 뒤에는 경비원 대신 총을 뽑아 내 얼굴을 겨누고 있는 사복 경찰이 서 있었다.

"그 칼을 내려놓고, 바닥에 엎드려! 지금 당장!" 그는 소리쳤다.

나는 겁에 질렸다. 정말 이 사람이 내게 총을 쏘려나 보다 생각했다. 그 경찰의 눈빛도 마찬가지였다. 모자 달린 큼직한 외투 차림에 혼잣말을 중얼거리는 2미터 장신의 머리 긴 남자가 칼을 휘두르고 있는 상황에, 그를 체포하기 위해 백화점에서 총을 뽑아야 하는 경찰의 표정이랄까.

나는 속으로 생각했다. 저 사람 말대로 해, 그러면 총을 쏘지는 않을 거야. 몇 초나 지났을까. 일곱 명의 경찰이 나타났고, 그들도 총을 들고 있었다. 이어폰으로 팀의 목소리가 들려왔다. "뭐야, 무슨 일이야? 괜찮은 거야?" 나는 아무 말도 할 수 없었고, 팀은 소리를 지르기 시작했다. "나 여기 있어. 무슨 일이야? 경찰을 부를까?"

칼을 내려놓고, 나는 무릎을 꿇었다. 경찰은 칼을 발로 차서 치우고는 소리쳤다. "바닥에 엎드리고 손을 등 뒤로 해!" 나는 그의 말대로 했다. 경찰은 무릎으로 내 어깨뼈를 누르고 탄탄하게 수갑을 채우더니, 몸을 일으키라고 했다. 몸을 일으키려 했지만, 손목에는 수갑이 채워지고 몸은 에스컬레이터 유리 칸막이로 밀쳐진 상태였으니 쉽지가 않았다.

경찰은 다시 소리를 지르며, 내 모자를 잡고는 내 가슴을 땅에서 들어올렸다. 그는 내 얼굴을 내리쳤고 내 얼굴은 다시 바닥으로 떨어졌다. 팀은 소리를 질렀다. "강도를 만난 거야? 대체 무슨 일이야?" 경찰은 나를 잡아당겨 앉혔고, 그때서야 그는 내 귀에 꽂힌 이어폰을 발견했다.

이어폰을 잡아당기며 그는 물었다. "이게 뭐야?"

"제 휴대전환데요." 나는 최대한 침착하게 대답했다.

"누구랑 통화하고 있었지?" 그는 물었다.

"캔자스시티에 사는 팀과 통화하고 있었습니다."

이제 진짜 질문이 이어졌다.

"백화점에서 왜 칼을 들고 돌아다니는 거야?"

"칼을 갈러 칼 매장에 가는 길이었습니다."

"증명할 수 있어?"

아직 하지도 않은 일을 어떻게 증명해야 할까? 시도는 해보아야 했다. "방금 전, 길 건너 윌리엄 소노마라는 매장에 갔었는데, 그 매장 직원이 여기로 가보라 했습니다."

나를 잡고 있던 경찰은 다른 경찰을 향해 말했다. "전화 걸어 확인 좀 부탁해." 그러고는 이상한 눈으로 나를 쳐다보았다. "테러가 난 지 고작 3개월인데, 덮개도 없는 칼을 들고 백화점을 돌아다니면 안 되겠다는 생각이 안 들던가요?" 그는 물었다.

"어, 그러니까, 그게, 물론 안 되죠. 그냥 아내에게 깜짝 선물을 해주고 싶었는데, 아내가 갑자기 부엌으로 들어오는 바람에 그만⋯."

"직업이 뭡니까?"

"네, 그러니까, 목사입니다."

"정말이요?"

"네."

"이런."

10분간 질문과 전화가 이어졌고, 그 경찰은 나를 칼 매장으로 데려가 직원에게 이렇게 당부했다. "이 분 칼 좀 갈아주시고, 칼은 봉투에 넣어주세요." 그러고 나서 그는 매장을 나섰다.

직원은 말했다. "네, 그런데, 저희 매장에서는 칼은 갈아드리지 않거든요. 그렇지만 여기 칼을 담아갈 봉투는 있습니다."

이런.

나는 차로 돌아왔고 강렬한 감정이 나를 덮었다. 나는 여전히 극심한 두려움에 떨고 있었다. 그렇게 멍청한 행동을 한 나 자신은 물론 내가 보기에는 지나칠 정도의 무력을 행사한 경찰에게도 화가 났다. 난생 처음으로 나는 경찰과 같은 느낌을 받았지만, 나는 경찰과 같은 편이 아니었다.

나는 경찰에 대해 늘 좋은 감정을 가지고 있었다. 4학년 때, 내가 같은 아파트에 살던 스톰 헐트그렌의 다리에 비비총을 쏘아 '체포'되었던 때에도, 나는 경찰들이 우리를 '섬기고 보호해주는' 사람들이라고 믿었다. 하지만 백화점에서 돌아오던 그날 오후, 나는 범죄자이자 동시에 피해자가 된 기분이었다. 집으로 돌아오는 길에 순찰차를 지나며 나는 속으로 생각했다. "차라리 없는 게 낫지."

나는 집으로 돌아와 그 일을 식구들에게 이야기했다. 그들은 배꼽을 잡고 웃었지만, 나는 점점 더 화가 치밀었다. 내가 멍청했고 내가 잘못했다지만, 내가 제어할 수 있는 상황이 아니었으니 말이다.

나는 그 경찰이 자신의 임무를 수행하는 중이었다는 사실을 잘 안다. 그리고 경찰서 목사로 있는 친구 토니에게서 당시 그 경찰이 함정수사 중이었다는 사정을 듣고 나니 그 경찰의 의도를 더욱 잘 이해할 수 있었다. 내가 서 있던 곳 바로 아래층 화장실은 어떤 남자들이 성관계를 맺기 위해 인터넷으로 찾은 여자들을 만나는 장소였다고 한다. 경찰은 내가 누군가를 해치러 온 사람이라고 생각했으리라. 하지만 나는 아내를 위해 좋은 일을 하려 했고, 또 친구와의 통화를 마무리 지으려 했던 그냥 바보 같은 사람일 뿐이었다. 하지만 법의 문제로 따지자면 옳은 쪽과 그른 쪽만 있고, 누구든 그른 쪽에 속하기를 바라지 않으리라.

불행히도 종교적인 삶은 이와 그리 다르지 않다. 특히 죄에 대해서는 더욱 그렇다. 수세기 동안 기독교인들은 죄와 죄의 결과를 정의하기 위해 법적 용어들을 사용하곤 했다. 하나님은 재판관이시고, 하나님의 명령은 법이며, 그 법을 어길 경우 사망과 저주의 심판을 받게 된다. 치러야 할 죗값이 있었고, 예수님이 우리를 대신하여 그 값을 치르기 위해 이 땅에 오셨다. 이 피의 속죄는 우리의 범죄에 응당한 보상이었다. 많은 기독교인들에게 이런 생각은 죄를 이해하기 위한 단순한 비유가 아니다. 복음의 개요이다.

내가 처음 믿었을 때, 나는 죄와 구원을 재판에 비유한 이런 이야기를 배웠다. 당신은 무언가를 훔쳤고 체포되었다. 당신은 법정에 섰고 판결은 유죄였다. 재판관은 당신에게 2천5백 달러의 벌금이나 45일간의 수감을 선언했다. 물론 당신에겐 2천5백 달러라는 돈이 없다. 돈이 없으니 도둑질을 하지 않았겠는가. 따라서 당신은 재판관에게 이렇게 말한다. "그 벌금을 물 돈이 없으니, 저는 감옥에서 45일을 지내겠습니다."

그때 재판관은 일어나 입고 있던 법복을 벗는다. 재판관은 바로 당신의 아버지였다.

그는 자신의 수표 2천5백 달러를 꺼내 당신 앞에 내려놓는다.

그러고는 다시 법복을 입고 재판관의 자리에 앉아 이렇게 말한다. "이제 어떻게 하시겠습니까? 그 돈으로 벌금을 내시겠습니까? 아니면 45일간 징역을 살고 죗값을 치르겠습니까?"

이 이야기는 내가 배워 이해한 죄, 즉 하나님을 어겨서 우리의 목숨으로 그 값을 치러야 하는 죄를 설명한다. 그리고 이런 법정 비유는 내재된 타락이라는 관점과 자연스레 맞물리고, 따라서 누구도 하나님의 심판을 피하지 못하게 된다. 그나마 다행이라면 우리 모두가 같은 배를 탔다는 사실이다. 우리가 누구든, 얼마의 권력과 돈을 가지고 있든, 우리 모두는 죄 아래 동일하다.

물론 이런 조건은 정의를 실현하기 위한 제일 요소이다. 평등한 보호와 평등한 책임의 부재는 정부가 타락했다는 첫째 상징이니 말이다. 우리 나라에서 우리가 따르며 사는 법률 체계는 우리 사회의 질서와 평화를 위한 최선이리라. 하지만 나는 이런 체계가 죄가 하나님과 인간의 관계에 미친 영향을 설명하기에 최선일 거라고는 생각하지 않는다.

먼저, 이런 비유는 하나님을 무력하게 한다. 법률 체계에서는 재판관이라도 법에 매여 있기 때문이다. 지배의 힘은 법이지, 재판관이 아니다.

아내와 나는 우리가 살고 있는 집에 자연 건강 찻집을 내려고 노력하고 있었다. 건물의 지대 설정을 변경하는 일은, 길고 복잡한 절차, 그리고 여러 법적 규정 검토를 포함하는 작업이었다. 나는 여러 모임에 참석해야 했는데 그중 한 모임에서 미니애폴리스 지대 설정 담당자와 우리 지역 시의원을 만났다. 그들은 우리의 계획을 성원해주었고, 우리가 필요한 인가를 얻도록 최선을 다해 도와주었다. 하지만 그들에게도 한계가 있었다.

그 시위원은 지역 조례에 대한 불만을 토로했다. "이런 상황이라면 지역사회에 유익을 주려고 만든 법이 오히려 이 지역에 있으면 좋겠다고 바라던 일들을 방해한다고 할 수 있죠." 지대 설정 담당자도 동의했다. 하지만 어찌 하랴? 법은 법이고, 그들은 법을 준수해야 했다. 시의회 의원들이나 규범 그리고 조례들과 마찬가지로, 하나님도 이와 같이 수수께끼 같은 문제 속에 갇혀 계시다는 생각은 우리를 심란하게 한다.

예수님 또한 이런 생각의 부조리를 보셨다. 제자들이 안식일에 이삭을 자른 것을 바리새인들이 문제 삼았을 때, 예수님은 이렇게 말씀하셨다. "또 가라사대 안식일은 사람을 위하여 있는 것이요 사람이 안식일을 위하여 있는 것이 아니니 이러므로 인자는 안식일에도 주인이니라"(막 2:27-28). 또한 예수님은 율법이 믿음의 시작과 끝이라는 생각 또한 거짓이라 가르치셨다. 우리가 어떻게 하나님과 또 서로에게 연결이 되었는지에 관해 "너희는 [이렇게] 들었으나 나는 너희에게 이르노니"라는 정정의 표현으로 가르쳐 주셨다. 유명한 산상 설교를 통해서도 예수님은 이렇게 말씀하셨다. "또 눈은 눈으로 이는 이로 갚으라 하였다는 것을 너희가 들었으나 나는 너희에게 이르노니 악한 자를 대적지 말라. 누구든지 네 오른편 뺨을 치거든 왼편도 돌려대며 또 너를 송사하여 속옷을 가지고자 하는 자에게 겉옷까지도 가지게 하며 또 누구든지 너로 억지로 오리를 가게 하거든 그 사람과 십 리를 동행하고 네게 구하는 자에게 주며 네게 꾸고자 하는 자에게 거절하지 말라"(마 5:38-42).

이어 말씀하셨다. "또 네 이웃을 사랑하고 네 원수를 미워하라 하였다는 것을 너희가 들었으나 나는 너희에게 이르노니 너희 원수를 사랑하며 너희를 핍박하는 자를 위하여 기도하라. 이같이 한즉 하늘에 계신 너희 아버지의 아들이 되리니 이는 하나님이 그 해를 악인과 선인에게 비취게 하시며 비를 의로운 자와 불의한 자에게 내리우심이니라. 너희가 너희를 사랑하는 자를 사랑하면 무슨 상이 있으리요. 세리도 이같이 아니하느냐. 또 너희가 너희 형제에게만 문안하면 남보다 더하는 것이 무엇이냐. 이방인들도 이같이 아니하느냐. 그러므로 하늘에 계신 너희 아버지의 온전하심과 같이 너희도 온전하라"(마 5:43-48).

예수님은 우리가 하나님과의 관계 속에서 살기 위한, 법적 체계와는 아무런 상관이 없는 다른 방법을 권하고 계시다.

복음의 이야기는 재판정 비유보다 단연코 탁월하다. 복음은 우리가 하나님의 대적자가 아니라 하나님의 협력자로 창조되었다고 말한다. 죄는 우리를 무력하게 하고, 낙담케 하고, 또 방해하는 등 그 협력 관계에 큰 손해를 입혔지만, 하나님과 인류 사이의 결속을 파괴하지는 못했다.

법적인 접근은 하나님과 정의, 구속, 그리고 구원에 대한 우리의 생각을 고쳐 쓴다. 그리고 이런 생각은 선한 기독교인들의 마음에 긴장감을 일으킨다. "내 여동생은 남편의 끔찍한 폭력 때문에 고통받고 있고, 나는 동생에게 그 집을 나와 도움을 구하라고 말해주고 싶어. 하지만 성경은 이혼이 잘못되었다고 말하는걸. 나는 동생을 위해 무엇을 해야 할까?" 이런 생각은 하나님이 법의 범위에 갇힌 분이라 생각하는 사람들에게는 더욱 큰 곤란을 가져다주기 마련이다. "내가 좀 더 어렸을 때, 나는 낙태를 했어. 용서를 구하긴 했지만, 내가 하나님의 법을 어겼다는 걸 잘 알아. 하나님은 내 불순종에 대해 아직 화가 나 계실 거야."

이 재판정 비유 속 하나님은 우리를 법에 따라 심판하셔야만 한다. 우리 죄에 대한 처벌이 집행되어야만, 하나님이 우리에게 긍휼을 베푸실 수 있다. 다른 방법이 없는 무력한 하나님은 예수님을 우리를 대신해 피의 제물로 내놓으셔야 했다. 물론 그렇게 하시는 하나님의 마음은 무척 슬프셨겠지만, 다른 방법이 무엇이랴. 법은 법이니 말이다.

이 무력한 하나님의 설명에는 문제가 있지만, 적어도 이 하나님은 호감형의 하나님이다. 폭력적인 부모에게 아이를 되돌려 보내고 싶지는 않지만, 법 때문에 어쩌지 못하는 가정법원의 판사와 비슷한 모습이다. 하지만 우리 중 많은 사람들이 들어왔고 또 들을 때마다 우리를 떨리게 하는 더욱 심각한 문제를 가진 설명은, 하나님을 어떻게든 죗값을 받아내고야 말겠다는 성난 판사의 모습으로 그리는 설명이다.

이런 관점의 하나님은 온화하기는커녕 법에 대한 도전을 용납하지 않는 비정하고 냉담하며 절대 확신에 찬 재판관의 모습이다. 아담과 하와가 동산에서 하나님의 법을 어겼을 때, 그들은 하나님께 죄를 지었고 하나님을 진노하시게 했다. 그들의 죄가 어찌나 흉악했는지, 그 죄는 모든 시대의 모든 인류에게로 전가되었다. 이런 상황의 해결책은 사람의 몸을 입으신 하나님의 아들이 십자가에서 죽는 것뿐이었다. 동일하게 무한하시고 절대 확실하신 존재의 고통과 죽음만이 무한한 모욕이라는 죄를 당하신 하나님을 만족시키며 그분의 진노를 진정시킬 테니 말이다. 아이쿠!

이 법정 비유를 다른 형태로 바꾸어도 상황은 마찬가지이다. 죄에 대한 법적 설명은 법을 이야기의 중심에 둔다. 따라서 사랑과 은혜, 자비, 긍휼, 선, 그리고 심지어 하나님까지도 법의 제한을 받는 조역으로 전락해버린다. 복음 자체가 하나님에게서 멀어져 죄의 문제로 다가간다.

이런 설명 속에서 죄는 인간의 모든 실패에 대한 다목적용 평계가 되어버린다. 모든 갈망과 모든 약점, 모든 실수가 죄와 동일시된다. 이것은 그리스인들이 하나님을 불변하시는 분으로 설명해야 했던 이유이기도 하다. 변화는 뭔가가 부족하고 뭔가를 바랄 때 일어나고, 하나님께는 부족이 없기 때문이다. 죄가 이야기의 중심이 될 때, 죄는 다른 모든 것에 대한 우리의 이해를 왜곡해버린다.

하지만 이 죄 중심의 이야기는 수세기 동안 건재해왔다. 이 책을 이즈음까지 읽어왔다면, 이런 복음의 핵심 메시지의 변질이, 그리스 세계관으로 이해할 수 있는 주목할 만하고 응집력 있는 이야기를 창조하고자 했던 초대교회의 노력의 결과라는 사실이 놀랍지 않으리라. 내적인 부패라는 개념은 로마 시민들에게 교회의 필요를 보여주는 일 이상을 해냈다. 죄의 문제는 하나님에 대한 필요를 창조해냈다.

로마 사람들만 이런 생각을 받아들인 것은 아니다. 사람들이 내게 이런 말을 한다. "하나님이 내 삶에 필요해요. 나는 절망적인 죄인이니까요. 하나님이 없는 나는 소망 없이 난파된 배와 같을 뿐이에요." 부패의 신학이 만들어낸 절망은 우리가 하나님이 없는 삶을 상상하지 못하도록 만든다. 나 역시 하나님이 없는 삶은 상상할 수 없고 따라서 그들의 최종 결론에는 문제가 없어 보이지만, 그 결론에 닿기까지 그들이 걸어야 하는 길에는 사실 문제들이 널려 있다.

이 부패의 신학은 기독교인들이 수세기 동안 전해온 이야기, 즉 우리는 뼛속까지 악한 사람이요 따라서 이 타고난 악한 본성에서 우리를 구해줄 구원자가 필요하다는 이야기에 바탕을 둔다. 나는 결코 우리에게 예수님이 필요하지 않다거나 죄가 실제

적이지 않다고 주장하는 것이 아니다. 잠시 후에, 나는 내가 왜 예수님을 믿는 것이 내 믿음에 중요하다고 믿는지 큰 노력을 기울여 설명할 계획이다. 하지만 나는 우리가 이 전체의 이야기를 거꾸로 전하고 있다고 생각한다.

예수님에서 시작해 그분의 이야기를 따르는 대신, 우리는 죄 아니 좀 더 정확히는 우리를 하나님에게서 분리하는 신학적 가정의 죄와 함께 출발했다. 누군가 그것이 문제라고 정하기 전에는 문제가 아닌 문제와 함께 출발했다는 뜻이다. 결과적으로 예수님은 목적을 이루는 수단에 불과한 분으로 전락해버렸다. 달라스 윌라드Dallas Willard는 자신의 책, 《하나님의 모략The Divine Conspiracy》에서 이것을 '죄를 다스리는 믿음sin-management faith'이라 부른다. 그는 이런 믿음이 우리를 예수님의 피만을 필요로 하는 '흡혈귀 기독교인'으로 만들었다고 주장한다.[1]

죄에 대한 법적인 설명은 하나님과 인류는 물론 심지어 죄 자체에 대한 성경적 관점과도 거리가 멀다. 부패의 교리는 특정한 문제에 초점을 맞추어 생겨났다. 그 이전까지 사람들은 죄가 인간의 존재 상태를 바꾸었다고 생각하지 않았었다. 죄가 하나님과 우리 사이에 메울 수 없는 틈을 내었다고 생각하지도 않았었다. 하지만 부패의 교리는 그 이후 수세기를 장악해왔고, 사람들이 교회를 이해하는 방식을 바꾸어 놓았다. 또한 기독교인들이 이해하는 기독교인이 된다는 것의 의미도 바꾸어 놓았다. 믿음이 구원의 수단으로, 또한 우리 모두의 내면에서 타오른다고 여기는 악의 불을 꺼트리는 도구로 변해버렸다. 예수님께서 말씀하셨던, 하나님과 더불어 사는 소망으로 가득하고 앞을 향하는 삶이 아니라, 기독교는 비관적이며 죄를 다스리는 것과 악에 집착하는 종교가 되어버렸다.

마태, 마가, 누가, 그리고 요한은, 예수님이 충성스럽지 못한 자와 억압당한 자 그리고 죄인과 같은 외인들과 맺으셨던 관계를 강조하는 이야기들을 전한다. 예수님은 지속적으로 하나님께 합류하라고 이 사람들을 부르신다. 예수님이 죄에 대하여 말씀하시는 부분은 거의 죄로부터 자유로워지라고 사람들을 부르실 때뿐이다. 대신 예수님의 메시지는 가능한 일, 즉 평화와 정의, 치유 그리고 소망의 삶에 대한 것이었다. 하나님 나라의 일부가 된다는 의미를 설명하시기 위해 예수님이 사용하셨던 이 비유를 생각해 보라.

그러나 너희 생각에는 어떠하뇨. 한 사람이 두 아들이 있는데 맏아들에게 가서 이르되 애 오늘 포도원에 가서 일하라 하니 대답하여 가로되 아버지여 가겠소이다 하더니 가지 아니하고 둘째 아들에게 가서 또 이같이 말하니 대답하여 가로되 싫소이다 하더니 그 후에 뉘우치고 갔으니 그 둘 중에 누가 아비의 뜻대로 하였느뇨?

가로되 둘째 아들이니이다.

예수께서 저희에게 이르시되 내가 진실로 너희에게 이르노니 세리들과 창기들이 너희보다 먼저 하나님의 나라에 들어가리라. 요한이 의의 도로 너희에게 왔거늘 너희는 저를 믿지 아니하였으되 세리와 창기는 믿었으며 너희는 이것을 보고도 종시 뉘우쳐 믿지 아니하였도다(마 21:28-32).

당시 최고의 죄인들인 세리와 창기들은 하나님과 더불어 사는 삶에서 제외된 사람들이 아니었다. 그들은 하나님의 뜻을 따랐다. 그들은 하나님의 것과 하나님의 일에 자신들의 삶을 맞추었다. 예수님은 그들이 어디에서 왔는지보다 어디로 향하고 있는지에 더욱 관심을 두셨다.

죄가 예수님께 중요하지 않았다는 의미가 아니다. 예수님께 죄는 매우 중요했다. 하지만 그 이유는 오랫동안 교회에게 죄가 중요했던 이유와는 매우 달랐다. 죄는 사람들이 하나님과 함께하는 삶에 완전히 들어가지 못하도록 방해했고, 그 때문에 예수님은 사람들의 삶 속의 죄에 관심을 가지셨다. 죄가 중요했던 이유는 죄가 인류를 향한 하나님의 바람에 못 미쳤기 때문이었다.

죄가 중요한 이유는 죄가 모든 창조를 죽이고 소멸하기 때문이다. 단지 정해진 규범을 어기기 때문이 아니다. 우리 대부분은 무언가가 창조에 해를 끼치거나 또 창조와 보조를 맞추지 않는 순간을 직관적으로 알아챈다. 무엇이 죄인지 배울 필요가 없다. 우리는 하나님과 조화를 이루지 못하는 삶이 무엇인지 안다. 로마로 보내는 서신의 초두에서 바울이 논하는 내용이다. "창세로부터 그의 보이지 아니하는 것들 곧 그의 영원하신 능력과 신성이 그 만드신 만물에 분명히 보여 알게 되나니 그러므로 저희가 핑계치 못할지니라"(롬 1:20).

아동 학대는 죄라고 누군가 우리에게 말해줄 필요가 없다. 성폭행이 죄라고, 또 증오가 죄라고 누군가 우리에게 알려주어야 할 필요가 없다. 그런 행동이 하나님처럼 사는 삶과는 어울리지 않는다는 사실을 우리는 잘 안다. 또한 우리가 그보다 나은 존재라는 사실도 안다. 그 자리에 있어야 한다고 우리가 알고 있는 빛에 비추어, 우리는 그 부조화를 인지한다.

우리가 죄의 지독함을 느끼는 이유는 우리가 죄 없는 삶을 상상할 수 있기 때문이다. 가능성은 보이지만 그 가능성을 현실로 실현시키지 못할 때 절망은 찾아온다. 예를 들어 보자. 사람들은 투명인간이 되거나 순간 이동을 하지 못한다고 해서 절망하지 않는다. 그런 바람이 우리가 동경해야 할 현실이라고 생각하지 않기 때문이다. 〈그녀는 요술쟁이 *Bewitched*〉라는 영화 속 사만다처럼 코를 한 번 찡끗해 밥상을 차려 내지 못한다고 사람들은 절망하지 않는다. 인생이 그래야 한다고 우리가 기대하지 않기 때문이다. 죄에 대하여 우리가 더욱 절망하고 분노하는 이유는 우리에게 더 나은 것이 가능하다는 사실을 알기 때문이다. 우리를 둘러싼 깨어짐을 두고 우리가 우는 이유는 깨어짐이 당연하지 않다는 사실을 알기 때문이다.

죄는 하나님에 대한 법적인 문제가 아니다. 죄는 관계의 문제이다. 동산에서 아담과 하와는 하나님과 완벽하게 연합해 있었다. 하지만 그들이 나무의 과실을 먹었을 때, 그들은 하나님과의 협력을 벗어나 행동했고 그들과 하나님과의 관계는 분열되기 시작했다. 그것이 죄이다. 죄는 분열이다. 우리는 하나님과의 통합과 협력 그리고 연결을 위해 창조되었다. 죄는 우리를 괴롭게 하고 불완전하게 한다. 또한 우리를 하나님과 함께하는 삶에서 분리시킨다.

따라서 심판이 완전해지는 때는 하나님의 분노가 풀리는 순간이 아니라 하나님과 우리의 통합이 재창조되는 순간이다. 우리의 문화는 죄를 지은 사람이 적절한 죗값을 치를 때 정의가 실현된다고 생각한다. 하지만 정의는 단순히 누군가에게 앙갚음하거나 사람들이 그들의 행동에 대하여 죗값을 치르도록 하는 것이 아니다. 정의에 대한 최선의 이해는 구속과 화목이다. 구약은 하나님의 심판을 이야기하는 부분 중 많은 곳에서 히브리어 단어인 카렘*karem*을 사용한다. 이 단어는 '치유'와 '재건' 혹은 '의도된 목적으로 되돌려 놓는 것'을 의미한다. 하나님의 정의는 원래 있어야 하는 자리로의 회복이다. 우리는 원래 하나님과 함께 또 하나님처럼 살도록 지음받았다. 죄는 그런 노력을 실패로 이끈다. 분열이 멈추고 통합이 찾아올 때, 하나님의 심판은 완전해진다.

하나님을 저 멀리 재판석에 앉아 우리의 범죄에 적절한 처벌을 내리고 계시는 재판관이라 여기는 생각은 죄를 얕잡아 보는 생각이다. 죄는 어떠한 법적 문제보다 더 인간과 하나님께 해를 끼친다. 죄는 그럴 법한 사람들이 저지르는 악이 아니다. 죄는 하나님의 심기를 건드리는 잘못도 아니다. 죄는 인간다움을 불안정하게 하고 완전한 파괴라는 벼랑으로 우리를 이끄는 장본인이다. 우리에겐 처벌이 아니라 치유의 구속인 카렘이 필요하다. 재창조와 자유, 거듭남과 온전해지는 경험이 필요하다. 이것이 죄에 대한 복음의 좋은 소식이다. 우리는 죄와 파괴에서 자유로워지도록, 또 하나님과 조화를 이루어 살도록 초청받았다.

4

A CHRISTIANITY
WORTH
BELIEVING

내 아버지 집에 거할 곳이 많도다

14

우울한 눈동자에 감춰진 슬픔

원인이 무엇이든, 즉 우리의 습관이든, 학설이든,
우리의 의도이든, 다른 사람의 실수이든, 우리의 육체이든,
생물학적 이유이든 우리는 죄와 함께 산다.
하지만 동시에 우리는 죄로부터의
자유라는 가능성과 함께 산다.

우리는 죄인 이상의 존재이다

내 직업은 사람들과 연관이 있다. 목사로서, 연사로서, 직접 경영하는 자산 관리 회사에서, 나는 모든 상황에 처한 모든 종류의 사람들과 교류한다. 장례식장과 영안실, 병원, 그리고 인생의 가장 어려운 때를 지내는 사람들이 모인 거실까지, 나는 가보지 않은 곳이 없다. 증오로 가득한 싸움에 관여하고 연루되어본 경험도 있다. 마지막 숨을 거두는 사람의 손을 잡아주기도 했다. 사람들의 재정 문제에 관여해 그들이 자신의 집을 지키도록 도와주기도 했고, 사람들의 구토물과 배설물들을 치워보기도 했다. 또한 수많은 사람들이 내 얼굴을 똑바로 쳐다보면서 내게 거짓말을 하는 것도 겪었다. 누군가는 나를 공격하고 방해하기도 했고, 참기 어려운 고통을 느끼기도 했다. 성폭행과 폭력 그리고 살인 사건의 피해자들과 함께 울기도 했으며, 나까지 고통을 느끼게 하는 자백을 듣기도 했다. 이런 고통과 실패 그리고 잔혹함 속에서 내가 이런 상황들을 법적 문제라고만 치부하기는 불가능했다.

다만 깨어진 규정들에 대한 이야기들이 아니다. 무너지는 삶과 완전한 분열이라는 비참한 상황에 갇힌 사람들의 이야기들이다. 죄를 다스린다는 법적 접근은 죄를 이해하기에는 쉬운 방법이다. 하지만 이런 설명은 죄의 복잡성과 죄의 결과를 무시한다. 죄는 파괴하고 소멸한다. 죄는 어떤 것이 될 수 있는 사람들의 가능성을 부서뜨린다. 죄는 하나님과 다른 사람들과의 관계를 더럽힌다. 또한 우리의 자기 인식을 곡해하기도 한다.

사람은 하나님께 합류하도록 만들어진 기이한 창조물이라는 나의 믿음은 삶에 죄가 없다는 주장이 절대 아니다. 그것은 사실이 아니다. 삶에는 죄의 영향과 죄의 추악이 넘쳐난다. 죄는 삶을 정의하지 않고 삶을 파괴한다. 사실 삶을 파괴하는 것이 있다면 그것은 다름 아닌 죄이다. 삶을 실패로 이끄는 모든 것이 죄라 주장하고 있으니, 사실 나는 죄를 축소하는 것이 아니라 확대하고 있는 셈이다. 하지만 나는 법적 설명이 놓치고 있는 중요한 특징인 소망을 함께 제안하고 싶다.

물론 죄는 만연해 있다. 하지만 그것이 결론은 아니다. 우리가 죄를 올바로 이해할 때, 우리는 우리 조상이나 인류에게 책임을 떠넘기기 위한 또는 죄가 하나님을 곤란에 빠뜨렸다고 가정하기 위한 복잡한 학설이 없이도 죄의 존재를 인정하게 된다. 죄가 극심할 때 우리는 죄에 대처해야만 한다. 좋은 소식은 우리가 죄에 대처할 수 있게 되었다는 소식이다.

이런 생각은 구약성경 히브리 공동체의 생각이었다. 예수님이 죄에 대한 해결책이요 따라서 예수님의 죽으심으로 치유가 시작되었다고 수도 없이 들어온 사람들에게는 충격적인 이야기일 것이다. 하지만 유대인의 전통은 다른 이야기를 전한다.

우리 교회 공동체 일원이자 유대인으로 자란 데보라는 우리가 기독교의 믿음을 더욱 잘 이해하도록 돕기 위해 종종 우리를 유대의 전통 절기로 인도하곤 한다. 가을마다 우리는 그녀와 함께 유대인의 속죄일인 욤 키푸르*Yom Kippur*를 기념한다. 레위기에서 유대인들은 매년 속죄일을 보내도록 부름받았다고 데보라는 우리에게 상기시킨다. 아론과 모세가 받은 규정들을 자세히 살피며, 또한 그녀는 그 규정들이 예수님의 이야기와 어떻게 연결되었는지 설명한다. 속죄양과 피 흘림, 서로와 하나님에 대한 죄의 고백, 그리고 죄로부터의 자유의 선언까지 말이다.

매년 데보라는 우리에게 유대인들은 주머니 속 보풀을 샅샅이 모아 속죄일을 기념한다고 이야기하며 우리에게도 같은 방법을 제안한다. 그래서 우리는 종이 위에 죄의 고백을 적거나 아니면 그 죄를 상징하는 나뭇잎들을 모아 개울가로 향한다. 그 나뭇잎들과 종이들을 물 위로 던지면서 우리는 아래의 시편을 읽는다.

이는 하늘이 땅에서 높음같이 그를 경외하는 자에게 그 인자하심이 크심이로다. 동이 서에서 먼 것같이 우리 죄과를 우리에게서 멀리 옮기셨으며 아비가 자식을 불쌍히 여김같이 여호와께서 자기를 경외하는 자를 불쌍히 여기시나니(시 103:11-13).

데보라는 개울물이 우리의 죄를 적은 종이를 싣고 흘러갔듯이 하나님이 우리에게서 우리의 죄를 가져가셨다고 설명한다. 죄는 저 멀리 흘러갔고 옮겨졌다. 맞다, 죄는 존재한다. 하지만 우리가 죄를 발견할 때, 우리는 그 죄를 버려야 한다.

죄에 대한 이런 이해는 우리가 눈을 크게 뜨고 세상을 보도록, 즉 많은 사람들을 함정에 빠뜨리는 죄를 보지만 여전히 생명이 죽음을 이긴다는 사실을 선언하도록 도와준다. 우리를 하나님에게서 '분열시키는' 모든 것이 죄이다. 이 죄는 의도적인 죄와 우연한 죄 모두를 포함한다. 또한 계획적인 죄와 우발적인 죄, 그리고 사람이 저지른 죄와 다른 창조물들이 불러온 죄도 마찬가지이다. 하지만 죄가 핵심은 아니다. 우리는 죄를 다스리기 위해 살지 않는다. 우리는 하나님과 연합하기 위해 산다. 따라서 죄가 문 앞에 엎드리거나 우리 내면에서 솟아오를 때 우리는 그 죄를 해결하도록 애써야 한다. 우리는 죄에서 도망해야 한다. 죄를 근절해야 한다. 죄를 대적해야 한다. 죄는 우리를 인간답게 만들지 않는다. 죄는 우리의 인간다움과 모든 다른 창조를 파괴할 뿐이다.

내가 이렇게 죄를 분열로 파악하여 설명할 때, 많은 사람들은 같은 질문을 던진다. 죄가 우리의 내재된 악의 결과가 아니라면, 또 우리가 부패한 존재로 태어나지 않았다면, 우리는 왜 죄를 짓지요? 온당한 질문이다. 하지만 나는 이런 질문이 오히려 대화를 뒷걸음질하게 한다고 생각한다.

우리 교회 성도이자 내가 아는 이들 중 인격이 손꼽히게 훌륭한 로라는 내가 이번 장의 내용을 이야기하려 편집자를 만난 자리에 함께 앉아 있었다. 로라의 갓난아기 앨리스는 로라의 무릎 위에 앉아 있었는데, 우리는 대화를 나누면서도 앨리스에게 자꾸만 마음을 빼앗겼다. 타락의 이야기는 이 작고 귀여운 갓난아기 앨리스는 오직 악한 행동만 할 수 있을 뿐이며, 반면 세례를 받은 적극적인 성도 로라는 죄의 영향을 덜 받는다고 암시한다.

이치에 맞지가 않았다. 그 자리에 있던 우리 모두에게는 아이들이 있었는데, 우리 아이들은 악으로 가득한 반면 우리 자신은 죄에서 자유로우며 선을 향해 자라가는 중이라고 우리는 생각하지 않았다. 아니 오히려 그 반대로 의견을 모았다. 삶을 살수록 우리는 더욱 죄의 영향을 깊이 받게 되고, 우리 아이들은 가능하면 그런 영향을 피해 가기를 바라지 않는가.

이런 관점은 사람들이 부패한 존재로 시작해 올바른 신앙 형식을 따를 때 더 나은 존재로 변화한다는 전통적인 관점과 정반대이다. 하지만 하나님과 또한 다른 사람들과의 부조화를 창조하는 것은 이 세상의 조직과 상처와 패턴이다. 삶이 질병과 죄를 창조한다.

우리 안에 침투한 죄가 우리 내면을 갉아 먹은 듯 분열 작용은 악화된다. 때때로 우리는 의도적으로 죄의 명령을 따른다. 심지어 죄를 추구하기도 한다. 인정하기 어렵지만 우리가 스스로 우리 삶을 향한 하나님의 바람을 저버리고 도망하기도 한다. 또한 하나님을 따르지 않으려 스스로 방어책을 쌓아 올리기도 한다. 그리고 때로는 다른 사람들이 지은 죄의 피해자가 되기도 한다.

때로 죄를 짓는 장본인은 우리의 이성적 결단이 아니라 우리의 육체이기도 하다. 신경학자와 생물학자 그리고 화학자들의 연구는 그간 우리가 죄로 분리했던 문제들 중 다수의 원인이 생물학적이라 밝혀내지 않았는가. 또 우리의 죄가 발달 과정의 문제에서 온 경우도 있다.

목회를 하는 친구인 브라이언은 이렇게 표현했다. "나는 사람들이 저지르는 잘못을 도덕적·영적 실패라 부르곤 했어. 하지만 그들 중 많은 사람들의 '죄'가 적절한 식이요법과 약물 치료로 사라진다는 사실을 목격했지." 그는 모든 문제를 건강한 식단과 약물로 해결할 수 있다고 주장하지 않는다. 다만 그는 하나님과 함께 살기 위한 우리의 분투 가운데 몸과 뇌의 역할을 인정하는 것이다. 복음서에서 예수님이 죄를 용서하시는 의미로 상하고 병들어 아픈 사람들을 치유해주셨던 것이 좋은 예가 되리라.

원인이 무엇이든, 즉 우리의 습관이든, 학설이든, 우리의 의도이든, 다른 사람의 실수이든, 우리의 육체이든, 생물학적 이유이든 우리는 죄와 함께 산다. 하지만 동시에 우리는 죄로부터의 자유라는 가능성과 함께 산다.

좋은 소식은 죄가 최종 결론이 아니라는 사실이다. 우리는 집단적인 방식으로 하나님과의 불일치를 불러오는 조직들을 변화시킬 수 있다. 우리 가족들에게서 내려온 패턴들을 바꾸어 관계와 존재의 새로운 방식을 창조할 수도 있다. 우리의 몸은 치유를 경험한다. 다시 말해, 우리는 새로운 창조물로 새롭게 태어난다는 의미이다.

미국 국립정신보건원The National Institute of Mental Health은 미국 시민의 30퍼센트가 정신질환과 싸우고 있다고 발표했다.[1] 이런 통계는 나의 경험상 사실이다. 이유가 무엇이든 다양한 정도의 정신질환으로 고통받는 많은 사람들을 나는 만났다. 정신질환에 대해 알게 될수록 그것은 내게 법적인 설명보다 더욱 유용하고 성경적으로 죄를 이해할 수 있는 틀을 제공해주었다.

내가 정신질환으로 고통받는 사람들과 오랫동안 인연을 맺을 수 있었던 것은 나의 직업 때문이었다. 하지만 자기 자신과 평화를 누리지 못하는 식구와 한 집에서 사는 것은 그와는 완전히 다른 문제였다. 두 아들을 입양한 이후, 융화된 삶을 살지 못하는 사람에 대한 나의 연민과 이해는 놀랍도록 확장되었다.

우리 아들 치코는, 술로 뱃속 태아의 뇌 구조 발달 과정을 바꾸어 놓은 생모와 어린 시절 자신을 부당하게 대했던 부모와 조부모가 미친 영향들과 아직도 싸우고 있다. 그 정신적인 충격들은 치코에게 무서운 문제들을 불러왔다. 누구나 겪는 일반적인 문제와 씨름하는 것은 물론이고, 치코는 자신이 원하는 사람이 되기 위해 자신의 상한 육체도 극복해야 했다.

치코의 '모든 악재가 모여 만든 거대한 폭풍'은 외상후 스트레스장애와 태아알코올증후군, 간헐성 폭발장애, 그리고 반응성 애착장애로 분류된다. 전문 용어들이다. 하지만 실제 삶에서 이런 진단은 이 아이가 자신의 두뇌 활동과 화학 작용의 피해자라는 사실을 의미한다. 그의 몸과 바람은 서로 조화를 이루지 못한다. 그 아이의 바람과 그에 대한 아이의 몸의 반응은 때로 너무나도 분열되어 치코는 자기 자신이라는 인간을 두고 고뇌하기도 한다.

치코의 소원은 완전하고 선하며 친절하고 온전하게 사는 것이다. 하지만 몸이 깨져 있다. 그의 몸은 상해 있고 온전하지 못하다. 우리는 전체적이고 통합적인 존재로 창조되었기 때문에 몸이 깨져 있다면 의지와 영혼과 정신 또한 깨져 있기 마련이다.

이런 문제들은 수도 없이 분노와 폭력의 폭발로 이어져왔고, 어느 때는 폭발의 정도가 심해 아내와 내가 힘으로 여러 시간 동안 치코를 억제해야 할 때도 있다. 시간이 지나면서 우리는 우리와 치코 모두에게 안전한 억제 방법을 터득했다. 하지만 이런 일들은 때로 두 시간을 넘게 지속되고, 그 시간 동안 치코는 때리고 소리를 지르고 물고 또 우리에게 욕설을 퍼붓는다. 양쪽 모두에게 감정을 증폭시키고 매우 지치게 하는 시간이다.

그럴 때, 우리는 치코와 우리 자신에게 이때는 지나가고 그의 몸은 회복되리라는 사실을 상기시키려 노력한다. 또한 우리는 치코가 자신의 행동에 대해 책임을 지도록 해야 하지만 우리는 치코를 사랑하고 이 아이가 온전해지기까지 모든 노력을 다하리라는 사실을 서로 상기시킨다. 하지만 여전히 어려운 과정이다.

나는 정상적인 것과 소원하는 것에서 분열된 이 상태가 바로 죄의 모습이라 생각한다. 만일 아내와 내가 치코의 문제를 순전히 그의 의지에서 온 행동이라 이해한다면, 우리는 전적으로 실망하고 또 그 아이를 문제를 일으키기만 하는 골칫거리로 보게 되리라. 만일 우리가 그의 상태를 변하지 않을 인간의 타락으로 본다면, 우리는 다만 그 아이를 불쌍히 여기게 되리라. 하지만 우리는 치코가 치유될 수 있다고 믿는다. 눈으로 보았기 때문에 우리는 그렇게 믿는다.

치료와 식이요법을 통해 그의 뇌 기능이 달라지리라고 믿는 사람들에게 치코는 큰 도움을 받고 있다. 아내와 나는 미네소타 가족애착센터Family Attachment Center의 도움을 통해 치코의 신경 경로와 행동들에 놀라운 변화를 불러온 이야기 요법을 시도하는 등 치코와 함께 광범위한 노력을 해왔다. 또한 치코가 다니는 학교의 헌신적인 특수교육 전문가들도 그를 돕고 있다. 이런 여러 가지 치료법들은 치코가 매일 마주하는 많은 장애들과 더불어 살며 그중 일부 장애들은 극복하는 데 도움을 주었다.

우리는 모두 비슷한 종류의 내적 싸움을 경험한다. 하기 원하는 것과 실제로 행하는 것 사이의 싸움 말이다. 이런 싸움에는 법적 설명이 아니라 건강과 인격의 통합적 설명이 필요하다. 치료의 도움이 필요한 사람들과 사법제도 아래 처벌이 필요한 사람들 사이의 차이는 매우 크다. 사회가 정신 건강의 문제를 법적 체계로 다루려 할 때, 오히려 해를 가져올 것이다. 믿음도 마찬가지이다. 법적 설명은 우리를 절망과 자기혐오로 이끈다. 이런 설명은 하나님과 우리를 멀게 한다. 우리가 하나님을 두려워하고 다른 사람들을 의심하도록 만든다. 하지만 죄를 분열의 상태로 또한 생명과 선의 실마리로 이해한다면, 우리는 치유와 통합이라는 소망을, 그리고 남아 있는 실타래에서 다시 삶을 엮어 가리라는 소망을 보게 된다.

지난여름, 우리는 해마다 떠나는 긴 여행을 가기 위해 그랜드 캐러밴에 올랐다. 우리에겐 우리만의 좌석표가 있다. 나는 운전석 그리고 아내는 그 옆자리를 차지한다. 미콘은 내 바로 뒷자리에 앉고, 키가 큰 테일러는 아내의 뒷자리로 몸을 구겨 넣는다. 루벤과 치코는 세 번째 줄을 차지한다. 우리 식구들의 평균 키보다 작은 두 아이에게 잘 어울리는 자리이다.

라디오에서 들려주는 음악을 무작정 듣고 있던 중, 더 후The Who

의 〈우울한 눈동자에 감춰진Behind the Blue Eyes〉이라는 노래가 흘러나왔다. 그 노래는 이렇게 끝을 맺는다. "나쁜 사람이 된다는 것이 어떤 기분인지, 우울한 눈동자에 감춰진 슬픈 사람이 된다는 것이 어떤 기분인지 누구도 모르지." 혼잣말이었지만 차 속에 있던 우리 모두에게 분명히 들리는 목소리로 치코는 말했다. "나는 알아."

우리는 모두 웃음을 터뜨렸다. 치코도 마찬가지였다. 하지만 치코를 비웃는 웃음이 아니었다. 우리는 모두 치코를 알고, 치코와 함께 고통을 겪어왔고, 또 치코가 더 나은 삶을 살기를 바라고 있었다. 치코는 정말 그 기분을 알고 있다는, 마음에서 나온 깊은 이해로 우리는 함께 웃었다. 아내는 말했다. "맞아, 치코. 너는 알고 있어. 그렇지만 그게 다가 아니야. 그게 전부는 아니야."

아내는 우리가 우리의 잘못 이상의 존재라 말하고 있었다. 우리는 우리의 고뇌 이상의 존재이다. 생명과 성장은 여전히 우리 앞에 놓여 있지만, 그런 인간다움에 미치지 못한다고 해서 우리가 실패자라는 뜻은 아니다. 치코가 그런 행동들을 하는 이유는 그가 끔찍한 아이이기 때문이 아니다. 여전히 치유되고 또 성장하고 있기 때문이다. 맞아, 치코야. 우리 모두는 슬프고 나쁜 사람이 되는 기분이 어떤 것인지를 알고 있어. 하지만 하나님은 우리가 하나님의 형상을 닮은 원래 우리의 모습대로 멋지고 귀하게 살 수 있다고, 믿으라고 우리에게 말씀하신다.

15

내가 알지 못했던 유대인

그 여학생이 내게 예수님은 유대인이라 이야기했을 때,
나는 마치 예수님은 다른 사람들과
전혀 어울리지 않던 외톨이였다거나
배꼽이 없으셨다는 이야기를 듣는 듯한 기분이었다.
나는 내가 알던 예수님이 좋았다!

예수님은 그리스도이기 전에 메시아였다

"알지? 예수님이 유대인이었다는 걸."

"아니, 예수님은 그리스도인이셨지." 나는 자신 있게 대답했다. 지금 나처럼. 속으로는 이렇게 생각하면서 말이다.

그리스도의 수난 연극 후 며칠 동안, 나는 누구든 들어주는 사람만 있으면 내 새로운 믿음을 열정적으로 전하고 싶어 안달이 나 있었다. 서로 얼굴 정도만 알던 여학생과 학교 계단에서 나누었던 이 대화는 예수님에 대한 나의 서투른 대화들 중 첫 번째였다.

나를 쳐다보는 그 여학생의 눈빛은 내가 믿음의 가장 기본적 요소를 모르고 있다고 말하고 있었다. 마치 예수님이 유대인이라는 사실은 새로운 기독교인이 예수님에 대해 꼭 알아야 할 기본적인 세 가지 사실 중 하나인 것처럼 말이다. 나는 주말 동안 배운 사실들을 얼른 되짚어보았다. 하나님은 나를 사랑하셔. 오케이. 이상하게 생긴 협곡의 끝에 나는 서 있는 거야. 오케이. 예수님은 내 가장 친밀한 친구이시지. 그것도 오케이. 그런데 예수님이 유대인이시라고? 정말?

그녀의 말에 한 방 얻어맞은 양, 나는 아무 말 없이 계단을 걸어 내려왔다. 기독교 믿음에 대해 내가 아무리 아는 게 없다지만, 기독교와 유대교가 서로 다른 종교라는 사실은 나도 알고 있었다. 내 친구들 중에는 유대인들이 많았고 그래서 나는 그들의 성인식인 바르 미츠바*bar mitzbah*에도 참석해보지 않았던가. 하지만 누구도 예수님의 이야기를 꺼내지 않았다. 내 유대인 친구들은 금요일 밤과 토요일 아침이면 회당에 간다. 가톨릭 친구들이 일요일이면 종일 눈에 보이지 않듯이 말이다. 둘 사이에는 중복된 점이나 공통점이 없다. 전혀 다른 두 개의 종교이다. 그녀의 '예수님 이야기'가 잘못된 것이 분명하다.

하지만 정작 나를 괴롭혔던 생각은 예수님이 정말 유대인이신가 하는 문제가 아니었다. 나는 이미 예수님께 깊은 애착을 느꼈고, 나는 그 예수님이 변하지 않기를 바랐다. 예수님에 대한 이런 기대가 얼마나 빨리 등장했는지 사실 이상하기까지 했다. 예수님에 대한 나의 헌신은 순간적이고 완전했다. 나는 예수님께 내 삶 전부를 드리고 싶었고, 이미 내 변화된 삶이 불러온 희생을 치르고 있었다. 내 친구들 중 기독교인은 소수였고, 나는 기독교인이 아닌 다른 친구들이 예전에 우리 모두가 회심한 스티브를 대했듯 나를 대하리라는 사실을 알았다. 물론 우리 가족 또한 이 믿음에 동조할 리 없었고, 그것을 부탁할 마음도 없었다. 나는 꽤 불안정한 방식으로 다른 사람이 되어가겠지. 이제 열여섯 살이던 내가 예상한 이런 상실들은 내가 이전에는 경험해 보지 못한 것들이었고, 결코 작은 대가가 아니었다. 하지만 내겐 예수님이 계셨고 나는 예수님이 그런 대가보다 크시다는 사실을 믿어야 했다.

내가 처음 구입했던 기독교 음반들 중에는 키이스 그린Keith Green의 〈타협은 없다No Compromise〉도 있었는데, 나는 그 음반을 여러 번 반복해서 들었다. 1972년식 도요타 코로나Toyota Corona에 앉아 듣던 〈순종이 제사보다 낫다To Obey Is Better Than Sacrifice〉라는 찬양을 나는 아직도 기억한다. 어찌나 눈물이 흐르던지 차를 세워야 했다. 나는 운전대 위로 머리를 조아리고 이렇게 기도했다. "예수님, 제가 모든 친구를 잃는다 해도 저는 늘 예수님과 함께 살겠습니다." 가장 친밀한 친구, 형제, 말 그대로 영혼의 친구를 새로이 얻은 느낌이었다.

그 여학생이 내게 예수님은 유대인이라 이야기했을 때, 나는 마치 예수님은 다른 사람들과 전혀 어울리지 않던 외톨이였다거나 배꼽이 없으셨다는 이야기를 듣는 듯한 기분이었다. 기이할 뿐 아니라 불가능한 이야기였다. 가장 친한 친구라며 너는 어떻게 그 사실을 몰랐던 거야? 나는 완전히 속은 느낌이었다. 나는 다른 예수님, 유대인 예수님을 원하지 않았다. 나는 내가 알던 예수님이 좋았다!

내가 아는 예수님에 대해 누군가 시비를 걸어오는 기분이 어떤 건지 잘 안다. 하나님의 본성과 인간의 상태, 죄의 본질에 대한 재고는 예수님에 대한 재고로 이어진다는 사실도 안다. 이는 굉장히 힘든 과정이다. 지난 몇 년 동안 내 믿음은 통합된 하나님에 대한 이해와 그 이해에 따른 모든 유익을 따라 재배열되어 왔다. 하지만 어두운 면, 그러니까 두려워 묻기도 어려웠던 질문이 함께 따라온 것도 사실이다. 예수님께 무슨 일이 일어난 걸까?

그리스식 기독교의 이야기는 예수님께 이상적 자리를 제공한다. 예수님은 하나님과 우리를 연결하는 분이시다. 다리이시며, 우리가 우리 자신의 부패한 상태에서 벗어나는 길이다. 예수님은 피의 하나님을 달래 우리를 구속할 값을 치르시는 피의 희생양이시다. 하지만 우주적 법정공방이 없다면, 우리는 왜 예수님이 필요한 걸까? 협곡이 없다면, 우리는 왜 예수님이 필요한 걸까? 죄가 하나님의 생명에서 우리를 '분리'하는 것이지 우리 인간의 존재론적 문제가 아니라면, 왜 우리는 예수님이 필요한 걸까?

믿음의 통합적인 방식에 대해 사람들과 이야기를 나누면서도, 나는 내심 내가 그들과 함께 있는 동안에는 그들이 예수님에 대한 계산을 하지 않기를 바라곤 했다. 하지만 누군가는 교회 복도에서 나를 잡아 세우고 회의실 뒤쪽으로 나를 불러내서는 이런 질문을 던졌다. "하나님을 바라보는 이 '새로운' 방식으로는 예수님이 어떤 분이 되시는 거죠? 예수님은 그저 도덕적 선생일 뿐인가요?" "당신은 죄를 믿지 않는다는 말이군요. 그렇다면 예수님은 실패한 혁명가가 되시는 건가요?" "모든 종교는 같고, 예수님은 우리 기독교의 별 의미 없는 상징이 되었다는 말인가요?" 나는 이런 질문들이 두려웠다. 대답하기 싫었기 때문이 아니다. 정작 나도 오랫동안 어찌 답해야 할지 알지 못했기 때문이다. 그리고 그런 두려움은 나를 깜짝 놀라게 했다.

나는 예수님에 대한 이런 질문들의 답을 알지 못했다. 하지만 이것만은 분명했다. 나는 예수님을 으뜸의 자리에 올려두지 않는 믿음이라면 무엇이든 따르고 싶은 마음이 없었다. 하지만 학교 계단 위에서 그 대화를 나눈 이후 수십 년이 흘러 나는 깨닫기 시작했다. 예수님이 유대인이시라는 사실은 내가 몰랐던 비밀이 아니었다. 믿음에 대해 내가 이해한 모든 사실의 중심이었다. 모든 창조물에게 치유와 온전함을 가져다주시는 통합된 하나님에 대한 히브리식 이야기의 중심에는 바로 예수님이 계셨다. 성경 전체가 예수님의 이야기이다. 유대인의 이야기는 예수님의 구원을 증언한다.

기독교에 대한 그리스식 설명이 히브리식 설명을 대체하고 따라서 우리가 히브리식 설명의 미세한 아름다움을 잃었다고 하더라도, 그 설명은 성경과 예수님의 삶의 핵심으로 여전히 남아 있다. 어느 유대인이라도 신약성경을 읽다보면 그 속에서 유대인의 역사를 떠올리게 된다. 완벽히 불가능한 상황, 젊은 어머니에게 태어난 예수님은 늙은 나이에 이삭을 낳은 아브라함과 사라를 상기시킨다. 또한 예수님은 모세처럼 어린아이들의 학살을 피해 애굽으로 피신하신다. 유대 민족과 같이 예수님은 광야에서 시험을 당하신다. 또한 예수님은 모세와 같이 산 위에 올라 하나님의 말씀을 대언하신다. 다윗과 같이 예수님은 선한 목자이시다. 또한 예수님은 선지자들과 같이 제사장의 역할을 하신다. 엘리야와 엘리사처럼 죽은 자를 살리기도 하신다. 예수님의 이야기는 분명 유대인의 이야기이다.

하지만 예수님을 진정 기독교에 없어서는 안 될 분으로 이해하기 위해 나는 예수님이 하신 일 이상을 알아야 했다. 예수님이 누구신지 알아야 했다는 말이다. 그리고 여느 때처럼 그리스식 세계관이 히브리식 이야기의 일부 본질적 내용들을 덮고 있다는 사실을 발견했다. 우리가 알고 있는 예수님의 이름에서부터 말이다.

우리 문화에서 예수라는 이름에는 거대한 힘이 실려 있다. 그 이름은 구별되었고 거룩하며 모든 이름 위에 뛰어나다. 남미 출신의 사람이 아니라면 누구든 예수라는 이름을 가진 사람을 만날 때 당황하지 않겠는가. 친구인 스미스 부부가 첫아이를 낳기 전, 나는 그들에게 남자아이라면 예수라는 이름이 어떻겠느냐고 제안했다. 우리는 예수 스미스라는 이름을 떠올리며 웃음을 터뜨렸다. 그냥 이상했다. 멋진 이름이긴 하지만, 한갓 인간에게

붙이기는 어려운 이름이었다.

하지만 1세기 유대 문화에서 예수는 평범한 이름이었다. 예수는 히브리식으로 예수아*Jeshua*이고, 유대인들은 그 이름을 여호수아*Joshua*라 발음했다. 따라서 성경 이야기를 원래 의미대로 전하자면 예수라는 이름보다는 여호수아라는 이름이 더욱 적절하다. 그러자면 성탄 이야기, 요셉의 꿈에 나타나 천사가 전했던 소식도 이렇게 바꾸어야 하지 않을까. 마리아와 결혼하고 아들의 이름을 여호수아로 해라(마 1:20-22 참조).

그 이름은 요셉이 모든 정황을 이해하도록 도와주었다. 여느 유대인들과 마찬가지로 요셉은 유년시절부터 여호수아의 이야기를 잘 알았다. 하지만 현대 기독교인들은 구약성경의 여호수아를 신약성경의 예수님과 연결지어 생각하지 않는다. 그저 주일학교에서 배운 대로 군대를 이끌고 여리고 성을 돌고 성벽이 무너질 때까지 나팔을 분 사람으로만 알고 있을 뿐이다. 하지만 유대인들에게 여호수아는 대단히 중요한 인물이었다. 그는 모세의 사역을 완수한 인물이었기 때문이다.

여호수아를 모세와 연결하는 것은 히브리 믿음에서 매우 중요했다. 모세는 이스라엘 민족을 애굽에서 끌어내 400년간의 노예 생활에서 그들을 해방시키고 하나님이 아브라함의 후손들에게 약속하셨던 땅으로 인도하도록 부름받은 사람이었다. 노예 생활에서의 구원, 유월절, 바다가 갈라진 기적, 광야에서의 공급, 그리고 십계명은 유대인들이 가진 믿음의 기본적인 뼈대였다.

하지만 인도자로서의 결정적 역할에도 불구하고, 모세는 그의 백성들과 함께 약속의 땅으로 들어가지 못했다. 궁극적인 성취는 그의 몫이 아니었다. 여호수아의 몫이었다. 하나님의 약속의 성취를 알린 사람은 모세가 아닌 여호수아였다.

따라서 예수님을 여호수아라 부르던 유대인들은 그분을 모세가 시작한 일을 마치러 온 분으로 이해했다. 예수님이 "내가 율법이나 선지자나 폐하러 온 줄로 생각지 말라. 폐하러 온 것이 아니요 완전케 하려 함이로다"(마 5:17) 하고 말씀하셨을 때, 그들이 느꼈을 전율을 상상해보라. 1세기 유대인들은 예수님을 통해 아브라함과 모세 그리고 여호수아에게서 시작된 이야기의 완성을 보았다. 그들은 예수님을 하나님의 성취된 언약으로 보았다. 예수님은 단순한 유대인이 아니었다. 예수님은 여호수아로서 언약된 분이었다.

그런 성취가 예수님의 본질이었다. 유대인들은 자신들을 하나님과 함께하는 삶에서 이탈하게 하고 또한 노예 상태로 가두는 모든 것을 죄로 이해했다. 그들에게 죄는 속박이었고 구원이 필요한 포로 생활이었다. 모세가 이스라엘 민족을 애굽에서 구원했듯이, 여호수아가 그들을 약속의 땅으로 인도했듯이, 이 구원자 예수님도 그들을 죄로부터 새로운 자유로 이끌어주실 분이었다. 그들은 예수님을 기대해왔고 소망해왔다. 그분은 언약된 분이자, 죄의 인질이 된 모든 사람에게 치유와 소망을 가져다주실 분이었다.

예수님의 이름에 이렇게 많은 의미가 들어 있으리라고 누가 생각이나 했을까?

하지만 예수가 예수님의 전체 이름은 아니다. 내가 처음 믿었을 때 오랫동안 내가 그렇게 생각했듯, 많은 사람들은 예수님의 성을 '그리스도Christ'라 알고 있다. 예수님의 성은 요셉의 아들을 뜻하는 바요셉Bar-Joseph이었을 수도 있고, 어쩌면 내 선조들이 살았던 나라에서 하던 식으로 조지프슨Josephson이었을 수도 있다. 그리스도Christ의 히브리어 단어는 메시아Messiah이다. 두 가지 다른 언어이지만 뜻은 같다. 하지만 누구도 예수님을 '예수 메시아'라 부르지 않는다. 그 이유는 그리스도는 그리스어이고, 사람들은 주로 그리스어를 사용해 예수님에 대한 이야기를 하며 시대가 흘러왔기 때문이다. 적절한 문화적 순응처럼 보이지만, 사실 예수님이 그리스어로 성을 갖게 된 사연에는 훨씬 중요한 의미가 담겨 있다.

그리스어인 크리스토Christo는 '기름 부음받은 자'라는 뜻이다. 또한 이 단어는 '언약된 자'라는 주요 의미를 가진 메시아의 그리스식 표현이기도 하다. 이 번역에는 문제가 없다. 하지만 언제든 한 단어가 다른 언어로 번역될 때에는 더해지거나 빠지는 의미가 있기 마련이다. 하지만 나는 그리스도와 메시아가 서로 대체가 불가능한 단어이고 따라서 우리는 둘 중 하나만을 선택해야 한다고 생각하지 않는다. 하지만 수세기를 지나면서 그리스도가 예수님의 대표적인 이름이 되었고, 우리는 언약된 자, 메시아이신 예수님의 은근한 중요성을 잃어버렸다.

모든 약속에는 세 가지 요소가 필요하다. 약속을 하는 사람과 약속을 받는 사람, 그리고 약속의 내용이다. 이 세 가지 요소는 그 약속이 이루어질 때까지 서로 민감한 긴장을 유지한다. 그리고 이런 긴장이 성경 전체를 관통한다.

히브리식 믿음은 이스라엘 민족에게 주신 하나님의 언약이라는 약속에 대한 믿음이었다. 구원과 자유 그리고 속박으로부터의 해방이라는 하나님의 약속이 구약성경 모든 이야기의 핵심이다. 이 약속이 역사를 지나도록 유대인들을 지탱해주었다. 예수님을 하나님께서 자기 조상들에게 주셨던 약속의 성취로 생각한 초기 기독교 유대인들의 마음을 상상해보라. 여호수아 바요셉은 단순히 선택받고 보냄받고 또 기름 부음받은 자가 아니었다. 예수님은 그들이 수천 년 동안 기대하고 소망하고 또 기다려온 언약된 메시아였다. 예수님은 늘 자신이 행하리라 말씀하셨던 일을 실제로 행하고 계신 하나님이셨다.

예수님에 대한 이런 관점은 우리가 하나님과 인간의 연결을 더욱 깊이 이해하도록 도와준다. 메시아라는 말에는 대사라는 뜻이 담겨 있다. 예수님은 하나님의 뜻을 이루기 위해 하나님의 권위를 가지고 직접 이 땅에 오셨다. 이런 사실에는 역사성이 있다. 예수님보다 앞서 온 약속 자체가 이런 사실을 포함한다. 사람들이 발버둥치고 반역하고 또 실패할 때마다, 하나님은 그들에게 약속을 보여주셨다. 하나님은 그들에게, 그들은 혼자가 아니고 버림받지 않았으며 또한 참으로 길을 잃지 않았다는 사실을 그때마다 상기시켜주셨다. 이런 언약과 언약된 자는 인간과 하나님의 지속적인 연결을 의미한다.

이런 연결에는 협곡이라는 틈이 없다. 하나님이 언약을 거두신 순간도 없다. 하나님이 사람들을 거절하고 약속을 어기신 순간 또한 없다. 구원의 약속은 모든 순간에 존재한다. 따라서 메시아는 기름 부음받은 특별한 자로 특정한 때와 장소에만 홀로 서 계시지 않는다. 메시아는 하나님과 영원한 관계 속에 존재하신다. 자신을 보내신 이와 영원히 연결되어 있다는 말이다.

물론 이방인들은 유대인들처럼 이런 약속의 능력을 경험하기가 어려웠다. 그들은 그리스 로마의 신들에 더욱 익숙했기 때문이다. 따라서 메시아라는 개념은 이방인들에게 유대인들에게와 같은 무게를 실어주지 못했다. 그리스인들과 로마인들에게는 판테온이라는 신전이 있었는데, 그 신전의 신들은 자만했고 또 기쁘게 하기 어려운 신들이었다. 그 신들은 사람의 감정과 목숨을 재미 삼아 희롱했다. 인간이 신들을 노하게 할 때면, 신들은 참회를 강요하기 위해 형벌을 내렸다. 따라서 기독교가 퍼져갈 즈음의 초기 복음 전도자들은, 예수님을 하나님의 진노를 달래기 위한 선택받은 자로 그린다면 그들이 예수님의 이야기를 수월히 이해하리라 생각했다. 누구도 불가능한 일을 이루신 '기름 부음 받은 자'로 말이다. 이방인들에게는 설득력 있는 설명이었다.

이것은 이름만의 문제가 아니었다. 예수님은 유대인과 이방인 모두에게 구세주였다. 하지만 예수님이 자신들을 무엇에서 구해 내시는지에 대해, 두 무리는 서로 완전히 다른 생각을 하고 있었다. 이방인들은 예수님이 자신이 받아야 할 형벌에서 자신을 구하신다고 생각했다. 예수님이 자신의 죄를 대신 받으신 대속물이 되셨다는 것이다. 이방인들에게 예수님은 인류의 죗값을 치르도록 하나님이 선택하신 특별하고 거룩하고 순결한 분이셨다. '저 위 그리고 저 바깥,' 우리와 멀리 떨어진, 복수심에 넘치는 하나님의 요구였다.

하지만 유대인의 하나님은 사랑이 많은 아버지의 모습이신, 사람들의 필요를 채우고 이 세상 속 하나님의 일에 참여하라고 그들을 부르시는 '이 아래 그리고 이 안'의 하나님이었다. 이 하나님은 자신이 사랑하는 사람들을 좇으시는 친밀한 연인이셨고, 또한 사람들을 자신과 함께하는 삶으로 데려오기 위해 필요한 모든 것을 하는 분이셨다. 메시아는 그들에게 하나님과 함께하는 참된 협력이 무엇인지를 보여주는 지도이자 안내자였다. 그들은 홀로 방황할 필요가 없었다. 그들에게 길을 보여주시는 살아 숨 쉬는 하나님의 약속이 있었기 때문이다. 메시아는 그들의 삶을 원래 창조된 모습으로 회복시켜주셨다. 이 평범한 이름을 가진 평범한 사람은 바로 하나님이셨고, 그분은 이렇게 말씀하셨다. "나는 여전히 너를 사랑한다. 그리고 네가 누구든 나는 네가 나를 따르기를 원한다."

예수님은 역사 속에서, 이스라엘의 역사 속에서 살아 계셨다. 예수님을 아는 것은 아브라함과 그의 자손을 온 세상의 복으로 부르신 고대 하나님의 이야기에 참여하라고 우리를 부르시는 한 유대인으로 아는 것이다. 또한 자유와 해방의 약속된 땅으로 하나님의 백성을 이끈 여호수아로서의 예수님을 따르는 것이다. 또한 그리스도로만이 아니라 하나님의 계획을 성취하러 오신 분으로 예수님을 믿는 것이다. 그분은 평강의 왕이요, 육신이 되신 말씀이요, 구세주시요, 왕 중의 왕이요, 유다 지파의 사자요, 하나님의 어린양이요, 하나님의 아들이요, 또 인자이시다. 이분이 유대인이신 예수님, 하나님의 메시아이시다.

"알지? 예수님이 유대인이었다는 걸."

이는 진정으로 좋은 소식이다.

16

예수님이 원했던 혁명

예수님은 그리스의 분노한 피의 신을 달래려
선택받은 자로 오신 분이 아니다.
예수님은 인간의 적대감을 끝맺고 사랑이신
히브리 하나님의 약속을 성취하러 오신 분이다.
예수님이 오셔서 끝내려 하신 것은
하나님의 분노가 아니라 사람들의 분노였다.

가이사의 왕국에서
하나님의 왕국으로

나는 기독교 믿음을 가진 후 처음 몇 년 동안, 주말이나 여름밤 같은 시간이면 친구들과 함께 미니애폴리스로 나가 노숙자들과 창녀들 그리고 학대받는 어린아이들과 함께 시간을 보내곤 했다. 고등학교를 갓 졸업했을 무렵이었다. "사람들을 있는 그대로 받아들이라"고 가르치는 집안에서 자랐기 때문인지 나는, 자신의 삶이 아무리 거칠어도 스스로 인생의 길을 찾고자 노력하는 다른 젊은이들과 함께하는 시간이 편안하게 느껴졌다.

기독교인 친구들과 나는 전도에 대해서는 많이 알지 못했지만, 하나님은 이 세상 속에 살아 계시고 사람들이 치유받고 온전해지기를 바라신다는 사실만은 분명히 알고 있었다. 우리는 창녀들과 그들이 살기 위해 돈을 벌 다른 방법들에 대해 이야기했다. 노숙자들에게는 식사를 대접했고, 외로운 아이들과는 함께 놀면서 시간을 보냈다. 우리는 전도지를 나누어주지도, 또 교회로 오라고 그들을 초청하지도 않았다. 사실 그들을 초청할 교회도 없었다. 하지만 우리는 하나님에 대해, 그리고 예수님이 어떻게 우리의 삶을 변화시키고 계신지에 대해 이야기했다. 우리는 예수님께서 그들에게 하실 만한 일들을 하려 최선을 다했다.

그 도시의 한 호수에서 우리는 스케이트보드를 타는 청소년들을 만났다. 금요일 밤이면 우리는 그 호수를 찾아 그 아이들이 스케이트보드를 타는 모습을 지켜보았고, 또한 그들에게 하나님에 대한 이야기를 들려주었고, 함께 삶에 대한 이야기도 나누었다. 우리는 진지했고, 그들도 마찬가지였다. 그 아이들은 미네소타에 스케이트보드 물결을 일으킨 첫 주자였다. 스케이트보드가 지지자를 얻고 또 ESPN에서 극한 스포츠로 인기를 얻기 훨씬 이전에는, 비뚤어진 아이들이 사회를 상대로 벌이는 일종의 시위로 여겨졌다. 우리가 호숫가에서 만난 아이들은 전부 네 명이었다. 그들은 눈 화장을 하고, 담배를 피우고, 반정부를 지향하는 내용이 적힌 옷을 입고, 또 길가에 침을 뱉었다. 그 호수의 선창에서 스케이트보드는 불법이라는 사실을 알았지만, 경찰을 피하는 일에 이미 도가 튼 아이들이었다.

어느 금요일 밤, 그리스도 수난 연극으로 나를 데려갔던 스티브와 셸리와 나는 호수에 도착했고, 그때 우리는 선창을 둘러선 많은 사람들을 발견했다. 그들의 환호와 야유 소리는 멀리서도 또렷이 들려왔다. 사람들 사이로 우리는 호수를 들여다보았고, 스케이트보드를 타는 우리 친구들 중 하나가 물에서 나와 선창으로 올라오는 모습이 눈에 들어왔다. 주변 사람들의 반응을 보니 누가 그 아이를 호수로 집어던진 것이 분명했다. 덩치가 큰 두 남자가 그 아이의 옆에서 웃고 있었다.

나는 모여 있던 사람들 중 하나에게 무슨 일인지 물었다. 거기 모여 있는 사람들은 근처에 있는 암스트롱 고등학교의 미식축구 팀과 응원단이라고 했다. 이 호수로 소풍을 나온 그들과 우리 어린 친구들 사이에 언쟁이 벌어졌고, 미식축구 선수들이 그 아이들의 버릇을 고쳐주려 했다는 이야기였다.

우리는 다시 선창으로 눈을 돌렸다. 우리의 친구는 성난 모습으로 침을 뱉으며 자존심을 되찾기 위해 준비를 갖추는 태세였다. 그 친구를 호수로 집어던진 선수 또한 그만큼 자존심을 유지하고 싶을 테니, 그래 봐야 흠씬 얻어맞기만 할 텐데도 그 아이는 젖은 몸과 스케이트보드를 끌고 미식축구 선수를 향했다. 바로 그때, 스티브가 사람들을 헤치고 우리 친구에게로 걸어갔다. 스티브는 180센티미터의 키에 90킬로그램이 나가는 친구였고, 또한 여느 때처럼 지나치다 싶을 만큼 커다란 노란색 배낭을 메고 있었다. 나름대로 위협적인 모습이었다. 스케이트보드를 든 친구가 몸집이 커다란 적에게 성큼성큼 다가가는 순간, 스티브는 그의 길을 막고는 근육질의 두 선수를 향해 이렇게 소리쳤다. "그렇게 호수에 사람을 집어던지고 싶으면, 나를 집어던지는 게 어때?"

도대체 이게 무슨 상황이란 말인가, 나는 어리둥절했다. 스티브는 말을 이었다. "그래, 그깟 거절감, 얼마든지 상대할 수 있

어. 우리 엄마는 내가 유치원에 입학하던 날, 나를 버리고 떠났
어. 우리 아빠는 약물중독이었고, 나와 내 친구들에게 폭력을 휘
둘렀지. 나는 학교에서도 쫓겨났고, 몇 년 동안 수양부모 밑에서
지내기도 했어. 나는 약물중독도 이겨냈어. 그깟 거절감쯤이야
아무것도 아니지."

스티브는 마치 자신이 일본 무사인 양 단호한 몸짓으로 어깨
뒤로 손을 뻗어 배낭에서 커다란 성경책을 꺼내 들었다. 그는 소
리쳤다. "거절당한 다른 사람도 소개해주지. 바로 예수님이야."

스티브는 이어 설교하기 시작했다. 믿기 어려운 장면이었고,
또한 완벽한 순간이었다. 물에 젖은 모습으로 선 우리 친구를 매
맞고 거절당하신 예수님에 비유하면서, 그 친구의 곁에 자신도
거절당한 친구로 서 있는 그의 모습은 매우 인상적이었다.

사람들은 천천히 흩어졌고, 스케이트보드를 타던 아이들도 마
찬가지였다. '미친' 거리의 설교자를 감당하기는 쉬운 일이 아
니니까. 그날 밤 이후 우리는 그들을 다시 만나지 못했고, 따라
서 매 맞은 친구를 위한 스티브의 용기가 그들에게 어떤 영향을
미쳤는지 알 길이 없다. 하지만 내게는 분명 변화를 불러왔다.
나는 분명히 보았다. 예수님의 이야기는 매 맞지 않은 사람에게
도 좋은 소식이다. 물론 억압받고 버림받고 뒤처진 모든 이들에
게도 좋은 소식이다. 하나님은 언제나 우리와 함께 계신다.

스티브도 나도 그때는 알지 못했지만, 그 선창의 끄트머리에
서 그가 전했던 설교는 유대인들의 복음이었다. 그리스식 복음

은 저 멀리 계신 하나님이 완벽하시고 죄가 없으신 하나님의 아들 예수 그리스도의 구속의 삶과 죽음 그리고 부활을 통해 비천한 인류에게 다가오셨다고 이야기한다. 그런 관점에는 물론 호소력이 있다. 하지만 유대인에게는 예수님이 비천한 분이었다. 예수 메시아는 억압받고 감금되고 거절당하고 길 잃은 사람들 옆에 하나님의 연결과 친밀함의 상징으로 서 계신 분이었다. 예수님은 그들에게 언약된 구원자였다. 유대인에게 예수님은 죽으시고 부활하시기 이전부터 좋은 소식이었다.

"예수님께 무슨 일이 일어난 걸까?"라는 물음은 바로 여기서부터 진지해지기 시작한다. 유대인 예수님에 대해 알게 될수록, 놀라운 안도와 당황스런 두려움이 동시에 나를 덮쳐왔다. 나는 예수님에 대해 또 예수님의 유대 유산에 대해 더욱 깊이 이해하게 되었다. 하지만 나를 끈질기게 괴롭히는 의문들이 있었다. 1세기 유대인들이 예수님을 메시아로 이해했다면 왜 지금의 유대 기독교인들은 그러지 않는 걸까? 또한 예수님이 이 땅에 오신 일이 이스라엘 민족을 향한 하나님의 약속의 성취였다면, 예수님의 죽음과 부활의 의미는 무엇일까? 예수님의 삶으로는 충분하지 않았던 걸까?

이런 물음에 대한 답은 어찔할 정도로 많은 역사와 신학의 내용을 요구하고, 나는 여전히 이런 의문을 풀기 위해 노력하는 중이다. 그러나 내가 기독교를 하나님과의 동역으로 이해하는 관점의 중심에 예수님이 계셔야 한다고 생각하는 이유는 다음과 같다.

예수님의 이야기는 개인적 그리고 집단적인 투쟁을 배경으로 펼쳐진다. 이런 사실을 이해하려면 약간의 배경지식이 필요하리라. 유대교 선생의 말같이 들릴 수 있겠지만, 간단한 묘사가 유익하리라 생각한다. 예수님의 이야기는 끊임없는 전쟁과, 개인과 공동체의 죽음에 둘러싸여 있다. 특히 유대인들에게 1세기는 격동과 폭력의 시대였다. 자신들의 문화와 믿음을 사수하기 위해 그들은 말 그대로 싸움을 벌이고 있었다. 앞선 300년 동안 전쟁에서 몇 번 작은 승리를 거두기는 했지만, 유대인들의 상황은 아브라함 때와는 상당히 다른 모습이었다. 그들은 온 세상의 복이 되리라던 아브라함에게 주신 하나님의 약속에서 자신들의 소명과 목적을 찾았다(창 15장 참조). 하지만 유대인들은 끊임없이 억압받아왔다. 몇 번이고 그들은 추방되었고 노예가 되었으며 또 멸시를 당했다. 구약성경은 유대인들의 이런 울부짖음으로 넘쳐난다. "여호와여, 어느 때까지이니까?" 그들의 절망은 명백했다.

그 절망은 유대인들과 그들을 지배하던 로마인들, 다른 종교와 민족 집단들 사이에서뿐 아니라 유대인들의 믿음 자체에도 갈등을 일으켰다. 유대인들의 마음은 한결같은 한마음이 아니었다. 기독교의 믿음이 그래왔듯, 유대인들의 믿음 또한 문화와 역사에 따라 변했다. 우리가 네 권의 복음서에서 예수님이 다양한 무리들과 교류하시는 것을 보게 되는 이유이다. 바리새인들과 율법 선생들, 사두개인들, 평범한 사람들, 그리고 유명한 죄인들, 또한 군대를 동원해 혁명을 일으킨 종교적 무리인 열심당원들도 있었다. (주후 70년, 로마를 분노케 해 성전을 완전히 파괴하도록 만든 무리가 바로 열심당원들이라는 추측이 있다. 그 후 그 성전은 재건되지 않았다.) 또한 에세네파도 있었는데, 그들은 유대인들은 이교도와 함께하는 삶에서 분리되어 이스라엘 민족으로서 광야에 나가 자기만의 힘으로 살아야 한다고 믿었다. (세례 요한이 이들과 관련이 있었다고 추정하기도 한다.) 어떤 유대인들은 그리스 문화에 깊이 빠져든 반면, 어떤 이들은 문화적 순결을 유지하려 노력했다. 어떤 이들은 로마와 관련된 모든 것을 멀리하려 한 반면, 어떤 이들은 자신을 지배하던 나라와 쉽게 협력했다.

세상의 미래에 대한 생각에도 차이가 있었다. 어떤 유대인들은 파괴적이고 종말론적인 관점을 붙들었다. 그들은 언젠가 하나님이 공의를 이루시고 세상을 치유하실 거라고, 그 과정에서 신의 존재를 믿지 않던 이방인들과 하나님을 대적해온 사람들에게 거대하고 전 우주적인 질책을 베푸시리라고 믿었다. 하지만 메시아가 오실 것을 믿지 않는 유대인들도 있었다. 어떤 유대인들은 내세나 부활을 믿지 않았고, 어떤 이들은 부활에만 관심을 집중했다.

예수님은 정치적·종교적·구조적으로 상당한 혼란 속에서 사셨다. 모든 사람의 마음속에는 전쟁이 있었다. 로마인들은 자신들의 억압에 유대인들이 반란을 일으키지 못하도록 무력을 사용했다. 유대인들 중 일부는 로마에 대항해 군대를 일으키기를 원했고, 실제로 많은 반란들이 일어났다.

이런 전쟁의 충동은 예수님이 십자가에 처형되기 직전, 체포의 장면에 잘 드러난다. 사실 십자가 자체도 로마가 유대인의 반란을 막으려고 고안해낸 결과가 아닌가. 예수님의 체포를 막기 위해 제자 베드로는 대제사장의 종의 머리 옆을 칼로 내리쳤고 그의 귀를 베었다. 잔혹한 장면이다. 피가 흐르고 분노가 타올랐다. 베드로는 예수님을 지키기 위해서라면 분명 살인이라도 마다하지 않을 마음이었다.

이전에 나는 이 이야기를 친구를 보호하려는 베드로의 용기로 이해해왔다. 하지만 지금 나는 그 이상을 발견한다. 어떤 사람이 다른 한 사람을 옹호하는 이야기가 아니라 혁명의 정당성을 옹호하는 이야기이다. 베드로는 예수님이 오신 목적이 유대인들에게 로마를 이기는 승리를 주기 위해서라고 믿었고 따라서 그는 전쟁이라도 마다하지 않았다. 베드로의 생각으로는 바로 그때가 그들이 고대해온 순간이었다. 바로 그때가 유대 역사의 전환점이 될 순간이었다. (베드로의 그런 강한 신념은 이 장면에서뿐 아니라 사도행전에서도 엿볼 수 있다. 사도행전에서 그는 복음은 유대인뿐 아니라 이방인들을 위한 것이라는 사실을 깨닫는데, 이런 극적인 변화에는 하나님의 개입이 필요했다. 사도행전 10장 참조.)

혁명을 배경으로 이 체포 장면을 읽을 때, 예수님의 반응은 더욱 흥미롭게 다가온다. 예수님은 말씀하셨다. "네 검을 도로 집에 꽂으라. 검을 가지는 자는 다 검으로 망하느니라"(마 26:52).

유대인들 중 많은 사람들이 검을 준비했고 혁명을 고대했다. 예수님이 메시아라 선포되었을 때, 심판에 대한 사람들의 기대는 예수님을 두르고 거품처럼 일어났다. 예수님이 하늘의 강한 능력을 베풀어 로마를 멸망시키고 유대 민족을 단번에 그리고 영원히 자유롭게 하실 순간을 기다리는 베드로와 같은 사람들이 많았다.

보통 '주의 날'이라는 표현으로 모아지는 이 개념은 1세기 기독교가 뒤집어버린 유대신학의 일부 분파들이 세운 첫 교리들 중 하나였다. 기독교는, 예수님은 하나님의 적을 파괴하지 않으시고 대신 사랑과 협력의 통치로 이 세상을 바로잡으시는 메시아라고 주장했다. 이른바 구원이 임한 후에도 악과 억압이 존재할 수 있다는 이런 생각은 많은 유대인들이 예수님을 메시아로 인정하는 것을 방해했다. 종말론적인 계획이 성취되지 않고 어떻게 메시아가 온다는 말인가.

유대인들에게 예수님이 자신들을 전쟁으로 이끄시리라는 기대를 안겨준 것은 메시아로서의 신분만이 아니다. 예수님의 이름도 전사로서의 소명을 말해주었다. 여호수아가 전사였듯, 여호수아 메시아는 전사이자 언약된 자였다. 유대인들이 유인상술에 빠진 듯 보여도 우리가 어찌 그들을 비난할 수 있으랴.

하지만 예수님은 다른 종류의 혁명을 원하셨다. 가이사Caesar의 왕국에서 하나님의 왕국으로의 대변혁을 바라셨다. 지금의 우리에게 왕국이라는 말은 고대의 느낌, 왕과 기사와 성이 있던 카멜롯의 느낌을 준다. 하지만 예수님의 시대에 하나님의 왕국은 가이사가 다스리던 로마 왕국과 대조되는 천국이었다. 또한 유대인들이 환호했던 다윗의 왕국과도 여러 면에서 대조를 이루었다. 당시 어떤 유대인들은 만일 다윗이 이스라엘을 다스리던 이전의 '전성기'로 돌아간다면 모든 것이 평안하리라고 생각하기까지 했다. 하지만 예수님은 그보다 더 나은 결과, 즉 유대인들뿐 아니라 모든 사람들이 중요한 역할을 감당할 하나님의 왕국을 생각하셨다.

일부 신학자들은 영적 왕국과 전쟁 그리고 이 세상의 나라와 전쟁들을 언급하면서 이런 생각들을 분석해왔다. 그들은 예수님이 선의 힘이 악의 힘을 상대로 싸우는 전쟁을 일으키셨으며 따라서 마침내 예수님께서 다시 오셔서 적을 물리치시기까지 기독교인들은 우리를 억압하는 어두움을 상대로 싸우는 전사들이라고 주장한다. 물론 이렇게 생각할 수도 있지만, 나는 예수님의 혁명은 은유적 전환 이상이었다고 생각한다.

내가 볼 때, 예수님의 방법은 어떤 전쟁의 동기에서 다른 동기로의 전환이 아니라 예수님이 전쟁의 끝즉 마침표였다. 예수님은 소망을 불러오셨고, 사람들은 더 이상 전쟁 속에 있을 필요가 없었다. 이제 사람들은 온 세상을 치유하시는 하나님의 사역에 참여하면 되었다.

예수님에 대한 이런 관점은 예수님의 삶이 선지자 이사야가 보았던 메시아의 사명과 일치한다는 사실을 보여 준다. 누가복음에서 우리는 예수님이 이사야의 예언과 자신의 삶을 연결하시는 상세한 설명을 듣는다. 공생애 사역을 시작하시면서 예수님은 회당에 들어가 자신의 사명을 선포하셨다. 가이사나 다윗의 왕국이 아니라 하나님의 왕국이 가까이 왔으며 모든 사람들이 그 왕국에서 살도록 초청되었다고 예수님은 선언하셨다. 누가는 이렇게 말한다.

예수께서 그 자라나신 곳 나사렛에 이르사 안식일에 자기 규례대로 회당에 들어가사 성경을 읽으려고 서시매 선지자 이사야의 글을 드리거늘 책을 펴서 이렇게 기록한 데를 찾으시니

곧 주의 성령이 내게 임하셨으니 이는 가난한 자에게 복음을 전하게 하시려고 내게 기름을 부으시고 나를 보내사 포로된 자에게 자유를, 눈먼 자에게 다시 보게 함을 전파하며 눌린 자를 자유케 하고 주의 은혜의 해를 전파하게 하려 하심이라 하였더라.

책을 덮어 그 맡은 자에게 주시고 앉으시니 회당에 있는 자들이 다 주목하여 보더라. 이에 예수께서 저희에게 말씀하시되 이 글이 오늘날 너희 귀에 응하였느니라 하시니(눅 4:15-20).

예수님은 사람들을 하나님의 모든 약속으로 이끌고자 오신 새로운 여호수아였을 뿐 아니라, 그 약속을 특정한 방법으로 선포하기 위해 오신 새로운 이사야였다. 단지 은유적인 표현이 아니었다. 가난한 자들에게 예수님은 그저 미래에 일어날 영적 복음을 가져다주지 않으셨다. 예수님은 현재 하나님과 함께하는 삶으로 그들을 초청하셨다. 예수님께서 말씀하신 포로 된 자의 자유는 현실적 의미를 포함했고, 포로로 잡혔었던 유대인들은 그 의미를 잘 이해했다. 로마의 통치자들도 마찬가지였다. 또한 예수님은 영적으로 눈먼 자들뿐 아니라 육적으로 눈먼 자들 또한 치유해주셨다. 주의 은혜의 해를 전파한 사역은 종말론적 징벌을 원했던 모든 사람들의 마음에 소망을 일으켰다. 하지만 주의 은혜는 전쟁을 통해서가 아니라 영원히 죽음을 이기신 거룩한 행위를 통해 왔다.

나는 예수님을 이사야의 이 예언에 생명을 주시려 오신 메시아로서 믿게 되었다.

전에 고통하던 자에게는 흑암이 없으리로다. 옛적에는 여호와께서 스불론 땅과 납달리 땅으로 멸시를 당케 하셨더니 후에는 해변 길과 요단 저편 이방의 갈릴리를 영화롭게 하셨느니라.

흑암에 행하던 백성이 큰 빛을 보고 사망의 그늘진 땅에 거하던 자에게 빛이 비취도다. 주께서 이 나라를 창성케 하시며 그 즐거움을 더하게 하셨으므로 추수하는 즐거움과 탈취물을 나누는 때의 즐거움같이 그들이 주의 앞에서 즐거워하오니.

이는 그들의 무겁게 멘 멍에와 그 어깨의 채찍과 그 압제자의 막대기를 꺾으시되 미디안의 날과 같이 하셨음이니이다. 어지러이 싸우는 군인의 갑옷과 피묻은 복장이 불에 섶같이 살라지리니

이는 한 아기가 우리에게 났고 한 아들을 우리에게 주신 바 되었는데 그 어깨에는 정사를 메었고 그 이름은 기묘자라, 모사라, 전능하신 하나님이라, 영존하시는 아버지라, 평강의 왕이라 할 것임이라.

그 정사와 평강의 더함이 무궁하며 또 다윗의 위에 앉아서 그 나라를 굳게 세우고 자금 이후 영원토록 공평과 정의로 그것을 보존하실 것이라. 만군의 여호와의 열심이 이를 이루시리라(사 9:1-7).

이 말씀이 구원의 마땅한 그림이 아닐까 나는 생각한다. 이 말씀은 전쟁이 아니라 전쟁의 마침을 보여준다. 전투의 진정한 요소인 형틀과 피 묻은 옷이 생명과 소망의 근원이 되었다.

예수님은 그리스의 분노한 피의 신을 달래려 선택받은 자로 오신 분이 아니다. 예수님은 인간의 적대감을 끝맺고 사랑이신 히브리 하나님의 약속을 성취하러 오신 분이다. 예수님이 오셔서 끝내려 하신 것은 하나님의 분노가 아니라 사람들의 분노였다. 하나님이 창조하신 이 세상은

평화와 조화와 통합의 세상이었다. 예수님을 통해 모든 인간은 그 세상으로 들어가게 되었다. 이것이 부활의 핵심이다.

예수 그리스도, 여호수아 메시아의 이야기는 모든 창조물의 치유에 관한 이야기이다. 이것이 처음부터 우리는 세상에 사는 하나님의 협력자가 될 것이라고 하신 하나님의 약속이었다. 예수님이 죽음에서 부활하셨을 때, 생명이 승리했다. 인간을 향한 하나님의 사랑의 힘이 우리가 서로를 증오하는 힘보다 강하다는 사실이 증명되었다. 예수님의 죽음은 전쟁과 폭력과 파괴에 대한 죽음이었다. 하지만 그분의 부활은 평화와 긍휼과 소생에 대한 부활이었다. 부활은 하나님의 약속을 보여주는 완전한 그림이다.

예수님의 이야기가 기독교 믿음의 중심인 이유는 그 이야기 속에서 하나님의 분노라는 문제가 해결되었기 때문이 아니다. 예수님이 기독교의 중심인 이유는 예수님을 통해 우리가 세상을 향한 하나님의 소망을 온전하게 보기 때문이다. 예수님은 창조 계획의 구속자이시다. 예수님은 우리에게 창조주와 협력하는 삶의 의미를 보여주신다. 또한 예수님은 하나님과 통합된다는 의미로 우리를 이끌어주신다.

부활은 덮어쓰기가 아니다. 아무 일도 없었다는 듯 이전에 하던 대로 살 수 없다는 말이다. 구원받은 삶은 새로운 종류의 삶이다. 예수님은 흉터를 가지고 부활하셨다. 그리고 흉터는 단순히 과거를 상기시키는 것만이 아니다. 흉터는 미래로 향하는 길이다. 흉터는 우리에게 죽음의 원인이 소멸되었다는 사실을 보여주기 위해 존재한다. 죽음이라는 증오는 하나님의 사랑으로 치유되었다. 부활은 골키퍼의 막판 선방 같은 것이 아니었다. 흉터는 죽음의 능력을 증언한다. 죽음은 최선을 다했다. 자신을 걸었고 또 그 목표를 이루었다. 하지만 생명이 죽음을 이겼다. 사랑이 미움을 이겼다. 평화가 전쟁을 이겼다. 부활의 생명에는 죽음이 필요하다. 원수를 사랑하라는 명령은 다만 흉터 속에서 그들을 사랑하라는 의미가 아니라, 흉터를 낸 자들을 사랑하라는 의미라는 것을 우리에게 일깨워주기 때문이다. 그러므로 예수님 안에서 사랑이 이긴다.

17

하나님의 초대

예수님은 사람들이 마땅히 해야 할 일과
우리가 또한 되어야 할 존재의 완성이시다.
아담이 불순종의 모습을 보여주었다면,
예수님은 완전한 통합의 모습을 보여주셨다.
아담이 하나님과의 부조화를 초래했다면,
예수님은 우리가 하나님과의 협력에 도달하도록 만들어주셨다.

새로운 생명, 새로운 율법, 새로운 리듬에 동참하라

1989년, 나는 처음이자 마지막으로 기독교 시위에 참여했다. 이전에 시위에 가담해본 경험은 없었지만, 믿음이 생긴 지 얼마 지나지 않았던 그때, 나는 하나님의 초청이라는 굉장한 소식을 사람들에게 전하고 싶어 어떤 기회도 사양하고 싶지 않았다. 친구들이 우리의 믿음을 위해 무언가를 해보자고 제안했을 때, 나는 전적으로 찬성했다.

우리는 세인트루이스 공원의 쿠퍼 극장으로 향했다. 그곳에서 우리는 팻말을 들고 〈그리스도 최후의 유혹The Last Temptation of Christ〉이라는 영화를 보지 말라고 사람들을 설득할 계획이었다. 하지만 우리의 계획에는 치명적인 결함이 있었다. 우리 중 누구도 그 영화를 보지 못했던 것이다. 우리는 그 영화를 보지 말라고 사람들을 설득했고, 사람들은 그 이유를 물어왔다. 하지만 적절한 이유가 있을 턱이 없었다. 특별히 기억이 나는 한 여자가 있다. 그녀는 우리가 보지도 않은 영화를 가지고 시위를 한다는 사실에 의아해했다. 나는 확신을 가지고 그 시위에 뛰어들었지만 그 순간 그 확신이 흔들리기 시작했다. 나는 그녀에게 너무나도 서투른 변명을 늘어놓았다. "오물을 싫어한다는 사실을 알기 위해 꼭 오물을 먹어볼 필요는 없지 않나요?"

딱한 변명이었지만, 나는 내게 있는 모든 확신을 동원해 대답한 것이었다. 사실 나는 그 영화의 내용을 알고 싶었다. 내가 아는 사실이라고는 모든 기독교인들이 그 영화는 신성모독의 영화라고 하는 경고뿐이었다. 교황, 내 친구들, 그리고 텔레비전의 설교자들까지 그 영화를 멀리하라고 이야기하고 있었다. 내가 들은 바로는, 예수님의 신성에 의문을 던지고 교회가 그런 표현을 금하는 것을 문제 삼는 그 영화는 이단이었다. 그것이 사실이라면 나는 기독교인으로서 예수님을 위해 일어나 사람들이 그 영화를 보지 못하도록 막아야 했다.

수년이 지나 마침내 그 영화를 보았을 때, 나는 가장 먼저 내가 열일곱 살 때 그 영화를 보지 않은 것은 다행이었다는 생각을 했다. 너무 지루한 예술 영화라 당시라면 지루해 죽을 맛이었을 것이다. 또한 그때 그 영화를 보았다면 나는 굉장한 혼란을 겪었을 것이다. 열일곱 살 때 나는 그 영화의 주요 전제에 대해 생각해본 적이 없었기 때문이다. 어떻게 예수님은 완전한 하나님이자 동시에 완전한 인간이었을까? 예수님이 인간이었다면, 어느 정도로 인간이었을까? 보통 사람처럼 고생하셨을까? 십자가에서 죽고자 하셨을까? 교황을 비롯하여 내가 알던 모든 기독교인들은 이런 의문들이 그 영화를 반대한 결정적 요인이라 생각했겠지만, 정작 나는 이런 의문들을 발견하지 못했으리라. 솔직히 당시 영화를 보았다면 나는 무엇이 그리 큰 문제일까 하고 고민했을 듯하다.

영화는 십자가에 달리신 동안 예수님이 본 환상, 즉 십자가에서 내려와 '평범한' 인생을 사는 환상을 비롯한 다른 여러 환상들을 통해 이런 의문들을 다룬다. 결국 영화 속 예수님은 이런 '유혹'을 거절하고 십자가에 남기로 선택하신다. 이 영화는 예수님 이야기의 다른 결말을 암시하지 않는다. 하지만 이런 인간적인 의문들의 표출만으로도 교회의 많은 사람들이 분노했다.

사실 이 영화 속 의문들은 박식한 성도들 사이에 있었던 오래된 논쟁의 일부였다. 《다빈치 코드_The Da Vinci Code_》가 이런 이론을 대중화하기 수년 전부터, 예수님은 윤리의 덕을 주창하는 운동을 인도하고 막달라 마리아와 결혼해 가족을 꾸린 평범한 남자일 뿐이며 사도 바울과 같은 사람들이 그의 메시지를 훔쳐 종교를 창시했다는 생각은 성경학자들과 교회 지도자들 사이 이미 잘 알려져 있었다. 하지만 이런 생각이 영화를 통해 일반 대중에게 공개되자 반응은 신속했고 또 분명했다.

영화 〈그리스도 최후의 유혹〉을 둘러싼 분노를 돌아보면서, 나는 스스로 알지 못하는 것을 반대했던 나 자신의 의지는 물론 그 영화에 대한 교회의 깊고 강한 반응에 놀랐다. 나는 영화가 탐구한 의문들은 중요하다고 생각한다. 그런 의문들은 늘 예수님의 이야기를 따라다녔기 때문이다. 그런 의문들은 예수님의 이름만큼 예수님을 이해하기 위해서는 필수적이다. 그 질문들이 비밀이었던 때는 없었으며 또한 금지되지도 않았었다. 오히려 신약성경에는 그런 질문들이 넘쳐난다.

인성과 신성의 혼합은 예수님의 탄생 이전부터도 어려운 문제였다. 예수님의 어머니 마리아는 자신이 잉태한 아이가 어떤 아이인지 궁금하게 생각했다(눅 1:26-38 참조). 예수님의 할례 시에 시므온은 이 아이를 통해 권력의 전환이 올 것이라고 예언했다(눅 2:34-35). 예수님이 폭풍을 잔잔하게 하시자 제자들은 두려워 떨었다(마 8:26). 교회의 역사를 통해 예수님의 본성을 이해하려는 노력이 많이 있었다.

사도들이나 신학자들 또는 영화 제작자들만의 문제가 아니다. 예수님의 본성에 대한 이해는 이슬람교도들과 기독교인들 사이는 물론, 기독교인들과 유대교도들, 또한 개신교도들과 가톨릭교도들 사이의 논쟁의 중심이다. 예수님을 안다는 것의 의미를 이해하기 원하는 모든 평범한 사람들에게 매우 중대한 문제이다.

독자들이 이미 짐작하겠지만 나는 이런 의문과 우리가 전해 듣는 대답들은 그리스식 기독교의 영향을 깊이 받았다고 생각

한다. 그리고 이는 사실이다. 이 의문의 구조 자체는 물론 이 의문에 대한 뻔한 대답들 또한 기독교의 그리스 영향의 역사와 뒤엉켜 맞물려 있다.

그리스식 사고로는 한 육신 안에 인성과 신성이 함께 존재하기는커녕 서로 교류한다는 사실조차 불가능했다. 하지만 히브리인들은 그것이 가능하다고 받아들였다. 따라서 사도 바울처럼 유대인들은 이렇게 고백할 수 있었다. "아버지께서는 모든 충만으로 예수 안에 거하게 하시고"(골 1:19). 하지만 몇 세기가 지나 이런 진술은 새로운 의문들을 불러왔고 대답을 요구했다. 그리고 교회는 대답했다.

이 인성과 신성의 문제는 교회를 난처하게 만들었고, 교회는 예수님의 본성에 대해 '공식적' 성명을 만들기 위해 다양한 시도를 했다. 다음은 4세기 니케아 공회의 설명이다.

우리는 하나님의 독생자이시며 만세전에 아버지로부터 나신 주 예수 그리스도 한 분을 믿습니다. 그분은 하나님으로부터 나신 하나님이시며, 빛으로부터 나신 빛이시고, 참 하나님으로부터 나신 참 하나님이시고, 나셨고, 창조함을 받지 아니하셨으며, 아버지와 같은 본성을 가지셨고, 그분으로 말미암아 만물이 창조되었고.

그분은 우리 인간들을 위하여, 또 우리의 구원을 위하여, 하늘에서 내려오시어, 성령으로 동정녀 마리아로부터 육신이 되시고, 사람이 되셨으며.[1]

17세기에 쓰인 웨스트민스터의 신앙고백은 이 문제를 더욱 자세히 진술하려 했다.

하나님의 아들은 삼위일체 중의 제2위로서 아버지와 동일한 신神의 본체이시니, 영원하신 하나님 자신이시다. 때가 차매 그가 오셔서 인성을 받으시되, 인간의 모든 본질적 속성과 공통적인 연약성을 그대로 받으셨다. 그러나 성령의 능력으로 말미암아 죄성은 없이 동정녀 마리아에게 그의 체질로 잉태되셨다. 그 결과로 완전하고도 구별된 신성과 인성이 나뉠 수 없이 한 인격으로 결합되셨다. 그 결합으로 말하면, 각기 성품의 변동도 아니고, 합성도 아니고, 혼동도 아니다. 그 인격이 바로 참 하나님이시요 참 사람이신데, 한 분 그리스도시요, 하나님과 사람 사이에 유일하신 중보자이시다.[2]

칼케돈 공의회는 오로지 예수님에 대한 모든 혼돈을 잠재우고자 아래의 신조를 만들었다.

그러므로 교부들을 따라서 우리 모두는 한 분이신 성자, 우리 주 예수 그리스도를 고백하도록 가르치는 일에 하나가 되었다. 그는 하나님으로서 또한 사람으로서 완전하시며, 참 하나님이시고, 참 사람이시며, 이성적인 영혼과 몸을 가지고 계신다. 그는 신성으로는 아버지와 동일본질이시고, 인성으로는 우리와 동일본질이시다. 그는 만사에 있어서 우리와 같으시나, 죄는 없으시다. 그의 신성은 시간 이

전에 성부에게서 나셨고, 그의 인성은 마지막 날에 우리와 구원을 위하여 동정녀 마리아에게서 나셨으니 그는 하나님의 어머니이시다. 우리는 유일하신 한 분 성자시요, 주시요, 독생자이신 그리스도를 고백한다. 그는 두 본성으로 인식되지만, 두 본성은 혼합이나 변화나 분할이나 분리가 되지 않음을 인정한다. 인격적인 연합은 각 본성의 특성을 없애는 것이 아니다. 오히려 양성은 각 본성의 특이성을 보존하면서 하나의 품성과 자질로 연합되어 있다. 두 품성은 분열되거나 분리되지 않고, 한 분이시고 유일한 독생자이신 로고스 곧 주 예수 그리스도가 되셨다. 선지자들이 이렇게 증거하였고, 주 예수 그리스도께서 우리에게 이와 같이 가르치셨으며, 교부들이 우리에게 이와 같이 가르치셨고, 교부들이 우리에게 전해 준 신조도 우리에게 이와 같이 가르치셨다.[3]

이런 고백들이 교회의 삶에 유익했고 중요했다는 사실을 나는 의심하지 않지만, 어디까지나 그뿐이다. 이런 고백들은 신성과 인성을 충돌시키는 세계관의 갈등을 제거하지는 못했기 때문이다. 이런 고백들은 예수님을 일부는 하나님이요 다른 일부는 인간인 이상한 존재이자, 누구에게도 가능하지 않은 삶을 사신 초인적 영웅으로만 생각하게 할 뿐이다. 우리가 예수님을 나머지 인간들과는 완전히 다른 '하나님이라는 옷감'으로 덮인 분이라 생각하는 한, 우리에게 경건한 삶에 대한 소망은 없다. 예수님처럼 경건하게 산다는 생각은 불가능하고 무자비한 기대일 뿐이다. 따라서 이런 생각은 예수님의 말씀을 의심하도록 만든다. "내가 진실로 진실로 너희에게 이르노니 나를 믿는 자는 나의 하는 일을 저도 할 것이요 또한 이보다 큰 것도 하리니 이는 내가 아버지께로 감이니라"(요 14:12).

그리스 로마 신화도 인간 세계에의 신적 교류는 헤라클레스나 페르세우스와 같은 영웅적 인물을 낳는다는 세계관에 공헌했다. 그리스인들에게 일부는 신이요 다른 일부는 인간인 존재는 누구든 평범한 사람이 아니었다. 평범한 그리스인이라면 자신이 헤라클레스가 되리라고 기대하지 않았듯, 평범한 그리스 기독교인들은 자신이 예수님처럼 살 수 있다고 생각하지 않았다.

그리스 신화와 예수님 이야기가 뒤섞인 이런 상태에서 초기 일부 신학자들은, 예수님은 인간이 아니어서 음식을 먹지도 않고 걸을 때 발자국도 남기지 않는 에너지 능력이라는 주장을 은근히 내비쳤다. 이런 이론은 예수님이 사람들을 치유하실 때 그들을 만지시지 않으셨고 다만 치유의 힘을 분출하셨다고 이야기한다. 우리에게야 어리석은 소리처럼 들리겠지만, 신이 인간과 대립하는 그리스식 세계관에서 이런 초인적 그리스도는 가능한 이야기였다.

신약성경은 이런 주제를 드러내지 않는데, 그 이유는 신약성경의 기독교는 히브리인들의 시각으로 설명되었기 때문이다. 유대인들은 예수님을 메시아로 이해했고, 그 메시아 개념에는 초인적인 의미가 들어 있지 않았다. 메시아는 그들 민족의 일부였다. 예수 메시아는 히브리 이야기의 변칙이 아니라, 이어지는 다음 장이었다. 유대인들은 그들의 메시아가 자신의 공동체에서, 또 자신들과 같은 모습으로 오시리라고 믿어왔다. 그리고 바로 그분이 예수님이었다. 가난한 유대 목수의 아들로 태어나 자신의 친구들과 가족들과 백성들 사이를 걸어 다니셨던 메시아였다.

누가복음은 예수님의 혈통을 다윗에서 아브라함, 노아, 그리고 아담에 이르기까지 유대 역사를 전부 거슬러 올라가 계보로 펼쳐낸다. 예수님은 처음부터 있던 계획의 일부였고, 히브리 사람들의 이야기는 시종일관 예수님을 향해 있었다. 모든 유대인들은 이사야와 예레미야의 예언들이 자신들 중 한 사람인 구원자를 향해 있다는 사실을 알고 있었다. 따라서 그들은 예수님을 새로운 여호수아이자 새로운 다윗으로 이해했다. 하지만 동시에 유대인들은 예수님을 그 이상으로 이해했다. 그들은 예수님이 새로운 아담이라는 사실을 알았다.

예수님을 새로운 아담으로 믿는 것은 예수님의 인성에 대한 문제를 직접 언급한다. 예수님을 따르는 유대인들에게 인성과 신성의 신비한 혼합은 그리스인들이 당면한 것과 같은 종류의 문제가 아니었다. 유대인들의 세계관은 인간과 통합된 하나님을 허용했을 뿐 아니라 사실 그런 하나님에 의존했다.

하나님과 이스라엘 사이 언약의 이야기는 모세에까지 거슬러 올라간다. 유대인들의 관점으로는 모세가 십계명을 받을 때 율법은 구체화되었다. 그 율법은 유대인들에게만 적용되기 때문에 율법에 내재된 약속 또한 유대인들에게만 적용되어야 한다고 그들은 생각했다. 그리고 이어진 그들의 사나운 역사는 유대인들이 하나님과의 특별한 관계를 위해 구별되었다는 믿음을 확증해준다.

예수님이 등장하셨을 때, 유대인들은 이 놀라운 하나님의 약속의 성취는 자신들만을 위한 성취라고 믿었다. 당연히 그래야 했다. 포로로 살아온 사람들은 바로 자신들이었으니 말이다. 노예 생활과 억압과 추방으로 얼룩진 역사는 그들의 역사였다. 고통을 이기고 그들이 살아남은 이유는 자신들과 자신들의 하나님 사이의 약속에 대한 믿음 때문이었다. 그들의 관점으로는 하나님은 자신들을 억압하고 노예로 부리고 또 추방해온 그리스인들에게 자유와 협력을 베푸실 의도가 전혀 없으셨다. 아니, 그리스인들과 로마인들 그리고 다른 누구라도 유대인이 아닌 사람들은 원수였다. 그들은 새로운 여호수아를 따라 자신의 적절한 자리를 찾아야 했다. 그들은 새로운 다윗의 통치를 받아야 했다.

하지만 예수님의 부활 후 몇 년 안에 그리스인 기독교인들이 생겨났고, 유대인 기독교인들의 대경실색은 끝없이 이어졌다. 사도행전과 로마서의 상당 부분은 이 지속적인 논쟁과 그 의미를 둘러싸고 펼쳐진다. 말 그대로 빛을 보고 예수님께 나아오기까지 유대인의 믿음을 '왜곡'한다는 이유로 기독교인들을 핍박하던 사도 바울은, 이방인들의 중심지인 로마 교회에 가서 왜 복음과 예수님을 통해 완성된 약속이 유대인뿐 아니라 모든 사람들을 위한 것인지 그 이유를 설명한다.

모세의 이야기뿐 아니라 아브라함의 이야기로 거슬러 올라가면서, 바울은 모세의 약속이 유대인을 위한 약속이었지만, 동시에 하나님은 아브라함의 믿음을 통해 이방인들도 포함하셨다고 말한다. 그러고 나서 바울은 한 걸음 더 나아가, 예수님은 유대인을 위한 새로운 모세와 모든 사람들을 위한 새로운 아브라함일 뿐 아니라 모든 창조를 위한 새로운 아담이라고 말한다. 예수님에 대한 이런 이해로 바울은 온 땅과 그 안의 모든 것이 그 이야기를 알도록 예수님의 이야기를 세상의 시작점으로 확장시킨다.

로마서에서 바울은 아담의 불순종과 죄의 행위가 모든 창조에 영향을 미쳤다고 이야기한다. '둘째 아담'인 예수님이 부활을 통해 이루신 일은 모든 창조의 치유와 화목이다. 로마에 살던 예수님을 따르는 자들에게 보낸 바울의 편지는 유익하다. 왜냐하면 이 편지에는 예수님이 성취하고자 오신 내용에 대한 복합적인 설명이 가득하기 때문이다. 나는 로마서의 4장 전부를 여기에 옮기고 싶지만, 부족한 지면을 고려해 일부만을 실었다. 하지만 바울의 말을 제대로 이해하기 원한다면 4장 전체, 아니 로마서 전체를 읽어보라. 나는 바울의 생각을 더욱 잘 요약하기 위해, 몇 군데 괄호를 사용해 설명을 첨부했다.

아브라함이나 그 후손에게 세상의 후사가 되리라고 하신 언약은 (모세의) 율법으로 말미암은 것이 아니요 오직 믿음의 의로 말미암은 것이니라. (아브라함에게는 모세의 율법이 없었고, 따라서 아브라함에게는 하나님의 약속과 계획의 일부가 되기 위해 율법이 필요하지 않았다.) 만일 율법에 속한 자들이 후사이면 믿음은 헛것이 되고 약속은 폐하여졌느니라. 율법은 진노를 이루게 하나니 율법이 없는 곳에는 범함도 없느니라. 그러므로 후사가 되는 이것이 은혜에 속하기 위하여 믿음으로 되나니 이는 그 약속을 그 모든 후손에게 굳게 하려 하심이라. 율법에 속한 자에게 뿐 아니라 아브라함의 믿음에 속한 자에게도니 아브라함은 하나님 앞에서 우리 모든 사람의 조상이라. 기록된바 "내가 너를 많은 민족의 조상으로 세웠다" 하심과 같으니 그의 믿은바 하나님은 죽은 자를 살리시며 없는 것을 있는 것같이 부르시는 이시니라. (따라서 모두가 약속에 속하는 이유는 그들이 유대인이기 때문이 아니라 아브라함의 믿음의 가족에 속하기 때문이다.)

아브라함이 바랄 수 없는 중에 바라고 믿었으니 이는 네 후손이 이 같으리라 하신 말씀대로 많은 민족의 조상이 되게 하려 하심을 인함이라. 그가 백세나 되어 자기 몸의 죽은 것 같음과 사라의 태의 죽은 것 같음을 알고도 믿음이 약하여지지 아니하고 믿음이 없어 하나님의 약속을 의심치 않고 믿음에 견고하여져서 하나님께 영광을 돌리며 약속하신 그것을 또한 능히 이루실 줄을 확신하였으니 그러므로 이것을 저에게 의로 여기셨느니라. 저에게 의로 여기셨다 기록된 것은 아브라함만 위한 것이 아니요 의로 여기심을 받을 우리도

위함이니 곧 예수 우리 주를 죽은 자 가운데서 살리신 이를 믿는 자
니라. 예수는 우리 범죄함을 위하여 내어 줌이 되고 또한 우리를 의
롭다 하심을 위하여 살아나셨느니라. (우리를 아브라함의 믿음에 연결
시키는 것은 부활의 결과로 오는, 하나님을 믿는 믿음이다.)

그러므로 우리가 믿음으로 의롭다 하심을 얻었은즉 우리 주 예수
그리스도로 말미암아 하나님으로 더불어 화평을 누리자 또한 그로
말미암아 우리가 믿음으로 서 있는 이 은혜에 들어감을 얻었으며 하
나님의 영광을 바라고 즐거워하느니라. (예수님의 부활을 통해 그 약
속이 우리에게 나타났다.)

다만 이뿐 아니라 우리가 환난 중에도 즐거워하나니 이는 환난은
인내를, 인내는 연단을, 연단은 소망을 이루는 줄 앎이로다. 소망이
부끄럽게 아니함은 우리에게 주신 성령으로 말미암아 하나님의 사
랑이 우리 마음에 부은바 됨이니 우리가 아직 연약할 때에 기약대로
그리스도께서 경건치 않은 자를 위하여 죽으셨도다. 의인을 위하여
죽는 자가 쉽지 않고 선인을 위하여 용감히 죽는 자가 혹 있거니와
우리가 아직 죄인 되었을 때에 그리스도께서 우리를 위하여 죽으심
으로 하나님께서 우리에게 대한 자기의 사랑을 확증하셨느니라. 그
러면 이제 우리가 그 피를 인하여 의롭다 하심을 얻었은즉 더욱 그
로 말미암아 진노하심에서 구원을 얻을 것이니 곧 우리가 원수 되었
을 때에 그 아들의 죽으심으로 말미암아 하나님으로 더불어 화목 되
었은즉 화목된 자로서는 더욱 그의 살으심을 인하여 구원을 얻을 것
이니라. 이뿐 아니라 이제 우리로 화목을 얻게 하신 우리 주 예수 그

리스도로 말미암아 하나님 안에서 또한 즐거워하느니라. (하나님의 뜻에 반대하여 살던 사람들이 부활을 통해 하나님과의 협력으로 들어왔다. 예수님의 생명은 하나님과 또 하나님의 뜻에 세상이 조화를 이루게 된다는 사실을 증언한다.)

(모든 사람들이 아브라함을 통해 이 이야기에 속하게 되었다는 사실을 강조한 바울은 이제 예수님을 아담과 연결해 모든 창조와의 관계로 확장시킨다.) 이러므로 (아담) 한 사람으로 말미암아 죄가 세상에 들어오고 죄로 말미암아 사망이 왔나니 이와 같이 모든 사람이 죄를 지었으므로 사망이 모든 사람에게 이르렀느니라. 죄가 (모세의) 율법 있기 전에도 세상에 있었으나 율법이 없을 때에는 죄를 죄로 여기지 아니하느니라. 그러나 아담으로부터 모세까지 아담의 범죄와 같은 죄를 짓지 아니한 자들 위에도 사망이 왕 노릇 하였나니. (죄는 적의이자 하나님과의 분열로서 깨뜨릴 율법이나 규칙이 있기 전에 이미 살아 있었고, 그 죄는 죽음을 불러왔다.) 아담은 오실 자의 표상이라. (여기서 둘째 아담이 되신 예수님에 대한 개념이 등장한다. 아담이 불순종의 표상이었듯이 예수님은 조화의 새로운 표상이시다.)

그러나 이 은사는 그 범죄와 같지 아니하니 곧 한 사람의 범죄를 인하여 많은 사람이 죽었은즉 더욱 하나님의 은혜와 또는 한 사람 예수 그리스도의 은혜로 말미암은 선물이 많은 사람에게 넘쳤으리라(롬 4:18-5:19, 이 화목의 이야기는 아담의 죄를 원상태로 돌리는 이야기보다 더 좋은 소식이다).

예수님의 이야기는 모세와 관련이 있지만 그 이야기는 아담에게서 시작되었다는 내용이 바울의 요점이다. 누가복음에서 설명하는 혈통은 복음을 모든 사람을 위한 좋은 소식으로 만든다.

예수님은 사람들이 마땅히 해야 할 일과 또한 우리가 되어야 할 존재의 완성이시다. 아담이 불순종의 모습을 보여주었다면, 예수님은 완전한 통합의 모습을 보여주셨다. 아담이 하나님과의 부조화를 초래했다면, 예수님은 우리가 하나님과의 협력에 도달하도록 만들어주셨다. 그분은 우리의 길이요, 우리의 진리요, 우리의 생명이요, 우리의 메시아이시다.

✿

이런 식의 이야기에 어떤 기독교인들은 긴장을 한다. 이런 이야기가 예수님을 굉장히 훌륭해서 우리가 닮으려고 노력해야 할 사람, 초인 예수님과 반대를 이루는, 우리보다 조금 더 나은 사람 정도로 만든다고 생각하기 때문이다. 하지만 누군가 내게 예수님께서 그저 훌륭한 모범이 되시고자 또 우리에게 훌륭한 삶에 대해 가르치시고자 이 땅에 오셨다고 이야기한다면, 글쎄 과연 내가 그런 믿음에 관심을 가질까.

예수님의 이야기에는 무언가 특별한 것이 있다. 그는 초인도, 훌륭한 본보기도 아니시다. 분열의 세대를 지나, 예수님은 우리에게 함께 가자, 나의 길을 따르라, 하나님의 생명에 동참하라고 말씀하신다. 예수님은 그분을 따르는 사람들에게 하나님과 조화를 이루어 사는 삶의 모습을 가르치셨고 또 보여주셨다. 예수님은 하나님의 아들이시기 때문에 창조주와의 완전한 통합을 보여주는 참다운 모범이 되신다. 또한 예수님은 사람의 아들이시므로, 전쟁, 고통, 기쁨, 갈등, 핍박, 사랑, 상실, 그리고 두려움 속에서도 그 통합을 살아내는 참다운 모범이 되신다.

요한복음에서 예수님은 자신이 누구신지 그리고 우리에게 무엇을 보여주고자 오셨는지 직접 설명하신다. 예수님은 자신이 곧 그들을 떠나리라는 사실과 그 이후 그들이 자신이 해오던 일들을 이어가야 한다는 사실을 제자들이 이해하기 원하셨다. 예수님은 그들과 우리를 부르고 계신다. 예수님처럼 살라고, 하나님과 하나님의 뜻에 우리의 삶을 던지고 참여하라고 하신다. 그리고 예수님은 이런 일이 분명 가능하다고 확신을 주신다.

너희는 마음에 근심하지 말라. 하나님을 믿으니 또 나를 믿으라. 내 아버지 집에 거할 곳이 많도다. 그렇지 않으면 너희에게 일렀으리라. 내가 너희를 위하여 처소를 예비하러 가노니 가서 너희를 위하여 처소를 예비하면 내가 다시 와서 너희를 내게로 영접하여 나 있는 곳에 너희도 있게 하리라. 내가 가는 곳에 그 길을 너희가 알리라.

도마가 가로되 주여 어디로 가시는지 우리가 알지 못하거늘 그 길을 어찌 알겠삽나이까.

예수께서 가라사대 내가 곧 길이요 진리요 생명이니 나로 말미암지 않고는 아버지께로 올 자가 없느니라. 너희가 나를 알았더면 내 아버지도 알았으리로다. 이제부터는 너희가 그를 알았고 또 보았느니라.

빌립이 가로되 주여 아버지를 우리에게 보여 주옵소서 그리하면 족하겠나이다.

예수께서 가라사대 빌립아 내가 이렇게 오래 너희와 함께 있으되 네가 나를 알지 못하느냐. 나를 본 자는 아버지를 보았거늘 어찌하여 아버지를 보이라 하느냐. 나는 아버지 안에 있고 아버지는 내 안에 계신 것을 네가 믿지 아니하느냐. 내가 너희에게 이르는 말이 스스로 하는 것이 아니라. 아버지께서 내 안에 계셔 그의 일을 하시는 것이라. 내가 아버지 안에 있고 아버지께서 내 안에 계심을 믿으라. 그렇지 못하겠거든 행하는 그 일을 인하여 나를 믿으라. 내가 진실로 진실로 너희에게 이르노니 나를 믿는 자는 나의 하는 일을 저도 할 것이요. 또한 이보다 큰 것도 하리니 이는 내가 아버지께로 감이니라 (요 14:1-31).

우리는 이 요한복음은 물론 전 복음서를 통해, 자신이 걷던 길을 걸으라, 자신이 마시던 잔을 마시라, 또 자신이 따르던 대로 하나님을 따르라고 제자들을 부르시는 예수님의 모습을 본다. 예수님은 심지어 제자들이 자신이 했던 일들보다 더욱 큰일들을 행하리라고 담대한 소망을 비치신다. 예수님은 그들에게 불가능한 일을 맡기지 않으셨다. 또 속으로는 그들이 실패할 거라고 생각하면서 말로만 최선을 다해보라고 그들을 다독이지도 않으셨다. 예수님은 그들이 자신의 길을 따르기를 기대하셨다. 그리고 예수님은 그들이 그렇게 할 수 있다고 믿으셨다.

유대인에게 성경의 첫 다섯 권인 토라*Torah*는 하나님의 율법이었다. 그들은 그 율법을 길과 진리와 생명이라 불렀다. 시편 119편에서 저자는 거의 모든 시구마다 그 율법을 상기시키는데, 그 이유는 율법을 통해 그가 하나님을 알고 따르고 찬양하고 또 하나님과 함께 살았기 때문이었다. 예수님이 "내가 곧 길이요 진리요 생명이니"라 말씀하셨을 때, 그 말씀을 듣던 사람들은 이제 예수님을 통하여 사람들이 하나님을 알고 따르고 찬양하고 하나님과 함께 살게 되리라는 설명을 이해했다. 하나님께로 가는 길은 자신이 걸으셨던 길, 즉 순종과 통합과 협력의 길이라고 예수님은 말씀하고 계신다.

그것이 생명과 사랑의 승리가 중요한 이유이다. 부활의 핵심은 창조의 균형을 재조정하고 모든 것을 하나님의 뜻에 맞추는 데 있다. 부활은, 하나님의 뜻을 사는 것은 사랑과 생명의 뜻을 사는 것과 같다고 하나님이 예수님을 통해 우리에게 보여주시는 방법이었다.

예수님은 자신의 사명이 새로운 생명과 새로운 율법과 새로운 리듬, 즉 하나님의 생명과 율법과 리듬을 가져오는 것이었다고 분명히 밝히셨다. 예수님은 하나님께 동참하라고 인류를 초청하셨다. 예수님은 자신을 따르는 자들에게 이렇게 말씀하셨다. "하나님과 함께하는 삶의 모습은 바로 이런 것이다. 바로 이것이다. 그리고 너희들 역시 이런 삶을 살 수 있다."

이런 초청은 내게 눈이 번쩍 뜨이게 좋은 소식이었다. 이 초청은 나의 믿음에 소망과 열정을 불러왔다. 도저히 도달하지 못할 기준을 요구하시는 하나님을 달래기에만 집중하던 이전의 믿음에서 해방된 기분이었다. 예수님의 삶과 죽으심 그리고 부활은 더 이상 내게 사후 세계에 대한 막연한 의미만을 건네는 고대의 사건이 아니었다. 내가 살도록 창조된 삶으로 이끄는 지도였다. 또한 하나님과의 동행을 위한 부르심이었다. 나는 기독교인이 되고 수십 년이 지나서야 예수님을 메시아로, 새로운 여호수아로, 새로운 다윗으로, 또 새로운 아담으로 보는 유대식 이해를 갖게 되었다. 그것은 내가 이 죄악 된 육체에 갇혀 죽음이 나를 해방시킬 때만을 기다리면서 하나님과 떨어져 살도록 부름받지 않았다는 사실을 알려주었다. 나는 완전한 자유의 삶을 살도록 창조되었다. 하나님을 두려워할 필요가 없다. 삶을 두려워할 필요도 없고, 그 무엇도 두려워할 필요가 없다. 부활은 나를 자유롭게 했다.

18

이 땅에 임한 하나님 나라

예수님이 말씀하신 왕국의 핵심은 하나님이 이 세상 속에서
일하고 계시며 우리가 그 일에 참여하도록 초청되었다는 개념이다.
하나님 나라라는 예수님의 복음은 창조주와 완전히 통합된
사람들로 살기를 추구하면서 하나님과 동역하라고,
하나님이 창조하시는 생명의 완전한 참여자가 되라고,
예수님의 길을 따르라고 우리를 부른다.

하나님 나라는 그분의 뜻이 이루어지는 곳이다

약 1년 전, 한 친구가 자신의 교회에서 설교를 해달라고 내게 부탁을 해왔다. 청년 사역을 확장하고자 한 교회가 개척한 그 교회는 이제 채 1년도 되지 않은 신생 교회였다. 그 교회는 X세대를 위한 교회가 되기를 원했다. 따라서 내 친구 목사는 그 신생 교회가 믿음의 공동체로서 새로운 삶의 방식을 생각하도록 돕기 위해 여러 가지 시도를 하는 중이었다.

그는 모교회와는 다른 가치와 다른 초점을 추구하는 공동체를 만들어가기 원했다. 그는 포스트모더니즘과 새로 등장한 신학의 일부를 이용해 기독교의 이야기를 전하려 노력하고 있었다. 그는 자신의 교회가 차별화된 공동체로서 사역할 생각이라면, 그런 변화는 꼭 필요하다고 믿었다. 이전 교회에 대한 분노나 환멸은 없었다. 또한 그 교회를 거부하거나 그 교회에 대항할 이유도 없었다. 다만 그는 켈트 기독교인들처럼 '다른 새'를 좇을 뿐이었다.

새로운 교회를 향한 그의 비전은 그가 이전 교회와 꼭 닮은 교회를 만들어주기 바라는 사람들에게 회의를 불러일으켰다. 그의 소망과 발견의 여정은 나의 경우와 비슷했고, 그는 내게 자신의 교회로 와서 내가 그간 우리 교회에서 탐험했던 내용들을 들려달라고 했다. 그런 식으로 생각하는 사람이 비단 자기만이 아니라는 사실을 자신의 교회가 알아주기를 바라는 마음이었으리라. 하지만 그 친구는 그 결정을 아직까지도 후회하고 있다고 나는 확신한다.

그는 무엇이든 내가 원하는 내용으로 설교를 해달라고 부탁했다. 그는 내 설교가 자신의 교회를 격려하고 사고를 확장시켜주기를 바랐다. 나도 마찬가지였다.

나는 기독교 믿음의 이야기와 1세기 이후 그 이야기가 어떻게 변해왔는지에 대해 깊이 생각해보았다. 또한 사도행전 속 예수님을 따르던 사람들의 삶의 이야기를 통해 그들이 초대교회에서 자신의 삶을 어떻게 조정했는지도 연구했다. 당시 친구 교회의 상황을 고려해볼 때, 이 이야기에 성도들에게 유익한 내용이 많이 들어 있다고 나는 판단했다.

사도행전의 이야기는 유대교 믿음의 견고한 옹호자이자, 당시 "길"이라 불리던 예수님을 따르는 사람들을 모조리 잡아들이라는 명령을 받은 한 사람을 우리에게 소개한다. 그의 이름은 사울이었다. 그는 예수님을 아브라함이 언약받은 믿음의 예언의 성취라 선언하는 신생 공동체에 들이닥쳐 그들을 핍박하고 소멸하던 사람이었다. 사울은 망상에 빠진 이들이 유대교를 흔들고 있다고 생각했다. 바리새인으로 자란 그는 히브리 사람들이 고난을 받는 이유는 불순종과 그릇된 신앙 때문이라고 믿었다. 따라서 그들이 모세의 율법에 다시 순종하면 하나님의 축복이 돌아와 유대인들은 로마 이방인들의 억압을 이겨낼 수 있으리라고 그는 확신했다.

나는 이 이야기가 그 신생 교회의 실제 모습과 아주 잘 어울린다고 생각했다. 당시 급성장하는 공동체 속에서 소망과 고난을 동시에 경험한 예수님을 따르던 사람들에게서는 물론 사울에게서도 그들이 공감대를 찾기를 바랐다.

깊은 믿음과 신념의 사람인 사울은 자신이 믿는 참되고 신실한 방식을 단념하는 이 새로운 운동을 핍박했다. 사울은 하나님의 것들을 죽이려 하지 않았다. 오히려 그는 하나님의 것들을 살리려 했다. 하지만 우리가 알다시피 그는 말 그대로 하나님이 하시던 일과 그 일을 감당하던 사람들을 죽이고 있었다.

지금도 마찬가지지만, 초기 기독교 시대에 자신의 믿음의 확신에 자극받은 사람들은 자신이 하나님과 함께하는 삶을 완성하고 있다고 생각했지만 실제로는 하나님이 보여주신 새로운 표현들을 방해하고 있었다는 사실을 친구의 교회 사람들이 깨닫기를 바랐다. 또한 우리가 다른 사람들의 결론에 이의를 제기하지만, 그들의 신실함을 의심하지 않고도 그런 이의 제기가 가능하다는 사실을 알기 바랐다. 충실했지만 그릇된 길을 걸었던 사울의 이야기를 통해 나는 그들에게 기독교 이야기에 대해 다른 관점을 가진 사람들에게 더 큰 인내와 은혜 그리고 열린 마음을 보여주라고 권면하고 싶었다.

자신이 막으려 했던 바로 그 예수님을 따르기로 하고 또 바울이라는 이름을 취하기로 하면서 핍박자 사울의 이야기는 극적인 변화를 일으킨다. 나는 이 변화가 내 친구와 그의 사역 방향을 지지하는 성도들에게 격려가 되리라 생각했다. 한때는 소멸하려 했던 믿음에 완전히 사로잡힌 한 사람의 이야기를 통해 그들이 커다란 격려를 얻기를 바랐다. 사람들이 반대한다고 모두를 잃는 것이 아니며, 또 언제든 사울이 바울로 변할 수 있다는 생각이 그들에게 희망을 주리라고 기대했다.

나는 초대교회에서부터 바울의 리더십과 선교 여행까지 사도행전의 이야기를 그 교회에 전했다. 바울은 자신이 새로이 이해한 믿음을 증언하다가 체포되어 감옥에 갇히게 된다. 그리고 사도행전은 조금은 갑작스러운 요약으로 끝을 맺는다. "바울이 온 이태를 자기 셋집에 유하며 자기에게 오는 사람을 다 영접하고 담대히 하나님 나라를 전파하며 주 예수 그리스도께 관한 것을 가르치되 금하는 사람이 없었더라"(행 28:30-31). 이 부분이 내 설교의 핵심이었다. 나는 이 부분이 기독교에서 중요하지만 우리가 쉽게 놓치는 부분이라고 생각했다. 이 구절은 바울과 다른 사도들에게 어떤 중요한 일이 있었던 것처럼, 바울이 "하나님의 나라를 선포하며 주 예수 그리스도에 관한 것을 가르쳤다"고 표현한다.

나는 그 교회 회중에게, 초대교회는 복음이 중요한 두 가지 요소를 포함한다고 이해했다고 설명했다. 첫째는, 예수님이 누구였으며 무엇을 하셨고 또 무엇을 가르치셨는지와 같은 예수님에 대한 가르침이었다. 둘째는, 하나님 나라의 선포와 예수님이 그 나라에 참여하신 방법과 다른 이들에게 같은 참여를 요구하셨다는 것이었다.

초대교회는 선생이신 예수님뿐 아니라 하나님 나라를 가져오신 예수님의 역할에도 초점을 맞추었다는 사실을 전하기 위해 나는 노력했다. 하지만 시간이 지나면서 기독교의 이야기 중 하나님 나라 부분은 예수님 부분으로 흡수되었고, 결국 그 두 가지 개념은 하나로 축약되었다고 말했다. 우리 중 많은 사람들은 예수님에 대해서만 가르치고 설교할 뿐, 하나님 나라에 대해서는 말하지 않는다. 또한 수십 년을 교회에 다니면서 예수님에 대해서는 설교와 주일학교 공부와 노래를 수없이 배우고 들었더라도, 하나님 나라에 대한 것은 들어보지 못한 사람들도 있다. 왜 그럴까, 나는 진지하게 고민해보았다. 우리가 예수님에 대해 가르치며 동시에 하나님 나라를 선포하는 두 다리를 가진 믿음의 육상선수들이 아니라, 예수님에 대해서만 가르치는 외다리 믿음의 절름발이들이 된 것은 아닐까?

내 설교는 이제 본궤도에 오르고 있었다. 예수님에 대해 가르치기 위해 사용하는 만큼의 시간과 정력, 생각, 창조력을 하나님 나라를 사는 데에 쏟아 부어야 한다고 나는 주장했다. "하나님 나라를 희생하면서까지 우리는 예수님에 대한 이야기만 너무 많이 해온 것은 아닐까요."

이때 설교 내내 불쾌한 기색이 역력했던, 뒤쪽에 앉은 한 남자가 더 이상 참지 못하겠다는 듯 일어나 소리를 질렀다. "아닙니다! 아니에요! 아니라고요!" 그러고는 자리를 박차고 나갔다. 그의 항의는 내 설교에 불만이던 다른 사람들에게 표현의 자유를 안겨주었다. 사람들은 나에게 목소리를 높여 항의했다. 평범하고 차분했던 교회가 아수라장이 되어버렸다! 친구를 살짝 보았다. 고개를 떨어뜨리는 그의 얼굴에는 두려움이 가득했다.

끔찍한 기분이었다. 나는 사람들을 분노와 흥분으로 몰아갈 생각이 없었다. 나는 대화를 바랐지, 그들이 설교를 막아야 한다고 느끼는 것은 원치 않았다. 나는 그들의 공동체로 초청을 받아 간 사람이었고, 내게는 그들에게 곤란을 줄 의도나 자격이 없었다. 나는 그들에게 자신의 믿음에 대한 가정들을 다시 생각해볼 기회를 주고, 또한 그들이 버려진 작은 소망의 씨앗을 찾도록 돕고, 그들이 그 씨앗의 묵은 먼지를 떨어내고 그 아름다움을 발견하기를 바랐을 뿐이었다. 이방인이 어떤 공동체로 들어가 여기저기를 찔러 대고 모든 것을 비판하고 평화를 방해할 때, 결과가 좋지 않다는 사실을 물론 나도 잘 안다. 누군가 내 차에 들어와 내가 해 놓은 오디오의 설정을 맘대로 바꾸는 것과 같을 것이다. 내가 그들에게 그런 불청객이 된 셈이었다.

예배가 끝나고 나는 사람들과 인사를 나누기 위해 교회 문 옆에 선한 목사의 모습으로 서 있었다. 성도들이 조금이라도 호의를 보여주지 않을까 하는 기대도 있었다. 두 사람이 내게 다가와 조용히 말했다. "제가 그동안 하고 싶던 말씀을 오늘 목사님이 전해주셨습니다. 옳은 말씀이었다고 생각합니다." 하지만 그 외 모든 사람들은 마치 식탁에 앉아 트림을 하며 할머니의 유명한 요리를 형편없다고 모욕하는 술 취한 친척을 보듯 나를 처다보았다. 두 배의 바가지를 씌우는 배관공에게도 "감사합니다. 잘 고쳐주셨네요. 다음에 또 연락할게요"라고 인사하는 미네소타 사람들의 성품을 생각한다면, 눈을 최대한 맞추지 않고 종종 실망의 비웃음까지 날리며 나를 지나치는 사람들의 반응은 그날의 설교가 완전한 실패라는 것을 충분히 증명해주었다.

문제는 나는 내가 믿는 바를 전했다는 사실이다. 우리가 뭔가를 놓친 채 믿어왔다는 가능성은 기독교인들을 불안하게 한다. 그 이유는 굉장히 많은 기독교인들이 제로섬의 정신을 가지고 믿음에 접근하기 때문이다. 한쪽에 득이 있으면 다른 쪽에는 실이 있어야 한다. 거기에는 조절이나 균형이나 확장의 여지가 없다. 따라서 예수님은 넘쳐나지만 하나님 나라는 부족하다는 암시는 그들에게 위협적이다. 예수님을 완전히 제거해야 한다는 말로 들리기 때문이다.

여전히 나는 우리 중 많은 사람들이 '오직 예수님' 그리고 '언제나 예수님'을 외치는 사람들이 되어 예수님이 어떤 분이셨는지에 대한 전체적인 그림을 놓치고 있다고 생각한다. 예수님을 그리스도이자 구세주로만 보는 경향은 하나님 나라에 대한 우리의 이해를 완전히 다른 모양으로 바꾸었고, 심지어 우리가 하나님 나라에 대한 이야기들에 사용하는 단어들조차 예수님과 바울이 의도했던 당시의 의미나 개념과는 다르게 변해버렸다.

　나는 그리스도인으로 사는 동안, 하나님 나라가 내세 혹은 예수님이 최후 승리를 위해 재림하실 때 하나님이 여시는 세계라고 배워왔다. 내가 아는 많은 기독교인들은 마태가 자신의 복음서에서 사용한 '천국'이라는 표현을 마가나 누가가 선호했던 '하나님의 나라'보다 더 빈번히 사용했다. 그리고 천국이라는 표현은 왕국의 개념을 다른 시간과 다른 장소의 느낌으로 바꾸어버렸다. 타락과 탐욕과 악이 다스리는 이 땅은 분명 천국이 아니다.

　우리가 듣기로 예수님이 중요한 이유는, 그분이 죄에서 우리를 구하려고, 또 언젠가 우리가 하늘에 있는 하나님 나라로 들어가도록 도우려고 오셨기 때문이다. 이제 우리의 진짜 집으로 착륙해도 좋다고 하나님이 우리를 부르실 때까지 공중에서 대기 중인 비행기에 기독교인의 삶을 비유해야 할까. 아니면 우리는 끔찍한 추락 사고에서 탈출한 사람들이라고 생각해야 할까. 나도 정확히 말할 수 없다. 하지만 두 가지 비유 모두 예수님의 죽으심과 부활이 보이신 대로 우리는 죽음 이후에나 하늘나라에 들어갈 수 있다고 설명한다. 예수님은 우리에게 구원의 열쇠를 주셨고 그 구원은 우리가 하늘나라의 문을 지나 들어갈 때에야 실현된다.

하지만 시간이 지나면서 나는 내세가 지배하는 이 기독교는 성경적 이야기에서 이탈한 이야기일 뿐 아니라 예수님의 뜻의 핵심에 반대로 작용한다고 믿게 되었다. 내가 보기에 예수님은 다른 시간과 다른 장소에 대한 믿음이 아니라 다른 것을 선언하셨다. 예수님은 이곳과 저곳, 또 지금과 그때 사이의 경쟁을 암시하지 않으셨다. 아니, 예수님은 현재의 것과 미래의 것 모두를 포함해 전체적인 재구성을 선포하셨다. 예수님은 우리에게 바로 지금, 바로 이곳에서 그리고 영원히 살아야 할 새로운 삶을 가져다주셨다.

예수님의 메시지는 사람들이 이 세상을 떠나 하늘에 있는 영광의 비좁은 방들에서 사는 것에 집중하지 않았다. 예수님은 하늘에서와 같이 이 땅에서도 번성하는 하나님 나라에 대해 말씀하셨다. 천국은 다른 곳이 아니라, 하나님의 뜻이 이루어지는 모든 곳을 의미했다. 예수님의 삶, 가르침, 설교, 기적들의 참된 의미는 하나님이 모든 것을 온전하게 하시려고 창조물 속에서 또한 창조물을 통해 일하고 계신다는 사실이었다. 우리가 믿음의 다른 부분들은 오해한다고 해도 이 부분만큼은 제대로 이해해야 한다.

하지만 우리는 흔히 이 부분을 제대로 이해하지 못하고, 거기에는 심각한 결과가 따른다. 수많은 기독교 집회와 청소년 모임에서 나는 이런 질문을 들었다. "당신은 천국에 갈 수 있다고 확신하십니까?" 이런 질문에는 대부분 듣는 사람들을 위협하여 그들이 진지하게 자기 성찰을 하도록 돕겠다는 의도가 들어 있다. "만일 당신이 오늘밤 죽는다면, 당신은 예수님과 함께 깨어날 수 있을까요?" "만일 당신이 바로 지금 죽는다면, 당신은 어느 곳에서 영원히 살게 될까요?" "만일 당신이 바로 지금 죽고, 하나님이 당신에게 왜 당신이 천국에 들어가야 하는지 이유를 물으신다면, 뭐라고 대답하시겠습니까?"

이런 질문을 던지는 사람들의 의도가 물론 선하다는 사실을 나는 안다. 그들은 복음을 최선을 다해, 그들이 이해한 대로, 또 사람들이 진지하게 받아들이기를 바라는 마음으로 전할 뿐이다. 또한 우리가 마지막 숨을 내쉬고 난 후 어떤 일들이 일어나는지에 대해 실제로 근본적인 궁금증을 가진 사람들도 있다. 하지만 우리가 질문하는 방식이 대화의 방향을 결정한다. 사람들이 많은 곳에서 내 아버지가 친구들을 골리려고 물었던 질문처럼 말이다. "우디, 자네 여전히 사무실 물건을 슬쩍 하나?" 이런 질문에는 딱히 좋은 대답이 없다. 그래서 그런 질문이 친구를 골려 먹기 좋은 질문이 아닌가.

천국에 대한 질문은 비슷한 역할을 한다. 이런 질문은 이치에 맞는 듯 보이고, 또한 기독교 사상의 여러 흐름은 이 질문에 대한 무성한 대답들을 제공해왔다. 하지만 사실 이 질문은 대답하기가 거의 불가능한 질문이다. "당신은 당신이 어디로 갈지 알고 있습니까?"라는 질문은 좁은 의미를 담고 있다. 이 질문은 장소의 존재를 암시한다. 이 질문에는 지옥이라는 장소에 반대된 천국이라는 장소가 있다는 기대가 들어 있다. 따라서 이 질문에 대답하려는 사람은 천국과 지옥이라 불리는 장소에 대해, 삶과 죽음에 대해, 하나님과 믿음 그리고 행함에 대해 일치하는 관점을 가지고 있어야 한다. 또한 이 질문은 통전적 세계관을 가정한다.

이 질문이 가정하는 세계관과 우주론 그리고 신학은 논리상 문화적 특수성을 띠며, 그것이 문제가 된다. 미래의 결과로 현재의 행동을 평가하는 문화에 사는 우리에게는 먼 훗날 살게 될 장소에 대한 이야기를 이해하기가 어렵지 않다. 하지만 예를 들어 파푸아뉴기니의 선교사들이 같은 질문을 해보면, 시간이나 미래에 대한 개념이 없는 문화에서는 그런 질문이 무의미하다는 사실을 발견하게 될 것이다. 대신 그들의 문화적 이야기들은 이미 일어난 일, 즉 과거에 바탕을 둔다. 그들에게는 우리처럼 미래에 대해 생각할 언어나 개념적인 도구가 없다. 따라서 그들은 이런 질문을 이해하지 못한다.

예수님도 마찬가지였으리라. 히브리 문화 역시 현재를 이야기하기 위해 과거를 사용한다. 이런 문화는 서구 기독교의 미래에 바탕을 둔 세계관과는 거리가 있다. 만일 누군가가 예수님께 내세에 관련한 질문을 던진다면, 예수님은 그 사람에게 만족할 만한 대답을 주지 못하실 것이다. 특히 그가 시간과 장소에 매인 대답을 찾고 있다면 말이다. 아마도 도마가 예수님께 어디로 가시느냐 물었을 때 하셨던 대답을 똑같이 주시지 않을까. "내가 곧 길이요 진리요 생명이니 나로 말미암지 않고는 아버지께로 올 자가 없느니라. 너희가 나를 알았더면 내 아버지도 알았으리로다. 이제부터는 너희가 그를 알았고 또 보았느니라"(요 14:6-7).

예수님은 내세는 장소가 아니라고 분명히 말씀하셨다. 내세는 존재의 상태이다. 이 땅을 향한 하나님의 모든 소망이, 인류와의 협력을 향한 하나님의 모든 소원이 성취되는 상태이다. 하나님 나라는 메시아이자 구원자이신 예수님 안에서 실현되었다. 이 왕국은 다른 장소에 존재하는 곳, 따라서 그 왕국에 들어가려면 죽을 때까지 기다려야 하는 곳이 아니다. 왕국은 바로 지금, 바로 여기, 우리 안에, 우리를 통해, 또 우리를 위해 존재한다.

얼핏 보기에는 그리 느껴지지 않겠지만, "내가 너희를 위하여 처소를 예비하러 가노니" 그리고 "내 아버지 집에는 거할 곳이 많도다"라는 예수님의 말씀의 출처 또한 랍비식 전통이었고, 예수님은 이 땅을 구원하시는 하나님을 그리고자 그 말씀을 하셨다. 그것이 예수님의 의도였고, 듣는 자들은 예수님의 그런 의도를 이해했다. 하지만 그리스 사상가는 이 말씀을 들었을 때, 이 땅에서 떨어진 곳에 존재하는 천국, 즉 신들이 사는 완벽한 장소를 상상했다. 히브리 사람들도 하나님이 거하시는 장소를 상상할 수 있었겠지만, 그들은 그 장소를 창조 세계 가운데 존재하는 곳으로 보았으리라.

왕국이 현존하는 실재라는 것을 부분적으로나마 우리가 놓치는 이유는 왕국이라는 용어 자체 때문이다. 예수님이 사용하신 표현이기는 하지만, 예수님의 시대에는 대단한 의미였던 단어들이 우리 같은 사람들에게는 별다른 의미가 없는 단어가 되기도 한다. 나는 미국에 살고 있고 미국이라는 나라에는 200년이 넘도록 왕이 없었다. 전 세계 많은 나라들의 사정도 마찬가지이다. 왕권이 유효한 나라들도 스스로 왕국이라 생각하지 않으니 말이다.

예수님이 왕국이라는 의미로 하나님 나라라는 용어를 사용하셨을 때, 그 용어에는 당시에는 적절하고도 생생한 어감이 살아있었다. 하지만 내가 그 용어를 들을 때는 그런 느낌은 전혀 전해지지 않는다. 나는 상상력을 동원해, 왕과 신하들, 왕좌, 왕자, 그리고 전차 등을 떠올린다. 그리고 그런 그림은 나를 소설 속 전제국들이나 중동이나 마법의 땅으로 밀어 넣는다. 우리가 우리의 일상 세계를 치유하시는 하나님께 합류하자고 이야기할 때 마땅히 전해져야 할 깊은 의미는 온데간데없다.

그렇지만 예수님과 제자들에게는 혁명의 의미가 풍부한 표현이었다. 유대인들은 로마 지배 아래 놓인 소수 민족이었고, 로마에는 매우 강력한 왕 가이사가 있었다. 하지만 가이사는 우리가 생각하는 왕의 모습이 아니었다. 그는 자신을 신이라 불렀던 것이다. 그는 사람들에게 자신을 '하나님의 아들'이라 부르라고 명하기까지 했다. 그의 영토에는 사람들이 그를 신으로 높이기 위해 모이는 장소가 있었는데, 그 장소의 이름은 나중에 기독교인들이 교회를 부르는 데 사용했던 그리스어 에클레시아 *ekklesia*였다. 로마제국에는 하나님의 아들 가이사의 왕국을 선언하는 사람들이 있었고, 그런 목적으로 사람들이 모이는 장소가 있었다.

예수님은 하나님의 왕국이 가까이 왔다고 선포하셨고, 그 왕국은 가이사의 왕국과 반대되는 왕국이었다. 그 선포는 사람들이 세상에서 어떻게 살아야 하는지에 대한 정치적인 부르심이었다. 예수님의 제자들이 예수님을 하나님의 아들이라 선포했을 때, 그들은 가이사를 따르는 자들의 주장에 반대하는 셈이었다. 혁명적인 표현이었고, 그런 표현을 하려면 로마인들과의 협의가 필요했다. 그 협의는 자신들이 가이사가 아닌 자신들의 참하나님 야훼를 예배할 수 있다면 로마의 권력에 저항하지 않겠다는 내용이었다. 그런 협의는 유대인들의 통치 회의와 지역 로마 통치자들의 만남을 통해 이루어졌다. 그들의 협의는 대제사장들이 로마의 총독 본디오 빌라도와 서로 의견을 주고받으며 예수님의 체포와 십자가 처형을 집행하는 동안에도 진행되었다. 따라서 하나님의 왕국과 가이사의 왕국 중 어느 쪽에 속할지 양자택일이 필요했다. 그리고 이 선택에는 아프고 위험한 의미가 들어 있었다.

또한 그런 표현에는 종교적으로도 혁명적인 의미가 담겨 있었다. 많은 유대인들은 언젠가 가이사의 왕국이 물러가고 그 자리를 다윗의 왕국이 차지하리라고 믿어왔다. 그들은 다시 한 유대인이 자신들을 통치하기를 바랐다. 유대인의 이야기에는 언약된 메시아가 이런 권력의 전환을 가져오리라는 소망이 내포되어 있었다. 그리고 많은 유대인들에게 이 소망의 근거는 성전의 존재였다. 다윗의 통치기에 지어지고 솔로몬의 통치기에 완성된 성전이었다. 유대인들은 다윗의 혈통인 메시아가 그 성전에 다시 거주하면서 왕으로서 자신들을 다스릴 것이라고 믿었다. 하지만 예수님은 다윗의 왕국이 아니라 하나님의 왕국을 가져오셨고, 또한 이방인들과 유대인들을 모두 부르기 위해 오셨노라고 선포하셨다.

하나님은 성전에서가 아니라 신령과 진정으로 예배하는 모든 자들 속에서 통치하시리라고 설명하시면서 예수님은 이 문제에 접근하셨다. 사랑이 아닌 권력의 행사로 승리가 온다고 믿었던 일부 유대인들의 생각과 예수님의 이런 말씀은 대조를 이루었다. 당시 종교 지도자들이 예수님의 처형을 두고 왜 돌연 로마인들과 협력했는지 잘 설명해주는 부분이다. 왕국에 대한 예수님의 메시지는 현실적으로 두 가지 제도 모두에 위협적이었다.

주후 70년, 로마를 상대로 한 유대 반란군의 폭동은 수년간의 증오와 원한을 정점까지 끌어올렸고 가이사는 성전을 파괴했다. (그 후 성전은 재건되지 않았지만 여전히 유대인들의 이야기에서 중요한 부분이며, 많은 유대인들이 언젠가 예루살렘에 이 성전이 재건되기를 고대하고 있다.) 성전 파괴 이후post-Temple의 시대를 살던 기독교인들은 예수님이 말씀하신 것이 성전이나 가이사의 교회에 있지 않았다는 사실을 알았다. 그들은 자신들의 몸이 곧 성전이며 자신들의 공동체가 교회라는 사실을 이해했다. 따라서 바울이 예수님에 대해 설교하고 하나님 나라에 대한 근본적이고 현세에 기반을 둔 메시지를 선포했을 때, 그들은 그 의미를 제대로 이해할 수 있었다.

예수님이 말씀하신 왕국의 핵심은 하나님이 이 세상 속에서 일하고 계시며 우리가 그 일에 참여하도록 초청되었다는 개념이다. 하나님 나라라는 예수님의 복음은 창조주와 완전히 통합된 사람들로 살기를 추구하면서 하나님과 동역하라고, 하나님이 창조하시는 생명의 완전한 참여자가 되라고, 예수님의 길을 따르라고 우리를 부른다.

이런 이야기는 희망적이지만, 동시에 천국을 많은 기쁨과 평화와 노랫소리가 넘치는 장소이자 먼저 죽은 사랑하는 사람들이 우리를 기다리는 장소로 배운 사람들에게는 떨치기 어려운 의문들을 남긴다. 그리고 솔직히 내게는 그 모든 의문에 대한 답이 없다.

나도 그 모든 질문에 답해줄 수 있기를 바란다. 며칠 전 나는 느닷없는 전화를 한 통 받았는데, 그 전화는 내게 인생의 찬란함에 따르는 잔혹함을 상기시켰다. 몇 년 전 결혼을 해서 이사를 가기 전까지 우리 교회를 다니던 친구의 전화였다. 그녀의 목소리를 듣게 되다니 나는 너무 기뻤다.

"어, 이게 누구야, 사라! 그동안 별일 없었니?"

"많은 일들이 있었어요."

그녀의 목소리에서 유쾌하지 않은 내용이 이어지리라는 것을 감지할 수 있었다.

그녀는 말했다. "지난 12일 동안은 정말 끔찍했어요. 둘째를 가졌었거든요. 그리고 임신 24주째 되던 12일 전에, 아들 에반을 출산했고요." 건강했던 아이에게 어제 갑작스런 감염 증상이 나타나더니, 아이는 바로 그날 밤 숨을 거두었다며 그녀는 말을 이었다.

그 이야기를 듣는 순간, 내 눈에 눈물이 차올랐다. 사라는 떨리는 목소리로 내게 물었다. "오셔서 장례 일을 좀 도와주시겠어요?" 우리는 한 시간 후 장례식장에서 만나 자세한 이야기를 나누기로 하고 전화를 끊었다. 수화기를 내려놓으며 끔찍한 고통을 마주할 마음의 준비를 했다.

장례식장에서 만났을 때, 사라와 그녀의 남편은 내게 나머지 이야기를 들려주었다. 그들은 알래스카에서 플로리다로 이사를 가는 중이었고, 몇 주 동안 가족들이 있는 미네소타에 머물기로 했다고 한다. 그리고 그때 예정일을 한참 남겨 두고 에반이 태어났다. 그들은 이 모든 일이 일어나는 동안 자신들이 가족과 친구들과 함께 있으며 이런 비극 속에서도 여러 사람들의 사랑과 보호를 느끼고 있다면서 그것은 기적이라고 덧붙였다.

이야기를 나누던 중 나는 네 살 정도 되었을 그들의 큰아이는 어떤지 물었다. 사라의 남편인 잭이 대답했다. "큰아이는 이 상황을 이해하기 힘들어하고 있어요. 저는 에반이 '하늘'에 있다고 말해주었죠. 어린아이에게 천국은 이해하기가 어려울 테니 말이에요." 잠시 말을 멈추었다가 그는 말을 이었다. 쓰라림이 느껴지는 목소리였다. "큰아이는 '엄마, 아빠, 동생을 하늘에서 다시 데려와서 우리와 함께 여기에 있게 하고 싶어요'라고 계속 이야기를 해요."

"이렇게 어려운 때 그 아이의 고운 목소리와 생각을 듣는다는 것이 얼마나 감사한지 몰라요. 대체 무슨 일인지 영문도 모르는 아이지만 때로는 그 아이의 말이 가장 정확하게 느껴져요." 사라가 말을 잇는 동안 사라와 잭은 눈물에 목이 메었다.

사라와 잭 그리고 사랑하는 사람을 잃어본 모든 사람들은 천국을 장소로 이해하는 것이 핵심이 아니라는 사실을 안다. 우리가 천국을 물리적인 장소로 이야기하는 이유는 죽음을 이긴 생명이라는 복음을 표현할 다른 방법을 모르기 때문이다. 우리는 그것이 추상적인 실재가 아니라, 하나님께서 죽은 자들과 함께 하시고 또 언젠가 하나님이 재회의 영광으로 죽음의 고통을 치유하시리라는 소망과 믿음을 묘사하고 있다는 사실을 안다. 믿음의 사람이 된다는 의미는 어떻게 그 소망이 펼쳐질지 이해할 언어와 능력이 없을 때라도 소망의 이야기를 전한다는 뜻이다.

예수님이 하나님 나라를 언급하실 때 의미하신 바를 우리가 제대로 이해하는 것이 중요하다는 나의 주장은 사실 고통 속에 있는 부모들의 삶의 현실과는 약간 거리가 있다. 하지만 내가 천국을 장소로 이야기한다면 그 이야기 또한 궁극적인 현실과는 거리가 있는 것이 사실이다.

내세에 대한 우리의 의문들은 초대교회의 히브리식 문화보다는 그리스식 세계관을 통해 일어났고, 따라서 이런 의문들에 대한 적절한 대답을 찾기는 당연히 어렵다. 하지만 우리가 대답을 듣고자 하는 고집을 잠시만 내려놓는다면, 같은 크기의 열정을 가지고 추적할 만한 완전히 다른 의문들을 발견하리라고 생각한다.

초대 기독교인들은 천국을 우리가 가게 될 장소가 아닌 우리에게로 오는 실재로 보았다. 그들은 하나님의 창조 세계와 분리되지 않고, 오히려 그 창조 세계를 통해 오는 구속과 치유에 대해 이야기했다. 그들은 우리가 다른 장소에서 자유로운 영혼으로가 아닌, 이 치유된 장소에서 자유로운 몸으로 살리라 믿었다. 바울이 로마인들에게 보낸 편지 중 일부는 이런 생각을 잘 보여준다.

생각건대 현재의 고난은 장차 우리에게 나타날 영광과 족히 비교할 수 없도다. 피조물의 고대하는 바는 하나님의 아들들의 나타나는 것이니 피조물이 허무한 데 굴복하는 것은 자기 뜻이 아니요 오직 굴복케 하시는 이로 말미암음이라. 그 바라는 것은 피조물도 썩어짐의 종 노릇 한 데서 해방되어 하나님의 자녀들의 영광의 자유에 이르는 것이니라. 피조물이 다 이제까지 함께 탄식하며 함께 고통하는 것을 우리가 아나니 이뿐 아니라 또한 우리 곧 성령의 처음 익은 열매를 받은 우리까지도 속으로 탄식하여 양자될 것 곧 우리 몸의 구속을 기다리느니라(롬 8:18-23).

주기도문도 이야기한다. "나라가 임하시오며 뜻이 하늘에서 이루어진 것같이 땅에서도 이루어지이다"(마 6:10). 지금 여기 이곳과 관계를 맺으라, 서로를 돌보라, 가난한 자들을 배려하라, 병든 자들을 고치라, 그리고 원수를 사랑하라고 예수님과 바울은 지속적으로 기독교인들을 격려한다. 이것이 시간 낭비라 말하지 않는다. 오히려 핵심이다. 모든 창조는 교류와 생성의 지속적인 상태에 존재하고 따라서 더 나은 미래가 앞에 있다. 이것이 이 땅에 되살아나는 왕국의 모습이다. 또한 지금 이곳에서 그리고 영원히 하나님과 더불어 산다는 의미이다.

요한계시록이 이런 관점을 어떻게 표현했는지 살펴본다면 유익하리라. 요한은 자신이 꾸었던 꿈을 이렇게 기록한다.

또 내가 새 하늘과 새 땅을 보니 처음 하늘과 처음 땅이 없어졌고 바다도 다시 있지 않더라. 또 내가 보매 거룩한 성 새 예루살렘이 하나님께로부터 하늘에서 내려오니 그 예비한 것이 신부가 남편을 위하여 단장한 것 같더라. 내가 들으니 보좌에서 큰 음성이 나서 가로되 보라 하나님의 장막이 사람들과 함께 있으매 하나님이 저희와 함께 거하시리니 저희는 하나님의 백성이 되고 하나님은 친히 저희와 함께 계셔서 모든 눈물을 그 눈에서 씻기시매 다시 사망이 없고 애통하는 것이나 곡하는 것이나 아픈 것이 다시 있지 아니하리니 처음 것들이 다 지나갔음이러라(계 21:1-2).

이 책의 언어는 신비하고 시적이며 상상력이 풍부하다. 동시에 '새 하늘과 새 땅'을 언약된 메시아와 하나님 뜻의 성취로 연결시켰던 선지자 이사야의 예언을 상기시키기도 한다. 요한계시록에는 굉장히 이해하기 어려운 부분들이 많지만, 이 본문은 그

렿지 않다. 이 본문은 이 새 하늘과 새 땅이 다른 어느 곳이 아니라 바로 이곳 사람들 가운데 임하리라고 분명히 설명한다. 좋은 소식은 하나님이 우리 가운데 임하신다는, 하나님이 우리와 함께하신다는, 그리고 모든 창조 세계가 치유되고 회복되고 또 완전히 하나님과 연합하게 되리라는 소식이다. 하나님의 나라는 이 땅의 삶에서 떨어져 존재하지 않는다. 이 땅의 삶은 하나님의 나라로 변화하면서 새로워지리라.

　새 하늘과 새 땅이라는 고대의 예언이 우주에 대한 과학자들의 관점과 꽤 잘 어울린다는 사실은 내게 굉장히 매혹적이다. 내가 즐겨 듣는 라디오 프로그램 중 하나는 미국 공영 라디오 방송의 〈믿음을 말하다Speaking of Faith〉이다. 내 친구인 크리스타 티펫은 사람들이 함께 모여 종교와 의미 그리고 윤리에 대해 이야기를 나눌 장소를 만들고 싶어 했고, 이 프로그램은 그녀의 그런 꿈에 인기까지 더해진 결과물이다. 2007년 3월 8일 방송의 주제는 창조와 종교에 대한 현대적 관점에 아인슈타인이 미친 영향이었다. 내게는 크리스타의 소개가 특히 인상적이었다.

　오늘 출연해주실 손님 중 폴 데이비스 씨의 말씀을 빌려 오늘 프로그램을 열겠습니다. 아인슈타인 이전까지 사람들은 시간과 공간을 고정되고 불변하며 절대적인, 생명이라는 위대한 공연의 배경으로 생각했습니다. 하지만 아인슈타인은 시간과 공간 자체도 탄력적이고 변화한다는 사실을, 즉 펼쳐지는 생명과의 관계 속에 존재한다는 사실을 밝혀냈지요. 그것들이 공연 자체의 일부라는 말입니다. 시간과 공간, 물질, 중력, 그리고 빛은 모두 서로 얽혀 있습니다. 그것들은 서로에게 반응하여 구부러지고 무너지고 또 변화합니다. 그리고 그런 통찰은 오늘날 물리학자들과 우주학자들의 관심을 끄는 우주 대폭발, 블랙홀, 양자역학 같은 위대한 개념들을 이끌어냈습니다.

나는 그것들이 천국에 대한 위대한 개념들도 불러올 수 있다고 덧붙이고 싶다. 매일같이 삶과 죽음, 영혼 그리고 물질세계에 대한 새로운 개념들이 등장한다. 그런 개념들을 들을수록 나는 이것이 바로 바울이 의미했던 내용이라고 더욱 확신하게 된다. "우리가 이제는 거울로 보는 것같이 희미하나 그때에는 얼굴과 얼굴을 대하여 볼 것이요, 이제는 내가 부분적으로 아나 그때에는 주께서 나를 아신 것같이 내가 온전히 알리라"(고전 13:12). 하지만 아무리 우리의 이해가 발전한다 해도 우리를 향하신 하나님의 계획에 비한다면 희미할 뿐이리라.

그렇대도 좋은 소식이다. 우리는 다른 법이 통치하는 다른 장소로 떠날 때까지 우리를 가두어두는 정체된 우주, 고정된 세계에 살고 있지 않다. 우리는 지속적인 탄생과 죽음 그리고 재건으로 넘쳐나는 하나님의 운동력 있는 창조 속에 살고 있다. 우주는 상호작용하는 존재로 창조되었다. 그렇지만 인도자가 없는 상호작용은 아니다. 하나님은 그 상호작용 가운데 깊이 관여하시며, 움직이고 변화하고 또 서로 어울리도록 우주를 운행하시고 인도하신다.

구원과 구조, 해방, 그리고 치유는 모든 것을 창조하시고 살아 계셔서 모든 것에 관여하시며 또한 활발히 모든 것을 개조하시는 하나님을 통해서 온다. 또한 우리가 하나님과 그리고 서로와 바로 지금 여기에서 영원히 살아 있고 운동력 있는 관계를 맺을 때 온다.

이전에 나는 하나님의 나라를 이곳과 동떨어진, 우리가 훗날 언젠가 가게 될 장소로 이해했지만, 지금 나는 이미 임한 하나님의 나라가 복음의 메시지라고 믿는다. 그리고 이런 변화는 내가 나 자신과 나를 둘러싼 세계를 이해하는 방식에 지대한 영향을 미쳤다. 성경을 더욱 잘 이해하게 되었고, 이전과 달리 구약과 신약성경의 내용이 서로 맞아떨어지고 그 의미가 명확해지는 것을 느꼈다. 또한 전체론, 통합된 하나님, 그리고 하나님을 도와 재창조의 사역을 감당하는 인간에 대한 개념들이 소망과 약속 그리고 가능성이라는 영광스러운 세계관의 틀을 창조해주었다.

마침내 어린 시절에 그토록 고대하던 하나님과 함께하는 삶으로, 하나님과 내가 함께 이 세상에서 선한 일들을 이루는 삶으로 들어선 기분이다. 천국과 구원의 이야기는 그저 낙관적인 희망 사항이 아니다. 그 이야기는 우리가 살고 있는 실재, 하나님이 매일 새롭게 하시고 또한 영원토록 새롭게 하실 이 세계에 바탕을 둔 것이기 때문이다. 이것이 진정 과거와 현재 그리고 미래의 믿음이다. 이것이 진실로 여전히 믿을 만한 기독교이다.

감사의 글

이 책은 긴 여정을 거쳐 나왔습니다. 어찌 보면 평생에 걸쳐 쓴 책이라 할 수도 있지만, 좀 더 구체적으로는 이 책이 나오기까지 거의 3년이라는 시간이 걸렸습니다. 그동안 이 책은 수많은 구성과 제목들을 거쳐왔습니다.

제 친구 존 레이몬드는 대화 중에 저에게 개인적인 이야기들과 제가 늘 이야기해온 소망으로 가득한 매력적인 기독교에 대해 책을 써보는 것이 어떻겠느냐고 권유했고, 이 책은 그 권유로 시작되었습니다. 그 친구는 저를 설득했고, 그의 생각과 권면이 얼마나 감사한지 모릅니다.

이 책은 시작부터 공동 창조물이었습니다. 십대 시절 저를 믿음으로 사랑해준 분들, 생각은 분명하게 행동은 친절하게 하도록 저를 인도해준 다정한(때때로는 그렇지 않은) 비평가들, 그리고 제가 섬기는 믿음의 공동체인 솔로몬 전각 교회Solomon's Porch 성도들, 그보다 더 넓은 믿음의 공동체인 이머전트 빌리지Emergent Village의 친구들까지, 그들이 없었다면 이 책은 결코 태어나지 못했을 것입니다.

그렇지만 이 과정 속에서 제게 누구보다도 큰 도움을 준 사람은 제 인생에서 가장 중요한 사람이자 저의 가장 친밀한 친구인 제 아내 셸리입니다. 집필을 하는 동안 짜증을 부리기도 하고 다른 일들에 신경을 쓰지 못했는데, 그런 제 부족함을 아내가 말 그대로 모두 덮어주었습니다.

또한 여러 전문가들에게도 저는 빚을 졌습니다. 조시 배스 출판사의 담당 편집자인 셰릴 풀러톤, 저의 대리인인 캐시 헬머스, 그리고 제 편집자이자 친구이며 글쓰기 선생님이기도 한 칼라 반힐에게 감사를 전합니다. 이 책은 물론 제가 작가가 되는 데 칼라가 미친 영향은 설명할 수 없을 만큼 대단합니다. 재치와 통찰 그리고 헌신으로 이 책을 함께 만들어준 칼라, 고마워요.

또한 마이크 스타블런드, 토니 존스, 마이클 토이, 스캇 맥나이트, 그리고 제 페이스북(Facebook, 개인 간 교류 사이트로 미국판 싸이월드—옮긴이)의 친구들에게도 감사를 전합니다. 그대들의 정보와 생각과 의견들이 이 책을 보다 나은 책으로 만들어주었습니다.

이 외에도 이 책이 출판되기까지 도와주신 모든 분께 감사를 전합니다.

더그 패짓

4. 길들지 않은 야생 거위

1. Father Vincent J. Donovan, *Christianity Rediscovered* (Maryknoll, N. Y.: Orbis Books, 2005), p.148

5. '다름'이 좋던 시절

1. Justin Martyr, "The First Apology of Justin," ch. 20; Justin Martyr, "The Second Apology of Justin for the Christians, Addressed to the Roman Senate" ch. 13; earlychristianwritings.com

9. 저 위 그리고 저 바깥에

1. "The Westminster Confession of Faith" (1646), ch. 3, paras. 1–5, www.reformed.org/documents/index.html

11. 신묘막측한 지으심

1. "The Westminster Confession of Faith" (1646), ch. 6, www.reformed.org/documents/wcf_with_proofs

2. "Augsburg Confession" (1530), in Theodore G. Tappert, *The Book of*

Concord: The Confessions of the Evangelical Lutheran Church (Philadelphia: Ausburg/Fortress, 1959), p. 29

3. *Book of Common Prayer* (1928), justus.anglican.org/resources/bcp/1928/Articles_Religion.pdf

4. Franklin Graham, quoted in Cathy Lynn Grossman, "Billy Graham's Son Takes the Pulpit, His Own Way," *USA Today*, Mar. 7, 2006, www. usatoday.com/news/nation/2006-03-07-franklin-graham-cover_x.htm

13. 죄와 심판

1. Dallas Willard, *The Divine Conspiracy: Rediscovering Our Hidden Life in Christ in God* (New York: HarperCollins, 1998) (달라스 윌라드, 《하나님의 모략》)

14장. 우울한 눈동자에 감춰진 슬픔

1. "The Numbers Count: Mental Disorders in America," www. nimh.nih.gov/publicat/numbers.cfm

17. 하나님의 초대

1. "The Nicene Creed" (A.D. 325), www.reformed.org/documents/
index.html

2. "The Westminster Confession of Faith" (1646), ch. 8, para 2, www.
reformed.org/documents/index.html

3. "The Definition of the Council of Chalcedon" (A.D. 451), www.
reformed.org/documents/index.html

A CHRISTIANITY
WORTH BELIEVING